新编21世纪职业教育精品教材

管理信息系统

主　编◎刘会福
副主编◎邹建军　刘定坤
廖蓓蓓　陈秀琼
张强强　胡　杰

中国人民大学出版社
·北京·

图书在版编目（CIP）数据

管理信息系统 / 刘会福主编. -- 北京 : 中国人民大学出版社，2025.1. --（新编 21 世纪职业教育精品教材）. -- ISBN 978-7-300-33458-5

Ⅰ. C931.6

中国国家版本馆 CIP 数据核字第 2025U9X462 号

新编 21 世纪职业教育精品教材

管理信息系统

主　编　刘会福

副主编　邹建军　刘定坤　廖蓓蓓　陈秀琼　张强强　胡　杰

Guanli Xinxi Xitong

出版发行	中国人民大学出版社		
社　　址	北京中关村大街 31 号	邮政编码	100080
电　　话	010－62511242（总编室）		010－62511770（质管部）
	010－82501766（邮购部）		010－62514148（门市部）
	010－62515195（发行公司）		010－62515275（盗版举报）
网　　址	http://www.crup.com.cn		
经　　销	新华书店		
印　　刷	唐山玺诚印务有限公司		
开　　本	787 mm × 1092 mm　1/16	版　　次	2025 年 1 月第 1 版
印　　张	15.5	印　　次	2025 年 1 月第 1 次印刷
字　　数	308 000	定　　价	48.00 元

序言

广义的信息技术可以追溯到3500～5000年前人类语言的形成和使用。信息技术持续经历了文字的创造、印刷术的发明、电脉冲和电磁的发现与应用、计算机技术发展、新一代信息技术应用等历程。可以看出，信息技术的发展历程，伴随着人类信息的丰富、信息传播的高效以及信息应用的泛化，信息技术发展的价值侧重点由传播转型到知识沉淀，进而演进到以模拟和预测为主要特征的知识自动化应用。自20世纪90年代以来，电子信息技术不断创新，伴随着信息产业的持续发展，信息网络广泛普及，信息化成为全球经济社会发展的显著特征，并逐步向一场全方位的社会变革演进。

进入21世纪，信息技术与经济社会发展深度融合，孕育了一系列的重大发展突破，互联网开辟了无限广阔的信息空间，成为信息传播和知识扩散的崭新的重要载体，加深了各种文化、思想的相互交流和融合。近年来，随着以大数据、人工智能等为代表的新一代信息技术的高速发展和深化应用，数据成了继土地、劳动力、技术和资本后，经济与社会发展的新型生产要素，正在孕育和促进新一轮的科技革命和产业革命，成为经济社会高质量发展和人类命运共同体的重要驱动因素。因此，作为从事管理信息系统教学的工作者，我们深感信息技术的传播和推广仍然任重道远，也感受到编写这部教材所肩负的责任和义务。

管理信息系统是一门应用性和实践性都很强的学科，能够将理论与实践建立充分和密切的联系，通过实践场景让学生加深对相关理论的理解，最终让他们用理论解释实践，这是让学生吸收知识、培养能力的有效途径。《管理信息系统》就是一本这样的应时之作，也可以说是现代市场营销理论和教材园地中一支透着清新气息的异色花朵。

我以为，本书作为普通高等职业教育教材，最显著的特点是定位准确，目标明确。教材准确地定位于高等职业教育（含应用型本科）教材。高职教育对课程教学和教材的最基本要求，就是要概念清晰准确、理论够用、突出强化技能训练。这本教材的编写，包括编纂思路、篇章结构设计、内容撰写与取舍以及写作手法，都紧扣高职教育的定位和目标要求，渗透全书的方方面面，充分体现了高职教育的特色。

首先，本书在篇章结构的设计上进行了大胆的创新。改变了传统的篇、章、节、目的编排模式，采用项目安排，使教学过程和教学内容更加贴近职业岗位的目标要求；每一个项目中都有明确的目标要求，让教学内容与高职人才培养方案紧密衔接，既使教学者明确教学目标，又使学生明确这一部分的学习目标，从一开始就能把握要领、步步深入。

其次，书中对管理信息系统理论的阐述恰到好处。按照高职教育对理论要清晰准确、适度够用的要求，本书对管理信息系统理论的阐述，没有占用太多的篇幅，也少有长篇的空泛赘述，尽量采用平和朴实的语言作深入浅出的介绍，既对理论的历史演进有简明扼要的交代，又对理论的内涵有明确清晰的阐述，给人清新、简洁之感，其风格与高职教育培养目标以及对高职人才素质品格要求十分吻合，也与高职学生的智力特点相适应。

再次，全书突出强化技能训练，注重培养学生分析问题、解决问题的能力。这一特点是与高职教育人才培养的目标要求完全一致的。强化技能训练是高职教育最基本和最核心的特色。而技能训练要落到实处，除了具备技能训练必需的硬件条件，还必须将理论、知识转化成可操作性的技能，否则技能训练仍是一句空话。本书在将理论知识转化为操作技能方面做了有益的尝试，不仅在篇章结构的编排、目标的设计上突出了技能的可操作性，还在每个项目中充分运用案例分析的方法，或推荐一些案例让学生自行分析，把对理论的掌握落实到对企业具体运作的考察或具体的操办中，实现理论向看得见、摸得着的操作技能的转化，从而使学生掌握理论转化成实操过程的方法。

当然，本书还有其他一些特点。尽管书中难免还有一些需要充实和完善之处，但是瑕不掩瑜。上述几个特点，使本书不失为一部高职教育的优秀教材，值得向同人们推荐。

值得高兴的是，本书主编刘会福是一位在高职教育领域耕耘多年的青年教师，也是我的一位忘年交，他能编写出这样的教材是很可贵和值得称颂的，他嘱我为他的这本教材写序，让我有机会先睹为快，受益良多。

上面这些话，既是我读过这本书的一点感悟，又表达我对这本书和几位青年教师的祝贺，权且当序。

谢谢作者和读者！

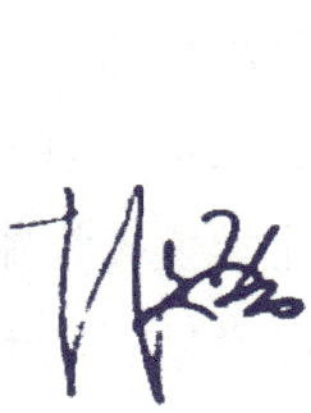

2024 年 9 月

【序言作者：彭文晋，男，教授，享受国务院政府特殊津贴专家，中国人才研究会常务理事，广东省人才研究会副理事长，广东科学技术职业学院（广东省科技干部学院）原院长。】

前言

党的二十大报告指出，教育、科技、人才是全面建设社会主义现代化国家的基础性、战略性支撑。教育是国之大计、党之大计。职业教育是我国教育体系的重要组成部分，肩负着“为党育人、为国育才”的神圣使命。本教材以习近平新时代中国特色社会主义思想为指导，深入贯彻落实党的二十大精神，将思想道德建设与专业素质培养融为一体，着力培养爱党爱国、敬业奉献，具有工匠精神的高素质技能人才。

随着管理科学和信息技术的飞速发展和普及，管理信息系统在企业经营管理和社会经济生活中所起的作用越来越重要，其理论研究成果和新的应用受到了各行业的管理工作者和信息系统开发者以及信息系统用户的高度重视。“管理信息系统”因而也成为高等院校经济类和管理类专业的核心课程之一。目前，国内出版的管理信息系统教材，适合财经类院校管理信息系统的教学目的和要求的很少。本教材主要是针对财经类院校管理信息系统的特点而编写的。

本教材共分为 11 个项目，项目 1 论述了管理信息系统的基本知识，项目 2 论述了管理信息系统的开发方法与技术，项目 3、项目 4、项目 5、项目 6 论述了采用生命周期法开发管理信息系统的过程，项目 7、项目 8、项目 9 分别介绍了决策支持系统与专家系统、ERP、CRM、SCM、电子商务与电子政务等新的管理信息系统，项目 10 介绍了信息系统安全知识，项目 11 论述了信息系统控制与审计的基本方法。其中，项目 1 由广东工贸职业技术学院邹建军编写；项目 2、项目 9、项目 10 由英国威尔士三一圣大卫大学刘定坤编写；项目 3 由广东工贸职业技术学院张强强编写；项目 4、项目 5、项目 6、项目 11 由广东工贸职业技术学院刘会福编写；项目 7 由广东工贸职业技术学院廖蓓蓓编写；项目 8 由广州市花都花东华侨农场陈秀琼编写；项目 4 由广州南洋职业技术学院胡杰编写。刘会福进行了全书的统稿工作。

本教材在写作过程中，结合我国计算机应用与管理信息系统发展的情况以及作者多年的研究成果，在内容上力求兼顾先进性和实用性，做到理论、方法与应用的有机结合，有较强的可操作性。

本教材在写作过程中，还参考了国内外有关管理信息系统的著作、论文、软件资料等，在此谨对作者致以深深的谢意。

由于作者水平有限，书中难免有不当之处，敬请读者批评指正。

编者

目 录

项目 1

管理信息系统概论

学习目标

1. 理解信息、系统的基本概念。
2. 理解信息系统和管理信息系统的基本概念。
3. 掌握信息的含义和分类。
4. 掌握信息的特性、生命周期、信息系统和管理信息系统的基本概念。

导入案例

广义的信息技术可以追溯到3500～5000年前人类语言的形成和使用，信息技术持续经历了文字的创造、印刷术的发明、电脉冲和电磁的发现与应用、计算机技术发展、新一代信息技术应用等历程。可以看出，伴随着人类信息沉淀的丰富、信息传播的高效以及信息应用的泛化，信息技术发展的价值侧重点由传播转型到知识沉淀，进而演进到以模拟和预测为主要特征的知识自动化应用。自20世纪90年代以来，电子信息技术不断创新，伴随着信息产业持续发展，信息网络广泛普及，信息化成为全球经济社会发展的显著特征，并逐步向一场全方位的社会变革演进。

进入21世纪，信息技术与经济社会发展深度融合，孕育了一系列的重大发展突破，互联网开辟了无限广阔的信息空间，成为信息传播和知识扩散的崭新的重要载体，加剧了各种文化、思想的相互交流和融合。近年来，随着以大数据、人工智能等为代表的新一代信息技术的高速发展和深化应用，数据成了继土地、劳动力、技术和资本后，经济与社会发展的新型生产要素，正在孕育和促进新一轮的科技革命和产业革命，成为经济社会高质量发展和人类命运共同体的重要驱动因素。

在新一代信息技术的推动下，人类社会正在加速进入全新发展时期，以智能化、网络化、数字化等为典型特征的新模式、新经济、新业态等正在加速形成，电子政务、消费互联网、工业互联网、智能制造和智慧城市等正在深刻影响人们的生产、消费和生活方式等。随着数据广泛链接和共享、数字孪生广泛建设，信息空间的内涵被重新定义，现有的信息技术已经无法满足人们对美好生活的需求。对物理世界的模拟、未来的预测以及物理社会的优化，将成为新的核心关注点，个性化需求的高效满足成为发展的主要方向之一。

问题：

1. 什么是信息？

2. 信息的生命周期包括哪些组成部分？

知识探究

1.1 信息概述

信息是管理信息系统的最重要的组成部分。管理信息系统能发挥多大作用，取决于有没有足够的、高质量的信息，而这又取决于我们对信息的充分认识。管理信息系统的根本目的是利用信息技术，实现信息资源的开发利用，从而实现信息的价值。

一、信息的含义

在当今 21 世纪，人类仿佛置身于信息的海洋中。信息、信息技术、信息化、管理信息、经济信息、市场信息、信息系统、管理信息系统等各类名词术语层出不穷，那么，究竟什么是信息？关于信息的含义，众说纷纭。下面给出几个具有代表性的关于信息的定义：

（1）信息是反映客观世界中各种事物的特征和变化的可通信的知识。

（2）信息是经过加工处理后的数据，它对接收者有用，对接收者的决策或行为有现实或潜在的价值。

（3）信息是不确定性的描述（信息论奠基者香农定义）。

（4）信息是熵的数理化。

上述几种关于信息的定义的不同，关键在于理解信息的角度不同。广义角度，我们认为：信息是客观事物的反映，它提供了有关现实世界事物的消息和知识。信息普遍存在于自然界、人类社会和思维领域中。本书主要从经济管理领域讨论信息的概念，因此从此角度出发，我们可将信息定义为上述有关信息定义中的第（2）条。

在我们日常生活和工作中，常常将数据和信息混淆使用，严格来说，这两者之间是有区别的。数据是反映客观实体的属性值，它可以用数字、文字、声音、图像或图形等形式表示。数据本身无特定含义，只是记录事物的性质、形态、数量特征的抽象符号，是中性概念。信息则是被赋予一定含义的、经过加工处理以后产生的数据，例如报表、账册和图纸等都是经过对数据加工处理后产生的信息。数据和信息是相对概念，例如发货单是发货部门工作人员的信息，但对于负责库存事务的副总经理来说，它仅仅是原始数据。区分数据和信息在信息系统开发中十分重要，如果说数据是原材料，那么信息是产成品，我们由此可以认为，信息比数据更有价值、更高级、用途更广泛。在一些不很严格的场合或不易区分的情况下，人们也把它们当作同义词，笼统地称呼，如数据处理和信息处理、数据管理和信息管理等。

二、信息的分类

信息的外延特征就是各种信息的类型，是对信息概念的进一步形象化认识。按不同的分类标准，信息通常有以下几种类型：

（1）按信息的特征可分为自然信息和社会信息。自然信息是反映自然事物的，由自然界产生的信息，如遗传信息、气象信息等；社会信息是反映人类社会的有关信息，如市场信息、经济信息、管理信息、政务信息和科技信息等。自然信息与社会信息的本质区别在于社会信息可以由人类进行各种加工处理，成为改造世界和能够不断发明创造的有用知识。

（2）按信息的加工程度可分为原始信息和综合信息。从信息源直接收集的信息为原始信息；在原始信息的基础上，经过信息系统的综合、加工产生出来的新的数据称为综合信息。产生原始信息的信息源往往分布广且较分散，收集的工作量一般很大，而综合信息对管理决策更有用。原始信息也称为一次信息。综合信息，按加工的深度进一步划分，又可分为二次信息、三次信息等。

（3）按信息的来源可分为内部信息和外部信息。在系统内部产生的信息称为内部信息；在系统外部产生的信息称为外部信息（或称为环境信息）。对管理而言，一个组织系统的内、外部信息都有用。

（4）按照管理的层次可分为战略级信息、战术级信息和作业（执行）级信息。战略级信息提供高层管理人员制定组织长期策略的信息，如未来经济状况的预测信息；战术级信息为中层管理人员监督和控制业务活动、有效地分配资源提供所需的信息，如各种报表信息；作业级信息是反映组织具体业务情况的信息，如应付款信息、入库信息。战术级信息是建立在作业级信息基础上的信息，战略级信息则主要来自组织的外部环境信息。它们就像一个金字塔（见图 1.1）。

图 1.1　组织的信息需求层次

信息还可以根据它的稳定性划分为固定的、流动的信息；根据信息流向划分为输入信息、中间信息和输出信息；等等。

三、信息的特性

信息具有多种特性，信息的特性主要表现在以下几个方面：

（1）真伪性。信息有真信息与假信息。真实、准确和客观的信息是真信息，可以帮助管理者作出正确的决策，否则将作出错误的决策。在信息系统中，我们应充分重视这一点。一方面要注重收集信息的正确性，另一方面在对信息进行传送、存储和加工处理时保证其不失真。

（2）层次性。系统、决策、管理、控制等都涉及层次问题，信息的层次性是对其的反映。比如，管理有层次性，不同层次的管理者有不同的职责，需要的信息也不同，因而信息也是分层的。与管理层次相对应，可人为地将信息分为战略级信息、战术级信息和作业级信息三个层次。不同层次的信息在系统中所表现出来的特征有所不同（见表 1.1）。

表 1.1　不同层次信息的特征

属性信息类型	信息来源	信息寿命	加工方法	使用频率	加工精度	保密要求
战略级信息	大多外部	长	灵活	低	低	高
战术级信息	内外都有	中	中	中	中	中
作业级信息	大多内部	短	固定	高	高	低

在信息系统开发中明确系统中信息的级别，从而根据各级别信息的特征开发信息系统，才能满足不同层次管理人员的管理要求。

（3）时效性。信息的时效性是指从信息源出来，经过接收、加工、传递、利用的时间间隔及效率。时间间隔愈短，使用信息愈及时，使用程度愈高，时效性愈强。

（4）共享性。信息区别于物质的一个重要特征是它可以被共同占有，共同享用。比如在企（事）业单位中，许多信息可以被单位中各个部门使用，既保证了各部门使用信息的统一，也保证了决策的一致性。信息的共享有其两面性，一方面它有利于信息资源的充分利用，另一方面也可能造成信息的贬值，不利于保密。因此在信息系统的建设中，既需要利用先进的网络和通信设备以利于信息的共享，又需要具有良好的保密保安手段，以防止保密信息的扩散。

（5）可加工性，亦称可处理性。人们可以对信息进行加工处理，把信息从一种形式变换为另一种形式，并保持一定的信息量。如一个企业可将全年的生产经营情况压缩成几项经济指标来高度概括。信息系统是对信息进行处理的系统，应注重对信息的分析与综合、扩充或浓缩。基于计算机的信息系统处理信息要靠人编写程序来实现。

（6）可存储性。信息的可存储性即信息存储的可能程度。信息的形式多种多样，它的可存储性表现在要求能存储信息的真实内容而不畸变，要求在较小的空间中存储更多的信息，要求存储安全而不丢失，要求能在不同形式和内容之间很方便地进行转换和连接，对已存储的信息可随时随地以最快的速度进行检索。计算机技术为信息的可存储性提供了条件。

（7）可传输性。信息可通过各种各样的手段进行传输。信息传输要借助一定的物质载体，实现信息传输功能的载体称为信息媒介。一个完整的信息传输过程必须具备信源（信息的发出方）、信宿（信息的接收方）、信道（媒介）、信息四个基本要素。

（8）价值性。信息作为一种资源是有使用价值的。信息的使用价值必须经过转换才能得到。鉴于信息存在生命周期，转换必须及时，如企业得知要停电的信息，及时备足柴油安排发电，信息资源就转换为物质财富。反之，事已临头，知道了也没有用，转换已不可能，信息也就没有什么价值了。管理者要善于转换信息，去实现信息的价值。

信息的价值有两种衡量方法：一种是按所花的社会必要劳动时间来计算；另一种是按信息的使用效果来计算。

前一种方法称为内在方法，用于生产信息的单位。计算公式为：

$$V=C+P$$

其中，V是信息产品或服务价值，C是生产信息所花的成本，P是利润。

后一种方法称为外在方法，用于信息单位。其计算方式为在决策中使用信息所增加的收益减去所花的费用（即信息成本）。

（9）动态性。客观事物本身都在不停地运动变化着，信息也在不断发展更新。随着时间的推移，情况在变，反映情况的信息也在变。因此在获取与利用信息时必须树立时效观念，不能一劳永逸。

四、信息的生命周期

信息和其他资源一样是有生命周期的。从产生到消亡，经历需求、获得、服务、退出四个阶段。

需求：根据设定目标，构思和确定需要信息的类型和结构。

获得：将信息收集、传输及加工转换成所需要的适用的形式，达到使用的要求。

服务：把信息存储起来，保持最新的状态，供使用者随时使用。

退出：将失去保存价值的信息进行更新或销毁。

信息的生命周期由信息的收集、传输、加工处理、存储、维护、使用等环节组成。

(一) 信息的收集

信息的收集首先要解决信息的识别问题，即从现实世界千变万化的大量信息中识别出所需的信息。信息识别的方法有三种：

(1) 由管理者识别。他们最清楚系统的目标和信息的需求。向决策者调查可采用交谈或发调查表的方法。

(2) 由信息系统分析人员识别。信息系统分析人员亲自参加业务实践活动，通过调研、观察，了解信息的需求。

(3) 由管理者、信息系统分析人员共同识别。管理者提出信息需求，信息系统分析人员首先进行识别，然后再将识别出的信息交与管理人员共同讨论，进一步补充信息，采用这种方法了解信息更真实、全面。

信息识别以后，下一步是信息的收集。信息的收集通常采用三种方法：

(1) 自下而上广泛收集。如全国人口普查是自下而上进行的。

(2) 有目的的专项收集。根据特定的目的需要，围绕决策主题收集相关信息，如某企业了解新老产品市场销售情况。

(3) 随机积累法。没有明确目标，或只有很宽的目标，只要是"新鲜"的，就把它积累下来，以备后用。今后是否有用，现在还不是很清楚。

信息收集的最后一个问题是如何将收集到的信息表达出来。常规的信息表达有文字、数字、图形、表格等形式。文字表达要简练、确定、不漏失主要信息，避免使用过分专业化的术语，避免使用双关和二意词的语句，避免让人误解；数字表达要比较严密，但是要注意数字的正确性，注意数字表达会引起的误解；图形表达是目前信息表达的趋势，具有整体性、直观性、可塑性等特点，可以反映出发展的趋势，使人容易地做出判断，其主要缺点是准确性相对较差；表格表达能给人以确切的总数和进行个别项目的比较。

(二) 信息的传输

信息传输的理论最早是在通信中研究的，它一般遵守香农模型，如图 1.2 所示。

图 1.2 信息传输

我们可以看出，从信息源出发的信息要经过编码器变成信道容易传输的形式，通过信道发送到目的地，然后经过译码器进行解码将信号转化为信息，由接收器负责接收。由于信道中的噪声干扰可以将正确的信号变成错误信号，因此在信息传输过程中要注意提高传输的抗干扰能力。

在信息传输过程中主要考虑信道的传输速率和抗干扰能力、编码和译码、变换（调制、解调）等几个主要问题。目前的信息系统大都是基于计算机网络的，信息是在网络上进行传输的，因此在网络的选型上主要从信道容量大、抗干扰能力强、传输时间短、能够进行双向传输并且保密性好等方面来考虑。信息传输是信息系统的重要一环，也是衡量信息系统效率的一个重要尺度。

（三）信息的加工处理

信息的加工处理不仅包括对已录入的数据进行加工，获得信息，而且包括对加工过的信息进行选择、查询、排序、归并，直至复杂模型调试及预测等。

数据需要经过加工以后才能成为人们所需要的信息，信息加工的一般模式如图 1.3 所示。

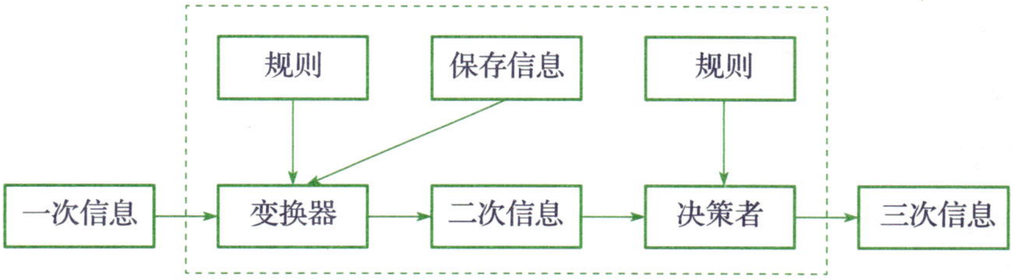

图 1.3　信息加工的一般模式

信息的加工处理不可避免地产生时间延迟，出现信息的滞后性。

在批处理和实时处理方式中，信息的滞后情况是不相同的。根据需要，选取适当方式，缩短处理的延迟，提高信息的新度（信息和现实间的时间差）。使用数学、运筹学、系统动态学、经济学、管理学等知识，根据大量的数据资料，建立各种模型，通过计算和模拟技术求得某些模拟和预测结果，给管理者，尤其是高层管理者提供必要的信息。为了实现这些功能，要求信息系统必须配备标准的软件包，如统计包、数学规划软件包、模拟软件包等。现在许多系统为了有效地产生决策信息都备有数据库、方法库、模型库。数据库存放大量的二次信息，方法库存放许多标准的算法，模型库存放针对不同问题的模型，应用起来十分方便。另外，人工智能技术的发展，为提高数据和信息的处理能力开辟了广阔的前景。

计算机、人工智能等技术的不断发展和应用，大大缩短了信息加工处理时间，满足了管理者的需求，同时也将人们从烦琐的手工处理方式中摆脱出来。

(四) 信息的存储

信息存储是将信息保存起来以便需要时使用。信息存储的概念十分广泛，包括为什么要存储这些信息，以什么方式存储这些信息，存在什么介质上，存储多长时间等。

存储介质主要有三种：纸、胶片和计算机存储器。纸介质具有存量大、便宜、永久保存好、不易涂改，数字、文字和图像一样容易存储的优点，但传送信息慢，检索不方便。胶片介质存储密度大，查询容易，但人阅读必须通过专门的接口设备，不方便且价格昂贵。计算机存储器的形式很多，按其功能主要分为内存和外存。外存由磁盘、磁带、光盘等组成。计算机存储器允许存储大量的信息，检索方便，并且可以通过网络快速地传输以实现信息的共享。随着计算机存储器存储信息的单位成本不断下降，无纸的信息系统将会得到极大地推广。

什么信息存储在什么介质上比较合适？总的来说凭证文件应当用纸介质存储；业务文件用纸或磁带存储；而主文件，如企业中产品结构、人力资源方面的档案材料、设备或材料的库存账目，应当存于磁盘，以便联机检索和查询。

存储什么信息、存储多长时间、用什么方式存储主要由系统目标确定。在系统目标确定以后，根据支持系统目标的数学方法和各种报表的要求确定信息存储的要求。如为了预测国家长远的经济发展，我们要存储几十年每年的经济信息；要了解仓库物品的数量，则要存储每种产品现在数量的数据。信息的层次性表明，战略级信息的存储时间较长，有的长达十几年甚至几十年，而作业级信息的存储时间相对要短一些。不同的信息有不同的存储方式，在考虑信息存储方式的同时还要考虑信息的可维护性。集中存储的信息可以减少冗余，且可维护性好。对于公用的信息，在有能力提供共享设备的支持下应集中存储，如图书馆的过期书籍就可以只存一份，应用电子数据库技术可以减少存储信息的冗余量。分散存储的信息有冗余且共享性、可维护性差，但使用起来方便。在没有设备和非公用的数据情况下，分散存储是合理的。系统中的信息存储既有集中也有分散，确定合理的集中与分散的关系是信息存储研究的重要内容。

信息存储是信息系统的重要方面，但要注意并不是存储的信息越多越好，只有正确地舍弃信息，才能正确地使用信息。即使在将来存储技术高度发展的时代也应记住这一点。

(五) 信息的维护

信息维护的目的是保证信息的准确、及时、安全和保密。

保证信息的准确性，首先要保证数据更新的状态，数据要在合理的误差范围内，同时要保证数据的唯一性，应用数据库，容易保证数据的唯一性。要保证数据的准确性，一方面要严格遵守操作规程，对输入的数据进行正确性检查，避免把一种数据放到另一种数据的位置，或者把错误的数据放进去的情况；另一方面，在键入计算机时，系统应采用检验技术，以保证数据的准确性。

保证信息的及时性，把常用信息放在易取位置，各种设备状态良好，操作人员技术熟练，及时提供信息。

安全性是指防止信息受到破坏，要采取一些安全措施，万一受到破坏，能较容易地恢复数据。为了保证信息的安全，首先要保证存储介质的环境，要防尘，要干燥，并要维持一定的温度。为了防止信息的丢失，要保持备份，如软盘要定期复制。其次，一旦信息丢失或遭到破坏，应有补救的措施。如我们可以根据前几天的总账和今天的原始凭证恢复现在的总账。为了考虑特殊情况的发生，如水灾、火灾、地震等，对于一些重要的信息应双备份，并分处存放。

信息是一种资源，也是无形财富，人们越来越重视信息的保密性问题。目前，信息被盗或者被非法用户查阅的事件越来越多，防止信息失窃是信息维护的重要问题。机器内部可采用口令（Password）等方式实现信息的保密。在机器外部也应采取一些措施，如应用严格的处理手续，实行机房的严格管理，加强人员的保密教育等。

信息的维护是信息管理的重要一环，没有好的信息维护，就没有好的信息使用，要克服重使用、轻维护的倾向，强调信息维护的重要性。

（六）信息的使用

信息的使用包括技术方面和信息价值转化问题。技术方面，通过一定的手段，高速高质量地把加工的有用信息提供给使用者。现代信息技术的发展，使信息提供已由过去的定期报告发展为实时检索，由报表形式到图形图像，直至声景。人机对话方式也有很大发展，使得非专业的管理人员也可以直接和机器对话。信息价值转化问题相比之下差得很远。信息价值转化是信息使用概念上的深化、信息内容使用深度上的提高。信息使用深度大体上可分为三个阶段，即提高效率阶段、及时转化价值阶段和寻找机会阶段。提高效率阶段关联数据处理阶段，信息技术使手工事务处理工作现代化，节省了人力，提高了效率；及时转化价值阶段已认识到管理的艺术在于驾驭信息，把信息及时用于管理控制，提高管理水平，实现价值转化；寻找机会阶段，利用信息系统的信息能力并借助于预测决策技术，从信息的汪洋大海中寻找机会，是信息使用的高级阶段。

在现代社会和经济发展中，信息资源的价值与作用日益提高和加强，信息资源的有效利用已成为一个国家振兴、一个企业发展的关键因素。但人们对信息资源的认识远没有对物质、能源的认识那么直接。了解信息的生命周期，有利于加强人们对信息资源的认识，促进人们对信息资源的开发和利用。

1.2 系统概念

管理信息系统是用于支持管理者管理和决策的系统。系统的思想和方法贯穿于本课程始终。因此，有必要先了解系统的一些概念和性质。

一、系统的含义

系统一词最早出现于古希腊语中，意为“部分组成的整体”。一般系统论的创立者路德维希·冯·贝塔朗菲（Ludwig Von Bertalanffy）把系统定义为“相互作用的诸要素的复合体”。关于系统的定义有很多，我们认为，系统是为了达到某种目的由相互联系、相互作用的多个部分（元素）组成的有机整体。根据以上定义，人体的呼吸系统是由鼻、咽、喉、气管、支气管、肺等器官组成的相互联系、相互协调的有机整体，其目的是维持人体生命。企业也是系统，企业利用人、资金、原料、设备等资源，达到盈利目标。对企业对象实施管理的系统称为企业管理系统，是由销售、生产、财务、人事、后勤等相互联系、相互作用的部分结合成的有机整体，它的目的是完成经营计划。在管理过程中使用的信息系统，由人、计算机、软件、信息等组成，进行信息收集、存储、处理、检索和传输，目的是为有关人员提供服务信息。一个科研部门、一项研究计划、一个财务汇总等都可以被看作一个系统。

现实世界中，“系统”一词被广泛使用。自然界存在宇宙系统、生态系统、生物系统；个人身体内部有血液循环系统、呼吸系统、神经系统；人类构成的复杂社会中有经济系统、科技系统、企业管理系统、社会管理系统；等等。系统有多种分类，如自然系统和人工系统、复杂系统和简单系统、不确定型系统和确定型系统、开放系统和封闭系统、动态系统和静态系统等。不同类型系统的特点不同。组织的管理信息系统是人工的、复杂的、不确定的、开放的动态系统。

关于系统的含义，我们还可以从以下三个方面理解：

（1）系统是由若干部分（要素）组成的。这些要素可能是一些个体、元件、零件，也可能本身就是一个系统（称为子系统）。销售、生产、财务、人事、后勤等元素组成了企业管理系统。这些元素本身又都是一个系统，如财务管理子系统中包含资金、出纳、账务、成本等部分。另外，企业管理系统本身又是企业的一个子系统。这就说明系统和子系统是相对的。

（2）系统具有一定的结构。结构是指系统的各要素之间相对稳定地保持某种秩序，是系统组成各要素间相互联系、相互作用的内在方式。例如，钟表系统是由齿轮、发条、指针等零部件按一定方式装配而成的，把它们随意堆放在一起却不能构成钟表。企业系统中的人、财、物等各种资源必须按照某种秩序协调运作，才能保证生产活动的正常进行。

结构是系统之间相互区别的一个重要标志，即使系统的构成要素完全相同，但其组合方式存在区别，那么它们也会呈现出不同的特征和属性。比如，拥有同样数量的工人、设备等资源条件的企业，会因人员结构、设备布置等方式的不同，呈现出不同的生产和竞争能力；同样数目的棋子和同样形式的棋盘，不同的棋手去利用，会形成不同的布局。

（3）系统有一定的功能。要实现某一目的，就需要一定的功能。功能是指系统存在和运动过程中所表现的功效、作用和能力。从某种意义上讲，功能是系统存在的社会理由。在自然界和社会中，某一系统之所以能存在，或更准确地说，能够被允许存在，是因为它表现出某种功能，对自然界或社会的其他系统发挥着某种作用。可以认为，没有功能的系统是不存在的。比如，呼吸系统的功能是进行体内外的气体交换；管理信息系统的功能是进行信息收集、传递、存储、加工、维护和使用，辅助管理和决策，帮助企业实现目标。

虽然系统的定义不尽相同，但都隐含了这三个方面的含义。因此，这三点是定义系统的基本出发点。

二、系统的特征

根据系统的含义，可归纳得出系统的如下特征。

（一）整体性

整体性是系统的基本属性。系统之所以能成为系统，首先就是其具备整体性。从系统的含义可以看出，系统是由若干相互联系、相互作用着的部分有机结合起来，形成具有一定结构和功能的整体，它的本质特征就是整体性。这表现在系统的目标、性质、运动规律和功能等只有在整体上才能表现出来，每个部分的目标和性能都要服从整体发展的需要。整体的功能并不是各部分功能的简单相加。因此，应追求整体最优，而不是局部最优，这就是所谓的全局观点。

一个系统如果每个部分都追求最好的结果而不考虑整体利益，也不一定会是最好的系统；反之，即使每个部分并非最完善，但通过综合、协调，仍然可使整个系统具有较好的功能。“三个臭皮匠，赛过诸葛亮”正是这个道理。系统的整体目标要靠系统各个部分的共同作用才能实现。比如，企业要实现目标，不仅要筹措符合一定质量和数量要求的原材料，还要利用先进的技术和手段对这些材料进行正确的转换，同时要适时地将加工成的产品销售给适当的用户。离开了任何一个环节的有效工作，企业目标就难以实现。

（二）目的性

任何一个系统都有明确的目的性，不同系统的目的可以不同。例如，学校的目的是培养经济建设人才和做出科研成果；制造企业的目的是生产出高质量、适销对路的产品，提高经济效益。因此，在建设系统的过程中，首先要明确系统目的，然后选取达到它的若干途径，从中找出一种最好的途径，实施并监控、修正，最后达到目的。

（三）层次性

系统有大有小，任何复杂的系统都有一定的层次结构。一方面，系统是上一级的子系统（元素），上一级系统又是更上一级系统的元素；另一方面，系统可进一步分成若干个子系统（元素）。以此类推，可以将系统逐层分解，体现出系统的层次性（见图 1.4）。例如，企业系统包括厂部、车间、工段和班组等不同层次；整个高等教育是一个系统，南京审计学院是高等教育系统中的一个部分（元素），本身也构成一个系统，其中校办、财务处、人事处等部门以及各系部、中心、图书馆等又分别是相对独立的更小的系统。

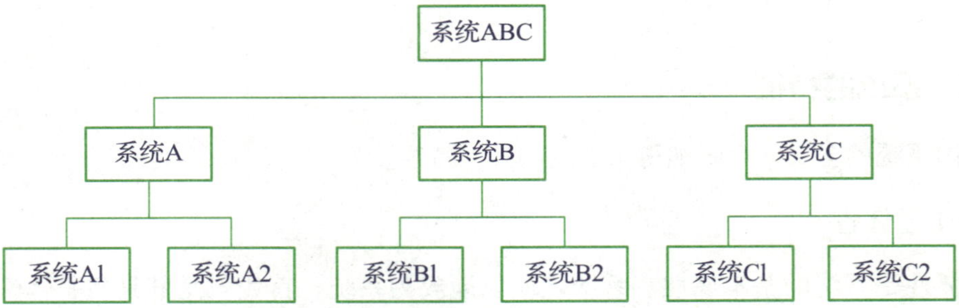

图 1.4　系统的层次性

系统的层次性使得人们在实现一个系统时可以采用系统分解的方法，先把一个系统合理、正确地划分为若干层次。从较高层进行分析可以了解一个系统的全貌，从较低层分析，则可以深入了解一个系统每一个部分的细节。

系统的层次性还表现在系统各层次功能的相对独立性和有效性上，破坏各层次的独立性和有效性，最终会降低系统的效率。

（四）相关性

相关性是指系统内的各部分相互制约、相互影响、相互依存的关系。构成系统的各个部分虽然是相互区别、相互独立的，但它们并不是孤立地存在于系统之中的，而是在运动过程中相互联系、相互依存。这里所说的联系包括结构联系、功能联系、因果联系等。整个系统的目标正是通过各部分的功能及它们之间合理、正确地协调而达到的。例如，一个制造型企业，计划部门依据企业的生产能力、市场需求等因素制订出生产计划；供销部门按照生产计划、生产状况及原材料、零部件、产品等的库存情况提供供应服务和销售管理；生产部门要根据生产计划及库存资源情况安排生产，其生产能力是计划部门制订计划的依据。由此可见，企业的计划子系统、供销子系统、生产子系统和库存管理子系统按一定的分工完成其特定的功能，彼此是相互联系、相互制约的。

分析系统的相关性是构筑一个系统的基础，在实现一个系统的过程中不仅要考虑如何将系统分解成若干子系统，还要考虑这些子系统之间的制约关系。

（五）环境适应性

任何系统都由若干部分组成，同时又从属于更大的系统，大系统的其他部分就是该系统的环境。广义地讲，一切不属于系统的部分统称为环境。

系统处于环境之中，系统与环境间必然要相互交流、相互影响，产生物质的、能量的、信息的交换，以保持适应状态。从环境中得到某些信息或物质、能量，称为系统的输入；向环境中输送信息、物质或能量，称为系统的输出。系统的基本功能就是把环境的输入进行加工处理转换为输出，如图 1.5 所示。

系统与环境的这种输入、输出关系亦称为输入接口和输出接口，统称为接口。

图 1.5　系统的基本功能

任何一个系统的存在和运行都受到环境的约束和限制，同时系统又通过对环境的输出而对环境施加影响。系统与环境的影响是交互的，适应性应该是双向的。比如，企业要根据市场需求的变化来调整生产经营的方向和内容；反过来，企业技术水平的提高，具有新功能的产品的开发，再加上必要的营销宣传，也会对消费倾向的变化产生某种引导作用。

系统的边界是指系统与环境的分界线，它把系统与环境分开，但系统与环境间并无明显的分界线。确定边界，只是为了研究的方便，对系统的范围、规模及要解决的问题加以限制。比如，在企业管理系统中，必须建立各子系统的边界。销售经理的职责是管理、监督并考核企业销售活动，这种职责范围就是销售管理系统的边界。

1.3 信息系统

信息系统是以加工处理信息为主的系统。随着现代社会信息量及信息处理量逐渐扩大，手工处理方式显然已远远不能满足人类生产活动的需要。本书中讨论的是以计算机为主要工具的信息系统。

一、信息系统的定义

信息系统是一个对信息进行采集、处理、存储、管理、检索，必要时能向有关人员提供有用信息的系统。

广义上说，任何可以进行信息加工处理的系统都视为信息系统，如生命信息系统、企业信息系统、文献信息系统、地理信息系统等。本书讨论的信息系统是狭义概念，它是一个专门的系统，是基于计算机、通信技术等现代化信息技术手段且服务于管理决策领域的系统。

信息系统由许多部分组成，这些部分相互作用以达到提供信息的目的。目前的信息系统虽然多种多样，但这些以计算机为主要工具的信息系统，在组成形式上有相同之处。信息系统的构成如图 1.6 所示。

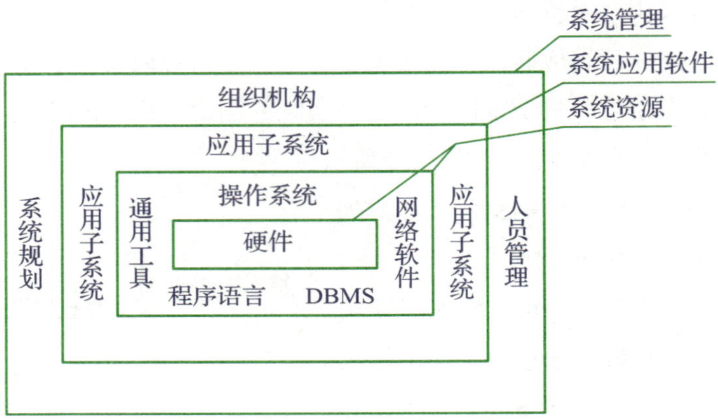

图 1.6　信息系统构成图

系统资源是信息系统的基础。其中，硬件部分包括支持信息处理、通信处理的计算机装置和其他与计算机有关的设备；操作系统、数据库管理系统（DBMS）、程序语言、网络软件、通用工具等属于系统软件。

系统应用软件由支持特定管理功能的程序构成。

系统管理是保证信息系统正常运行的重要条件之一。它包括一系列的有关规章制度、组织机构、人员管理、系统规划、人工处理、相应设计文件等。

从逻辑功能的角度考虑，信息系统一般都具有信息的输入、处理、存储、检索、传输、管理、输出等功能。

信息系统本身也是一个系统，它具有系统的一般特征，其整体性表现在信息系统是一个组织内部的神经系统，具有整体效应；目的性在于提供各种管理决策所需的信息；信息系统是可以分解的，通常把一个组织的信息系统分解成若干个子系统，各个子系统又可以划分为若干个模块，为了需要，每个功能模块又可以分成若干个子功能模块，这表现了信息系统的层次性；整个信息系统内部各部分（子系统）之间存在着各种形式的联系，体现出其相关性；信息系统是整个组织系统中的一个子系统，因此它受到组织内部其他部分和组织外部环境的影响，一个好的信息系统应具有良好的环境适应性。信息系统除了具有系统的一般特征，还具有一些自身的特点，在信息系统的开发建设中，不仅涉及计算机的软硬件技术、通信技术、数学、运筹学、控制论、信息等方面的学科知识，还涉及社会科学领域中的政治、经济、管理、法律、组织行为学、人际关系学等方面。由此可见，信息系统本身是一个复杂的、大型的系统。

二、信息系统的物理结构

信息系统的硬件结构是避开信息系统各部分的实际工作和软件结构，只抽象地考察其硬件系统的拓扑结构。信息系统的物理结构一般有以下三种类型。

（一）集中式

集中式是由一台主机带若干终端，运行多用户操作系统供多个用户使用的结构。早期的信息系统，由于计算机和通信技术等水平的限制，都采用集中式结构。在这种结构下，主机负责系统的所有数据处理、存储及应用管理，因此必须是大容量、高速度的；终端无信息处理能力，负责输入和输出信息。多用户操作系统很多，不同的机器应配备能在其上运行的多用户操作系统。

这种系统结构的优点是信息高度集中，便于管理。缺点是系统灵活性、可靠性差，维护困难，一旦主机出现事故会造成整个系统的瘫痪。

（二）分散－集中式（混合式）

这种结构将微机或工作站通过局域网与一台或几台作为主机的小型机乃至大型机相连。这种结构的优点是，主机主要作为文件服务器负责用户的读、取、传送文件的请求，集中管理共享资源，各个微机和工作站既可独立处理自身的业务，又可通过网络实现信息的传送和共享，因而灵活性好，易扩展。缺点是文件服务器的能力有限，它仅以将整个文件在网络中传输的方式进行服务，导致网络通信负荷重，系统维护较困难。

（三）分布式

这种结构由微机、工作站充当客户机，用一台或多台分散在不同地点的微机、工作站、小型机或大中型机充当服务器，再用总线网络把客户机和服务器连接起来。随着互联网技术的发展，又出现了浏览器／服务器模式（B/S）。分布式与分散－集中式的区别在于，分布式结构的客户机承担每个用户专有的外围应用功能，负责处理用户的应用程序；服务器承担数据库系统的数据服务功能，负责执行数据库管理软件。这样，两种设备功能明确，可以高度化实现系统的功能。数据库服务器处理客户的请求，然后只返回结果。这就大大减轻了网络的负担，避免了网络堵塞。分布式结构还有任务分布合理、资源利用率高、扩展性好、维护方便、可靠性高等优点。

三、组织中常见的信息系统

信息系统的发展与计算机技术、通信技术和管理科学等的发展紧密相关。近半个世纪以来，信息系统的发展经历了从单机到网络，从电子数据处理系统到管理信息系统、再到决策支持系统等，从数据处理到智能处理的各个阶段，且仍在不断发展着，这些阶段是相互交叉的关系。

（一）电子数据处理系统（Electronic Data Processing Systems，EDPS）

在电子数据处理系统阶段，计算机主要用于对具体业务的简单处理，如产量统计、成本计算、库存记录等。目标是能迅速、及时、正确地处理大量数据，提高数据处理的效率，实现手工作业的自动化，将人们从繁重的手工数据处理工作中解放出来，从而提高工作效率。电子数据处理系统阶段具体又分为单项业务数据处理阶段和综合业务数据处理阶段。

（二）管理信息系统（Management Information Systems，MIS）

20 世纪 70 年代初，随着数据库技术、网络技术和科学管理方法的发展，计算机在管理中的应用日益广泛，管理信息系统逐渐成熟起来。

管理信息系统是在电子数据处理系统的基础上发展起来的。一方面，支持日常业务的数据处理工作，这一层次上的管理信息系统又称为业务信息系统或事物处理系统；另一方面，能将组织中的数据和信息集中起来，进行综合处理，统一使用。这既为管理者执行计划、组织、指挥和控制职能提供所需信息，又可运用一些确定的决策模型进行自动求解，为中层管理者做决策提供支持。

管理信息系统的主要特征是：信息集中统一，具备辅助事务管理、辅助决策的功能，有一个中心数据库及网络系统。

（三）决策支持系统（Decision Support Systems，DSS）

决策支持系统是管理信息系统的更高一层。在管理信息系统的使用中发现它对管理者的决策支持不够，因此提出了决策支持系统。决策支持系统运用数据库、模型库、知识库、方法库等新技术，从管理信息系统中抽取一些决策支持所需的数据，为高层领导提供决策支持。

决策支持系统的特点在于，以交互方式支持决策者，以解决半结构化决策为主；是对管理人员决策的支持而不是代替；系统本身要求具有灵活性；采用联机对话方式，利用人的经验和系统提供的可供分析的信息来解决问题。

（四）办公自动化系统（Office Automation System，OAS）

办公自动化系统主要是为了有效地应用信息技术，提高办公人员的工作效率。目前，办公自动化系统的主要内容包括文字处理、电子邮件、电视会议、档案存储、桌面排版等。

（五）群体决策支持系统（Group Decision Support System，GDSS）

群体决策支持系统是一个会话型的计算机系统，它将计算机软、硬件设备和群体成员融为一体，支持群体对非结构化问题进行共同决策。具体地说，群体决策支持系统是以计算机网络通信技术为基础的人机系统。它利用人工智能（AI）、心理学、行为科学、决策科学、网络技术、数据库等技术为群体决策者或决策分析人员提供一个决策分析和决策形成的环境。

（六）专家系统（Expert System，ES）

专家系统是依据知识法则，运用推理规则来解决某类问题的信息系统。其特点是：能对复杂情况做出诊断，能处理不确定情况，并能对方案做出解释。

（七）智能决策支持系统（Intelligent Decision Support System，IDSS）

智能决策支持系统是在决策支持系统与专家系统的基础上形成的系统，通过定性分析辅助决策的专家系统与以定量分析为主辅助决策的决策支持系统的结合，进一步提高了辅助决策能力。智能决策支持系统是决策支持系统发展的一个新阶段。开发一个实际的 IDSS 需要解决以下关键技术：模型库系统的设计和实现、部件接口、系统综合集成。

（八）总裁信息系统（Executive Information Systems，EIS）

总裁信息系统又称经理信息处理系统或高层管理信息系统，是 20 世纪 80 年代中期出现的面向组织高层领导，能支持领导管理工作，为他们提高效率和改善有效性的信息系统。EIS 的主要目标是帮助企业高层领导规划、控制企业的运作，获得整个企业内部和外部信息，以辅助决策。EIS 与其他信息系统相比有重叠，也有区别，从 EIS 的形式、内涵与功能来看，EIS 有以下特点：人机界面友善且富有个性化；提供的信息是关系组织生存与发展的关键信息；决策功能面对非结构化问题；具有丰富的办公功能，如电子邮件、传真、电子会议、安排与公文处理等。开发 EIS 难度大，费用高，目前国内基本上还停留在研究与探索阶段。

（九）战略信息系统（Strategic Information Systems，SIS）

战略信息系统是一种支持企业赢得或保持竞争优势，制定企业中长期发展战略规划的信息系统。SIS 利用反映环境如竞争对手等状况的企业外部信息及企业内部关键因素信息，借助市场分析预测与战略决策等模型，以人机对话的方式在计算机上作出供高层管理者决断的企业中长期战略发展方案。SIS 是一个较新的概念，涉及许多非结构化的问题，有关 SIS 的结构、人机交互方法等尚不成熟。此外，SIS 的实现还必须以传统的管理信息系统为基础。

（十）计算机集成制造系统（Computer Integrated Manufacturing System，CIMS）

计算机集成制造系统是集现代信息技术、自动控制、机器人和管理科学为一体的综合性很强的系统。该系统包括计算机辅助设计（CAD）、计算机辅助制造（CAM）、管理信息系统（MIS）或制造资源计划（MRP Ⅱ）、决策支持系统（DSS）等，可以最终达到一体化生产，使企业走向高度集成化、自动化、智能化。

随着信息技术的发展应用，信息系统是一个不断发展的概念，EDPS 是面向业务的信息系统，MIS 是面向管理的信息系统，DSS 是面向决策的信息系统（也被看作 MIS 的一个高层子系统）。在此基础上，MIS、DSS 与人工智能、网络技术等结合形成了 GDSS 和 IDSS、EIS、SIS；MIS、DSS 与 CAD、CAM 等技术结合形成了 CIMS。随着各种新技术的涌现，信息系统将趋向更高阶段。

四、信息系统与管理

管理需要信息，需要信息系统的支持。有效的管理要求对与组织活动及环境状况有关的信息进行全面的收集、正确的处理和及时的利用。

随着科学技术的发展，生产社会化程度不断提高，企业组织规模进一步扩大，使得管理变得越来越复杂，需要的信息量大，时间性强。现代管理方法的运用，需要数学模型的支持，涉及大量的计算工作。很显然，传统的手工系统已无法满足现代管理对信息的需要，基于计算机的信息系统由于其处理速度快、存储量大等，正发挥着越来越大的作用。它能把来自组织活动过程中的巨大信息流收集、组织和控制起来，经过处理、分析，提供各管理层所需的管理和决策信息。信息系统的完善程度已成为衡量现代企业管理水平的一个重要标志。

管理过程包括计划、组织、决策和控制人员与活动。不同的管理层为完成这些任务所担负的职责也不一样，低层管理者监督管理日常的业务活动，中层管理者组织和控制企业的资源来实现这些目标，高层管理者负责确立整个组织的目标群。这三个层次上的管理者对信息的需求并不完全相同，低层管理者需要日常业务的反馈信息——作业级信息；中层管理者需要能使他们有效地分配资源来实现组织目标的信息——战术级信息；高层管理者使用内部和外部（主要是外部）的信息——战略级信息来寻找新的商机并建立组织的目标。作业级、战术级、战略级的信息需要专门的信息系统支持。

作业级的信息系统是供低层管理人员使用的系统，它支持日常的业务处理。系统通过计算机输入原始数据信息，如采购单信息、客户订单信息、职工考勤信息等，存储在存储器中，并对数据以批处理或实时的方式进行累加和分析，提供反映组织业务现状的信息，如应收和应付款信息、库存信息、工资信息等。该层次信息系统的特点是：处理的数据量大，精确度高，输入数据和输出信息均经过仔细校验；反映的是组织已发生的业务信息，即历史信息；系统的数据全部来自组织内部；输入数据和输出信息的形式及格式都是高度结构化的；信息非常详细，反映每笔（每日、每周或每月等）业务的信息；提供查询功能。

战术级的信息系统是供中层管理人员使用的系统。它主要对业务信息进行概括、集中、比较和分析，为中层管理人员监督和控制业务活动、有效地分配资源提供所需的信息。作业级的信息系统的输入信息是战术级的信息系统的数据来源，因此，战术级的信息系统必须建立在作业级的信息系统的基础上。战术级的信息系统产生预测类信息，通过预测未来事件防止问题的出现。例如，系统被用来预测收入和企业活动，确定资金的最佳来源和用途；系统支持计划的职能，通过收集历史的和当前的数据，分析和研究变化的趋势和预测未来，选择合适的计划模型，进行反复试算，产生各种计划方案，供管理者使用；系统通过进行各种定额、计划指标信息与当前企业实际运营信息的比较，产生各种反馈信息和警示信息，帮助管理人员管理控制和决策。如反馈信息表明某种存货的库存水平正在不断下降，那么，管理者就可以利用它来决定订购更多该种存货。战术级的信息系统产生一系列报表报告，一般有定期报告、总结性报告、比较报告、例外报告等。定期报告是按照预先确定的时间间隔产生的报告，可以是每天、每周、每月、每年等；总结性报告是指那些以某种方法汇总信息的报告，如按销售人员汇总的销售情况，按产品种类汇总的次品返修情况等；比较报告显示两个或更多相似的信息集，以阐明它们彼此的关系，如产量与成本的关系；例外报告主要提供异常情况的信息，如导致应收账款迅速增加的欠款对象的评估信息。

战略级的信息系统提供辅助高层管理人员制定企业长期策略的信息。战略级的信息系统与战术级的信息系统的区别通常不够明确，因为这两类系统可能使用某些相同的数据。例如，如果当中层管理者利用预测和计划信息来分配资源以达到最佳的组织目标，该预测和计划信息就是战术级的信息；当其被高层管理人员用来制订企业长期活动计划时，就是战略级的信息。战略级的信息系统的特点主要有：（1）随机性。即战略级信息的产生在多数情况下具有时间不确定性，是随机的，是根据临时决策需要产生的。（2）预测性。由于企业长期计划决策通常会对未来一段时期（3～5年）产生影响，因此战略级的信息系统的信息不仅能描述过去的事件，更要能预测未来发生的事件。例如，未来经济状况的预测、产品市场状况的预测等。（3）概要性。战略级信息是关系企业未来长远发展的信息，而影响企业未来发展的因素较多，十分复杂，因此，该类信息并不要求十分精确，通常是概括性的。（4）数据来源外部性。大部分战略级信息主要来源于企业外部环境。（5）非结构化。战略级的信息系统的输入数据通常是非结构化的。例如，对未来市场销售趋势预测可能会用到从偶然谈话中得知的信息，如批发商、销售人员和市场分析员的观点。

从广义的角度看，MIS 是一种集业务数据处理、管理和决策为一体的立足整个企业管理的信息系统，集作业级、战术级、战略级的信息系统的功能于一体，能够辅助企业低、中、高层管理人员的作业级、战术级和战略级的活动。

1.4 管理信息系统概述

20 世纪 60 年代，美国经营管理协会及其事业部第一次提出了建立管理信息系统的设想，企图在企业内建立一个全面管理的信息系统。但当时由于计算机软硬件技术水平的限制和开发方法的落后，并没有取得明显效果。20 世纪 70 年代以后，随着科学技术特别是计算机等信息技术的迅速发展，以及经济管理模型得到一定的实际应用，管理信息系统得到了较大发展，并逐渐发展成一门新学科。

一、管理信息系统的定义、特点和功能

（一）管理信息系统的定义

管理信息系统作为一门正在发展的新兴边缘科学，其理论基础尚不完善，关于管理信息系统的定义同样在逐渐发展和成熟。目前，关于管理信息系统的说法有很多，还没有一个统一定义，以下是国内外提出的几种定义：

（1）管理信息系统是一个能够提供过去、现在和将来预期信息的一种有条理的方法，这些信息涉及内部业务和外部情报。它按适当的时间间隔供给格式相同的信息，支持一个组织的计划、控制和操作功能，以便辅助决策过程。

（2）管理信息系统是一个利用计算机硬件和软件，手工作业，分析、计划、控制、决策模型和数据库的用户 – 机器系统。它能提供信息，支持企业或组织的运行、管理和决策。

（3）管理信息系统是一个具有高度复杂性、多元性和综合性的人机系统，它全面使用现代计算机技术、网络通信技术、数据库技术及管理科学、运筹学、统计学、模型论和各种最优化技术，为经营管理和决策服务。

（4）管理信息系统是一个由人、计算机等组成的能进行信息的收集、传递、存储、加工、维护和使用的系统。它能实测企业的各种运行情况，利用过去数据预测未来，从企业全局出发辅助企业进行决策，利用信息控制企业的行为，帮助企业实现其规划目标。

（5）管理信息系统是一个以人为主导，利用计算机硬件、软件、网络通信设备以及其他办公设备，进行信息的收集、传输、加工、存储、更新和维护，以企业战略竞优，提高效益和效率为目的，支持企业高层决策、中层控制、基层运作的集成化的人机系统。

图 1.7 所示为企业管理信息系统总体概念图。其中，市场子系统、生产子系统、财务子系统等都是业务信息系统，对具体业务进行数据处理，如财务子系统要对每笔收支进行登账和处理。管理信息系统对各业务信息系统进行控制、管理，对整个系统的战略、战术等重大问题作出预测和决策。

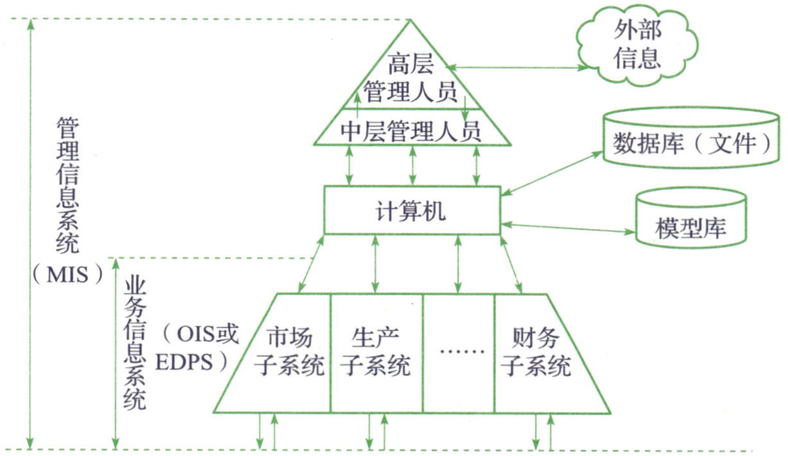

图 1.7 企业管理信息系统总体概念图

根据系统理论，管理信息系统作为一个系统必须具备环境适应性，即管理信息系统必须适应环境的变化，尽可能做到当环境发生变化时，系统不需要经过大的变动就能适应新的环境。这主要表现在系统的可修改性。一般认为易修改的系统是积木式模块结构的系统。管理信息系统通常采用模块结构，由于每个模块相对独立，其中一个模块的变化几乎不会影响其他模块。

（二）管理信息系统的特点

从图 1.7 可以看出，管理信息系统是在业务信息系统上发展起来的，它是面向管理和决策的一个集成系统，覆盖了整个管理系统，通过对管理信息进行收集、传输、存储、处理和输出，为各级管理部门和各级管理层提供所需的管理信息。管理信息系统不仅具有一般系统的特征，还具有其本身的特点。管理信息系统的特点有以下几个：

（1）管理信息系统是一个人机系统。以计算机为基础的 MIS 并不意味着一切都自动化。人机系统的概念说明有些任务最好由人完成，而另一些任务由机器代替人完成。系统设计者应当很好地分析把哪些工作交给人做比较合适，哪些交给机器做比较合适，充分发挥人和机器的特长，组成一个和谐的、有效的系统。这就要求系统设计者不仅要懂得人，还要懂得计算机。

（2）管理信息系统是一个一体化或集成化系统，它从企业管理的总体出发，综合考虑，保证各种职能部门共享数据，减少数据的冗余度，保证数据的兼容性和一致性。因此，具有集中统一规划的数据库及功能完善的数据库管理系统是管理信息系统成熟的重要标志。

（3）管理信息系统用数学模型分析数据，辅助决策。为了提供管理人员决策所需的信息，往往需要利用数学模型，如联系于资源消耗的投资决策模型、联系于生产调度的调度模型等。模型可以用来发现问题，寻找可行解、非劣解和最优解。

（4）管理信息系统有一个中心数据库及网络系统。这是管理信息系统的重要标志。

（三）管理信息系统的功能

管理信息系统首先是一个信息处理系统，其次是一个为管理人员实现管理职能提供支持的系统。管理的基本职能包括计划、组织、领导和控制。因此，管理信息系统主要有如下功能：

（1）信息处理。即对内源和外源数据进行收集、输入、传输、存储、加工处理、输出、管理和维护。这是管理信息系统的首要任务和最基本功能。

（2）预测功能。预测是管理计划和管理决策的前提。预测功能是指它能根据历史数据，运用数学方法、管理方法和统计预测模型等对未来可能发生的结果进行预测。

（3）计划功能。是指对各种具体工作进行科学合理的安排，并以文字和指标等形式为管理人员提供所需的计划报告，如物资供应计划、生产计划、产品销售计划、利润计划等。通过制订计划，监督企业经营活动中的各项工作按时完成。

（4）控制功能。是指通过对实际情况的监测、检查和分析，并将实际情况与有关标准进行比较，衡量差异和分析差异，辅助管理人员及时采取各种方法施加控制。根据时机、目的的不同，控制可分为事前控制、事中控制和事后控制。

（5）辅助决策功能。决策是企业管理的核心。决策功能是指管理信息系统能根据有关决策问题，运用数学模型，推导出问题的最优解，从而辅助管理人员进行科学决策。

二、管理信息系统的分类

管理信息系统是一个广泛的概念，至今尚无统一的分类方法。为了加深对管理信息系统的理解，我们从以下几个方面进行分类：

（1）从提供信息的层次上，不同层次的信息系统为不同层次的管理者提供信息支持。企业或组织的管理层次分为低层、中层、高层，支持低层的是业务信息系统；支持中层的是管理信息系统；支持高层的是决策支持系统（广义地，MIS 也将 DSS 作为其一部分）。

（2）从组织的职能角度，一般企业或组织均有市场、生产或服务、财务、人力资源四大职能。不同的职能有不同的应用系统，组织中的管理信息系统按职能划分为市场管理信息系统、生产或服务信息系统、财务管理信息系统、人力资源管理信息系统等不同的职能系统。

（3）从服务的组织对象上，不同的系统服务于不同的组织，具有不同的功能。可分为国家经济信息系统、企业管理系统、事务型管理信息系统、行政机关办公型管理信息系统、专业型管理信息系统等。企业复杂的管理活动给管理信息系统提供了典型的应用环境和广阔的应用舞台，大型企业的管理信息系统都很大，人、财、物、供、产、销以及质量、技术应有尽有，同时技术要求也很复杂，因而常被作为典型的管理信息系统进行研究。

在坐标系中将三种分类方法标示出来，构成了立体的三维空间模型（见图 1.8）。

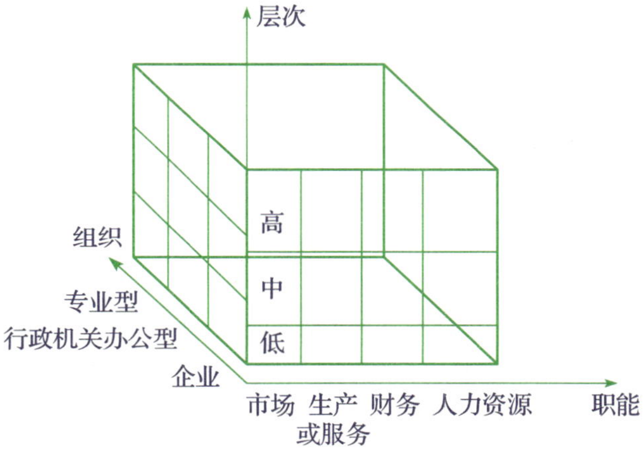

图 1.8　管理信息系统的三维空间模型

三、管理信息系统的结构

管理信息系统（MIS）作为一个系统，必然有一定的结构。MIS 的结构是指各部件的组成框架，对部件的不同理解就构成了不同的结构。下面我们从不同的角度介绍 MIS 的结构。

（一）MIS 的概念结构

从概念上，MIS 由信息源、信息处理器、信息用户和信息管理者组成，如图 1.9 所示。

信息源是 MIS 的数据来源，它是信息的产生地。信息处理器负责信息的传输、加工和存储，为各类管理人员即信息用户提供信息服务。信息管理者负责系统的设计、实现、运行和管理。

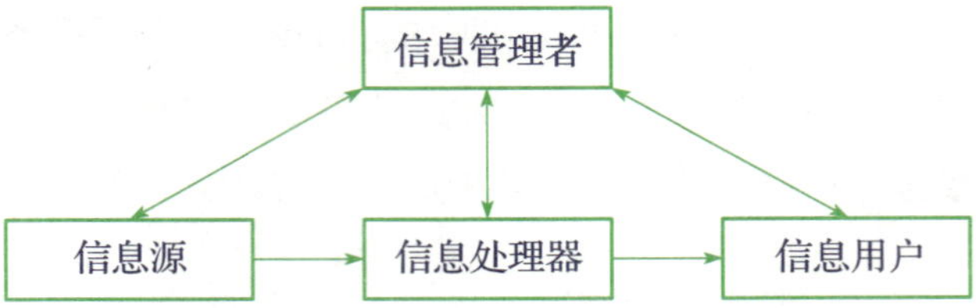

图 1.9　MIS 的概念结构

（二）MIS 的层次结构

MIS 按服务的管理层次分为作业级、战术级、战略级；按职能划分为市场、生产或服务、财务、人力资源等，处于作业级的信息处理量最大，战术级的较小，战略级的最小。横向划分和纵向划分结合成了 MIS 纵横交织的金字塔结构（见图 1.10）。

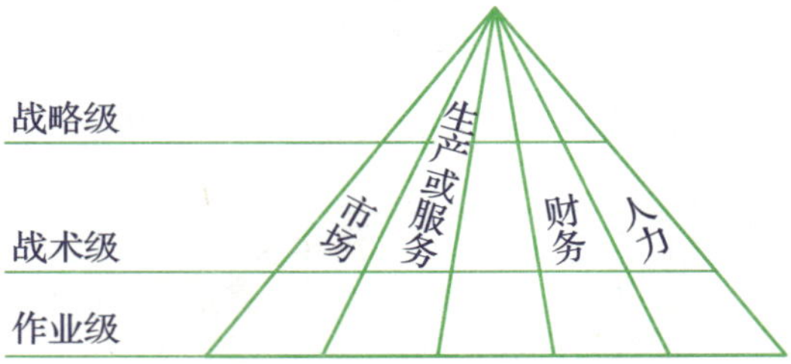

图 1.10　MIS 的金字塔结构

（三）MIS 的功能结构

从用户的角度来看，MIS 应该有支持整个组织在不同层次的各种功能，这些具有不同功能的部分（子系统）是一个有机的整体，构成了系统的功能结构（见图 1.11）。

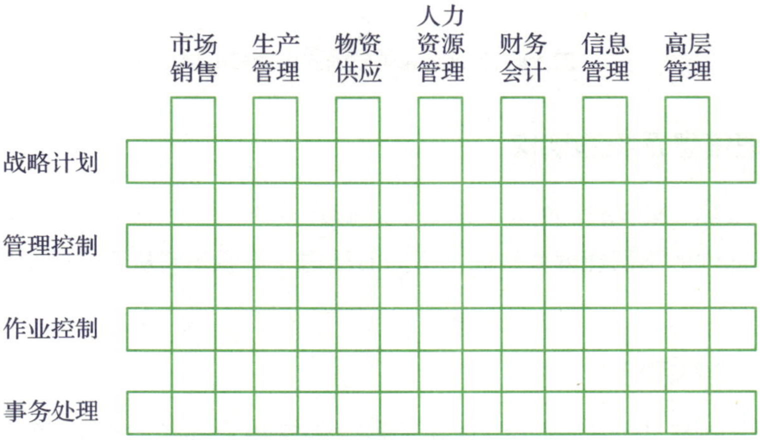

图 1.11　MIS 的功能结构

（1）市场销售子系统。它包含销售和推销以及售后服务的全部活动，事务处理主要是对销售订单、广告推销等的处理。在作业控制方面，包括雇用和培训销售人员，销售或推销的日常调度，以及按区域、产品、顾客的销售量定期分析等。在管理控制方面，涉及总的成果与市场计划的比较，它所用的信息有顾客、竞争者、竞争产品和销售量要求等。在战略计划方面，包含新市场的开拓和新市场的战略，它使用的信息主要有客户分析、竞争者分析、客户调查等信息，以及收入预测、产品预测、技术预测等信息。

（2）生产管理子系统。其功能包括产品的设计、生产设备计划的制订、生产设备的调度和运行、生产人员的雇用与训练、质量控制和检查等。生产管理子系统中，典型的事务处理是对生产指令、装配单、成品单、废品单和工时单等的处理。作业控制要求，将实际进度和计划比较，找出薄弱环节。管理控制方面包括进行总调度、单位成本和单位工时实际消耗与计划消耗的比较。战略计划要考虑加工方法和自动化的方法。

（3）物资供应子系统。它包括采购、收货、库存管理和发放等管理活动。事务处理主要包括库存水平报告、库存缺货报告、库存积压报告等。管理控制包括计划库存与实际库存水平的比较、采购成本分析、库存缺货分析、库存周转率分析等。战略计划包括新的物资供应战略、对供应商的新政策及“自制与外购”的比较分析、新技术信息、分配方案等。

（4）人力资源管理子系统。它包括人员的雇用、培训、考核、工资和解聘等。事务处理主要产生有关雇用需求、工作岗位责任、培训计划、职员基本情况、工资变化、工作小时和终止聘用的文件及说明。作业控制要完成聘用、培训、终止聘用、工资调整和发放津贴等。管理控制主要包括进行实际情况与计划的比较，产生各种报告和分析结果，说明雇工职员数量、招聘费用、技术构成、培训费用、支付工资和工资率的分配和计划要求符合的情况。战略计划包括雇用战略和方案评价，以及职工培训方式、就业制度、地区工资率的变化和聘用留用人员的分析等。

（5）财务会计子系统。财务和会计既有区别，又密切相关。财务的职责是在尽可能低的成本下，保证企业的资金运转。会计的主要工作是进行财务数据分类、汇总，编制财务报表，制定预算和成本数据的分类和分析。与财务会计有关的事务处理包括处理赊账申请、销售单据、支票、收款凭证、付款凭证、日记账、分类账等。作业控制需要产出每日差错报告和例外报告、处理延迟记录及未处理的业务报告等。管理控制包括预算和成本数据的比较分析。战略计划包括财务的长远计划、减少税收影响的长期税务会计政策以及成本会计和预算系统的计划等。

（6）信息管理子系统，该系统的作用是保证其他功能有必要的信息资源和信息服务。事务处理包括处理有工作请求，收集数据、校正或变更数据和程序的请求，软硬件情况报告，以及规划和设计建议等。作业控制包括日常任务调度、统计差错率和设备故障信息等。管理控制包括计划和实际的比较，如设备费用、程序员情况、项目进度等。战略计划包括整个信息系统计划、硬件和软件的总体结构、确定功能组织是分散还是集中的等。

（7）高层管理子系统。高层管理子系统为组织高层管理人员服务。该系统的事务处理活动主要是信息查询、决策咨询、处理文件、向组织其他部门发送指令等。作业控制内容包括会议安排计划、控制文件、联系记录等。管理控制要求各功能子系统执行计划的当前综合报告情况。战略计划要求收集广泛的、综合的外部信息和内部信息。这里可能包括特别数据检索和分析，以及决策支持系统；它所需要的外部信息可能包括竞争者信息、区域经济指数、顾客喜好和提供的服务质量等。

（四）MIS 的软件结构

MIS 的软件结构（见图 1.12）是 MIS 的软件组成，它由支持 MIS 各种管理子系统的软件模块组成。

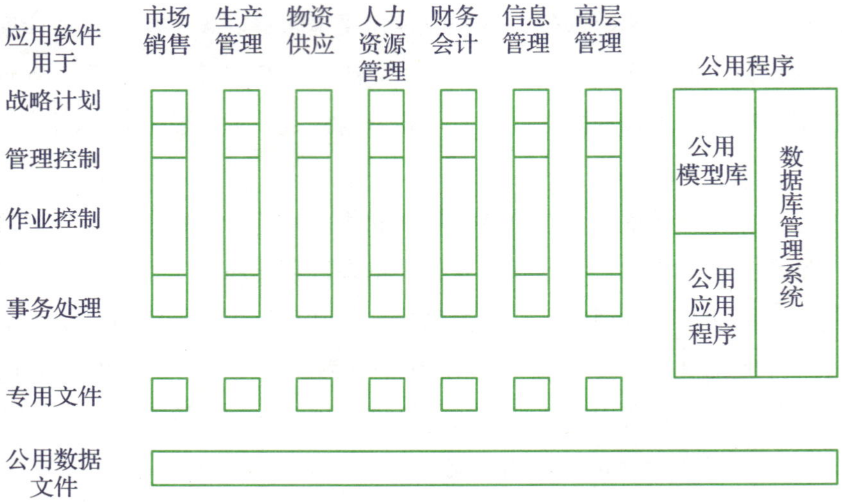

图 1.12　MIS 的软件结构

图 1.12 中的每个方块代表一段程序块或一个文件，每一个纵行表示支持某一管理子系统的软件。每个管理子系统又由支持战略计划、管理控制、作业控制及事务处理的模块组成。各子系统既有自己的专用数据文件，同时又作为整个 MIS 的一部分共享为全系统服务的公用数据文件和公用应用程序、公用模型库及数据库管理系统等。

（五）MIS 的硬件结构

MIS 的硬件结构（见图 1.13）是指硬件组成及连接方式。硬件结构所要关心的首要问题是用微机网还是用小型机及终端结构。

终端结构是由一台主机通过通信控制器和许多终端与各种外部设备相连的一种结构。网络结构通过计算机网络把不同地点的计算机和外部设备相连，分为一般分布式和客户机－服务器模式，这种结构的一个主要特点是各地计算机既可在网络系统的统一管理下工作，又可脱离网络环境独立工作。

硬件结构还要考虑硬件的能力，例如有无实时、分时或批处理的能力等。

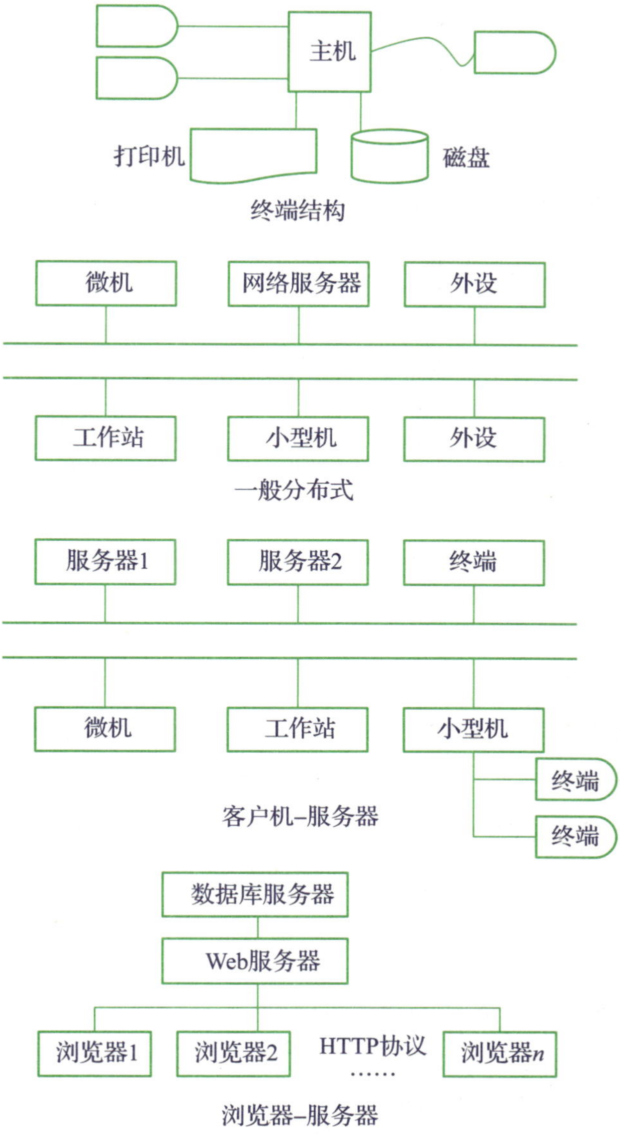

图 1.13　MIS 的硬件结构

四、管理信息系统的生命周期

任何事物都有产生、发展、成熟、消亡（更新）的过程，MIS 也不例外。MIS 在使用过程中随着其自下而上环境的变化，需要不断地进行维护和修改，当它不再适应的时候就要被淘汰，新的系统取代旧系统投入运行，周而复始，循环往复。其中的每个循环周期称为 MIS 的生命周期，如图 1.14 所示。MIS 的生命周期分为系统规划、系

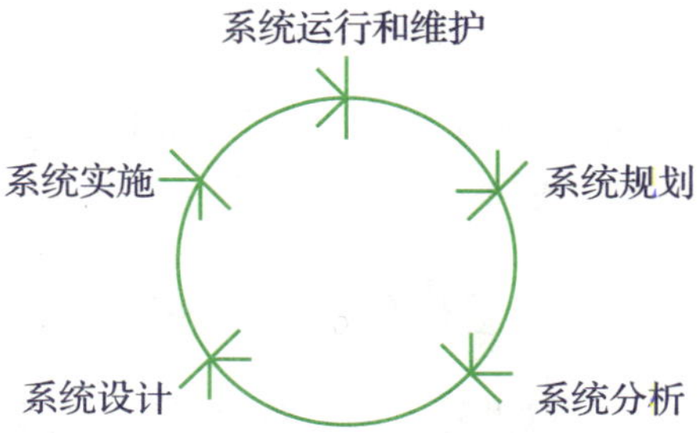

图 1.14　MIS 的生命周期

统分析、系统设计、系统实施、系统运行和维护五个阶段。

（一）系统规划

系统规划阶段的主要任务是在对企业的环境、目标、现行系统状况的调查基础之上，根据企业目标和发展战略，制定系统的发展战略；在调查分析企业信息需求的基础上，提供系统的总体结构方案。根据发展战略和总体结构方案，安排项目开发计划。

（二）系统分析

系统分析阶段的主要任务是根据系统开发方案，对企业的管理业务现状和资源条件等进行初步调查，在此基础上进行可行性分析，写出可行性分析报告。根据可行性方案，对现行系统进行详细调查，描述现行系统的业务流程和数据流程，指出现行系统存在的问题和不足，提出改进意见，确定新系统的业务流程和数据流程，提出新系统的逻辑方案，编制系统说明书。系统分析阶段是整个 MIS 建设的关键阶段。

（三）系统设计

系统设计阶段的主要任务是在系统分析提出的逻辑模型的基础上设计新系统的物理模型，回答“怎么做”的问题。该阶段又可分为总体设计和详细设计两个阶段。总体设计阶段的主要任务是进行系统的流程图设计、功能结构图设计和功能模块图设计等；详细设计阶段的主要任务包括编码方案设计、系统物理配置方案设计、数据存储设计、输入输出设计和处理流程图设计等。这个阶段的技术文档是系统设计说明书。

（四）系统实施

系统实施阶段的主要任务是将设计的系统付诸实施，它是整个 MIS 生命周期的关键阶段。该阶段的内容包括设备的购买、安装与调试，程序设计与调试，人员培训，数据准备，系统测试与转换等。实施阶段的任务繁多且复杂，必须精心安排、合理组织，制订周密计划，确定系统实施各阶段的进度和费用，以保证系统实施工作的顺利进行。

（五）系统运行和维护

系统运行和维护阶段主要负责系统投入正常运行后的管理、维护和评价工作。系统投入运行后，为了保证系统正常发挥作用，需要加强系统的日常管理和维护，制定相关制度，评价系统的运行情况。

五、管理信息系统的回顾与发展

自从世界上第一台计算机诞生以后，人们就开始了将计算机应用于管理工作的探索。1954 年美国通用电气公司用计算机进行工资计算，标志着计算机应用于管理的开始，在其以后的一段时间里，企业纷纷将计算机用于繁杂的日常业务数据处理工作，并取得了较好的效果，实现了手工作业的自动化，提高了工作效率。通常将这一阶段称为数据处理阶段（EDP）。用于数据处理的系统称为电子数据处理系统（EDPS）。在此阶段人们用计算机进行产量的统计、会计数据的自动处理等。随着应用范围的不断扩大，人们又产生了更高的要求，希望计算机在提供企业所需精确数据的同时，为企业的管理决策提供各种关于企业过去的、现在的和未来的各种信息，在这方面，EDPS 有所欠缺，计算机应用必须有新的突破，MIS 应运而生。但由于当时企业的管理人员缺乏必要的计算机知识，不能明确地提出他们真正需要什么样的 MIS，而信息专家对管理又只知皮毛，最终导致当时盛行的 MIS 所提供的数据大都不适合管理部门决策之用。管理人员得到的数据虽很丰富，但能得到的有用信息却很匮乏。随着时代的推进，管理人员对于计算机越来越了解，知道它们应扮演的角色，也能够清楚地描述自己的信息要求。同样信息专家通过接触大量的管理知识以及加强对企业实际的了解，真正懂得了企业需要什么样的 MIS。MIS 被重新设计，成了计算机应用的一个重要领域，20 世纪 80 年代以后，由于对 MIS 的重新认识，又掀起了 MIS 的热潮。

DSS 是从 MIS 中发展起来的面向高层管理人员的一项辅助管理技术。由于 MIS 是从 EDPS 基础上发展起来的，MIS 的应用和发展受传统数据处理的影响和约束，对高层管理人员的决策支持较少，因此，人们又把注意力转向如何借助于计算机解决有一定难度的半结构化和非结构化问题，产生了 DSS。

进入 20 世纪 80 年代，MIS 在 DSS 基础上又有了新的发展，主要有主管支持系统（Executive Support Systems，ESS）和群体决策支持系统（Group Decision Support Systems，GDSS）等，并朝着智能化方向发展，如专家系统（Expert System，ES），信息系统辅助企业的层次越来越高，对企业的影响越来越大。

MIS 是现代管理方法与手段相结合的系统。应用先进管理方法的 MIS 对推动企业管理现代化、规范化、科学化，增强企业竞争力起着十分重要的作用。典型的例子有制造资源计划（MRP Ⅱ）、企业资源计划（ERP）。

20 世纪 90 年代，人们提出了企业过程重组（Business Process Reengineering，BPR）的概念。它既是市场竞争的需要，也是 MIS 发展的必然结果。从 EDPS、MIS 到 DSS 等，都是利用信息技术为现存的管理构架服务。然而，BPR 概念的提出和实施，则转变为重塑管理构架，有人称企业过程重组是管理理论和实践的“第三个里程碑”。

课后练习

一、选择题

1. 下列说法不正确的是（　　）。

A. 信息是指音讯、消息、信息系统传输和处理的对象，泛指人类社会传播的一切内容

B. 在一切通信和控制系统中，信息是一种普遍联系的形式

C. 信息是物质、能量及属性的标示的集合，是不确定性的增加

D. 信息不是物质，也不是能力，它以一种普遍形式，表达物质运动规律，在客观世界中大量存在、产生和传递

2. 信息论的奠基人是（　　）。

A. 香农　　B. 维纳

C. 爱因斯坦　　D. 图灵

3. 下列说法不正确的是（　　）。

A. 信息是用来消除随机不定性的东西

B. 信息是系统有序程度的度量，表现为负熵

C. 信息量的单位为比特（bit）

D. 信息由意义和符号组成，指以声音、语言、文字、图像、动画、气味等方式所表示的实际内容。信息是具体于物质的映射集合

4. 以下各项不属于信息的特性的是（　　）。

A. 客观性　　B. 无限性

C. 相对性　　D. 安全性

5. 以下各项不属于信息的质量属性的是（　　）。

A. 完整性　　B. 精确性

C. 可验证性　　D. 变换性

6. 对于金融信息而言，其最重要的特性是（　　）。

A. 完整性　　B. 精确性

C. 安全性　　D. 变换性

7. 对于经济与社会信息而言，其最重要的特性是（　　）。

A. 完整性　　B. 及时性

C. 安全性　　D. 变换性

8. 下列说法不正确的是（　　）。

A. 信息系统是通过输入数据，然后进行加工处理，最后产生信息的系统

B. 系统实现条件指系统处理信息的结构和方法

C. 面向管理和支持生产是信息系统的显著特点

D. 从用途类型来划分，信息系统一般包括电子商务系统、事务处理系统、管理信息系统、生产制造系统、电子政务系统、决策支持系统等

9. 信息系统抽象模型不包括（　　）。

A. 管理模型　　B. 信息处理模型

C. 系统实现条件　　D. 技术

10. 需要完成项目开发计划的阶段是（　　）。

A. 系统规划　　B. 系统分析

C. 概要设计　　D. 系统实施

11. 下列说法不正确的是（　　）。

A. 信息化是一个过程，与工业化、现代化一样，是一个动态变化的过程

B. 信息化是指培养、发展以计算机为主的智能化工具为代表的新生产力，并使之造福于社会的历史过程

C. 与智能化工具相适应的生产力，称为信息化生产力

D. 信息化以计算机、网络、数据库技术为基础

12. 信息化内涵不包括（　　）。

A. 信息网络体系　　B. 信息产业基础

C. 社会运行环境　　D. 计算机技术

13.（　　）指在经济大系统内实现统一的信息大流动，使金融、贸易、投资、计划、营销等组成一个信息大系统，生产、流通、分配、消费等环节通过信息进一步连成一个整体。

A. 国民经济信息化　　B. 社会生活信息化

C. 产业信息化　　D. 产品信息化

14. 2016 年中共中央办公厅、国务院办公厅印发的《国家信息化发展战略纲要》强调国家信息化发展战略总目标是建设（　　）。

A. 网络强国　　B. 创新强国

C. 智能制造强国　　D. 科技强国

15. 计算机管理方式改变了传统手工台账，极大地提高了管理效率。信息技术应用提高了生产自动化、智能化程度，生产效率大大提高。网络营销成为一种新的市场营销方式，受众大量增加，营销成本大大降低，属于（　　）。

A. 技术融合　　B. 产品融合

C. 业务融合　　D. 产业衍生

二、问答题

1. 什么是信息？信息的特点是什么？

2. 简述信息的生命周期。

3. 举例说明组织中的战略级信息、战术级信息和作业级信息。

4. 如何理解系统的概念?

5. 结合管理信息系统，说明系统的观点。

6. 简述信息系统的物理组成。

7. 简述管理信息系统的概念。

8. 请说出五个你所知道的管理信息系统的应用实例。

9. 简述管理信息系统的层次结构和特点。

项目 2

管理信息系统开发方法和技术

学习目标

1. 理解管理信息系统的开发原则和条件。
2. 掌握管理信息系统的开发策略和开发方法。

导入案例

某跨国公司 70% 的收入来源于出售国际新闻以及金融信息等基本信息产品。这些产品是通过它的市场显示系统向用户展示的。为改进市场显示系统的可用性，使其能更容易、更方便地满足顾客的要求，公司让小张负责一个最高优先权的项目，任务是改进市场显示系统的用户界面。为此，小张组建了可用性小组。这实际上是一个虚拟小组，除包括小张及三名公司成员之外，还包括一些有关技术公司的代表，如交互图形公司、微软公司的代表。该小组还与 500 多名专家保持联系，其中一位是符号学专家，专门负责把计算机的动作翻译成像 Windows 的图标等符号。该小组并不通过市场调查去问用户想要一些什么，而是在他们建立的可用性实验室中观察用户怎样利用公司的市场显示系统查找他们想要的信息产品。

可用性实验室有两个房间，一间房间给用户们用，用户在公司助理人员的伴随下完成一系列关于应用系统的实验；另一间房间被玻璃隔成一些小间，各放有一台显示器，显示的内容与用户屏幕上的内容相同，并用可视信号或者是内部通信系统与用户保持联系，要求客户完成一系列的操作。例如，可以要求用户去查询某只股票的价格，画出它在一定期间内的走势图，找出一些相关的消息和公司的财务数据。随着用户的操作，可用性小组的人员就在监视器上观察用户在什么地方发生问题，测试出完成每项操作的时间，留意引起用户工作中断的过程。用户操作过程还被录像，从录像上能够更精确地测量所用的时间。该实验室每个月能完成 100 个用户的三项至四项主要测试。实验室还要去了解公司服务机构接听的用户求助电话，将用户求助问题分为四类，录入数据库并进行统计分析，找出用户遇到的主要问题并设法改进。例如，1994 年 4 月有 34% 的电话是有关 RT 工作站反映出的可用性问题的，进一步分析表明 28% 的电话是关于报价单问题的，于是公司就将报价单在工作站上的显示形式进行了改进。

可用性小组最后制定了一系列规范，要求所有公司开发小组开发的软件产品都要经过可用性小组的审查，相同的功能要用相同的图标，图标也必须在可用性小组开发的一系列标准图标集中选用。这些图标，开发小组可以在网络上得到。

问题：

1. 可用性实验室为公司解决了什么问题？

2. 上述系统采用了什么开发方法？简述该方法的基本思想和基本步骤。

3. 这种开发方法适合于解决哪一类问题？

4. 常用的信息系统开发方法有哪些？这些方法分别具有哪些优缺点？分别适用于哪些场合？

知识探究

2.1 管理信息系统开发方法的历史回顾

管理信息系统的开发是在管理信息系统规划的指导下，分析、设计、实现一个信息系统。管理信息系统开发方法是指管理信息系统开发过程中的指导思想、逻辑、途径及工具的组合。本项目主要讨论一些主要的开发方法和技术，总结开发的条件和原则，介绍一些常用的开发工具和技术。

20 世纪 50 年代，计算机开始应用于管理工作。当时应用于管理的目的主要是提高数据处理的效率，因而可以说是面向处理的。这时的系统通常称为数据处理系统，数据是依赖于程序的，即针对一个处理程序，就有一个专为它提供数据的数据文件。这就是最原始的开发方法，即先了解处理功能，然后编写程序，再编写依赖于它的数据文件。20 世纪 60 年代出现了数据库，信息系统的建设方式也有所改变，先建立数据库，然后再围绕数据库编写各种应用程序，这种方法可以说是面向数据的。在早期发展阶段并没有注意到开发方法的研究。

以前系统开发工作好像是做手工艺品，每个程序员根据自己的经验和偏好，编出各种各样的程序。同样一个业务程序，有人要用一百多条指令才能完成，而有人只用十几条指令即可完成。程序难写、难懂、更难以维护，因而标准化成为软件开发公司的愿望。

从 20 世纪 60 年代开始，系统越来越复杂，人们开始注意到信息系统开发的方法和工具。到了 20 世纪 70 年代，系统开发的生命周期法（Life Cycle）诞生了。它较好地给出了过程的定义，也大大地改善了开发的过程。然而，问题的积累、成本的超支、性能的缺陷，加大了系统开发的难度。这时系统开发方法依据著名的“瀑布模型”，并产生了结构化的开发方法。

结构化是指试图使开发工作标准化，因而它可以减少随意性。结构化开发的目标是有序、高效、高可靠性和少错误。有序按是指部就班，按规矩办事，相同情况得出相同结构，减少程序员的随意性，从而实现有纪律、标准化。结构化还要求建立标准的文档。当然结构化有其负面的影响，它可能妨碍程序员的创造性。

20 世纪 80 年代以后，出现了一些新的程序设计语言和开发工具，其一是第四代语言（Fourth Generation Language，4GL），其二是原型法（Prototyping）。原型法和生命周期法是两种思路完全不同的开发方法。20 世纪 80 年代末期，计算机辅助软件工程（Computer Aided Software Engineering，CASE）和面向对象（Object-oriented，OO）的开发方法得到很大的发展。面向对象的方法在 20 世纪 80 年代初已用于计算机科学，20 世纪 80 年代末开始用于企业系统。20 世纪 90 年代初，面向对象的分析与设计和面向对象的语言（如 C++）开始实际应用。

20 世纪 90 年代，利用模块化和模块连接技术，大大降低了维护成本，提高了开发者的劳动生产率。20 世纪 90 年代中期，由于 Web 技术的出现，开发方法又出现了新的机遇，许多工作可以让用户去做，但系统工作仍然很多，需要信息部门自己完成或借用外力去完成。

如上所述，20 世纪 60—70 年代是结构化系统分析和设计时代，20 世纪 80 年代初是原型法时代，20 世纪 80 年代末是 CASE 和 OO 时代，20 世纪 90 年代至今，则到了客户 / 服务器的时代，或基于 Web 的开发时代。这时用户更愿意买现成的软件包，甚至是整个系统，而不愿自己开发。用户买来许多软件部件，自己或请顾问公司把它们集成起来，这就是系统集成或基于部件的开发，在 20 世纪 90 年代中后期这种趋势越来越明显。

2.2 管理信息系统的开发原则和条件

一、开发原则

开发管理信息系统的最终目的是以经济合理的投资在较短的时间和较少消耗的前提下，获得一个强功能、高质量、适用、可靠、易维护的系统。为此有必要借鉴过去成功的经验，在建设系统之初制定出正确的开发管理信息系统的指导思想和原则。

（一）稳定性原则

目前我国企业的经营机制已经逐步过渡到市场经济，企业的组织结构、生产模式、管理机制、运行方式都要随着这种转变调整。为其服务的管理信息系统应该具有较大的应变能力，从而确保管理信息系统的建设有一个相对的稳定性。

（二）先进性和实用性原则

鉴于目前国内管理信息系统开发应用过程中存在着低水平重复性开发和片面追求高档次硬件设备的问题，以及系统建设成功率低和建立起的系统使用价值不高的实际情况，在系统开发过程中必须把实用性放在第一位，注重系统与现行管理模式的关系，使系统目标明确、功能齐全、易于理解、便于掌握、运行可靠、工作效率高。同时又要突出系统技术上的先进性，采用先进的软硬件技术。不是简单使用计算机模仿传统的手工作业方式，而是充分发挥计算机的各种能力去改善传统的工作，积极引入现代化管理思想和手段，使建立的系统具有时代的先进性，克服管理中的薄弱环节。

（三）面向用户原则

管理信息系统是为用户开发的，最终是要交给用户使用的，用户只有运行和使用过系统才能对系统做出客观的评价。因此，开发者要使系统研制获得成功，必须坚持面向用户，树立一切为了用户的观点。从总体方案的规划设计到开发过程中的每一个环节都必须谨慎地站在用户的立场上，一切为了用户，一切服务于用户，虚心征求并认真听取采纳用户意见，及时交流、共同决策制定具体方案。

（四）“一把手”原则

企业的“一把手”在系统开发过程中发挥强有力的组织领导和决策指挥作用。“一把手”必须参与系统开发的全过程。因为管理信息系统的建立与应用是一个技术性、政策性很强的系统工程，诸如系统开发的目标、环境改造、管理体制改革、机构调整、设备配置、软硬件资源开发、人员培训、项目管理、服务支持等一系列问题都需要企业最高领导决策。那种要钱给钱、要人给人的一般物质环境的支持是远远不够的，而应对开发工作高度重视并亲自介入。

（五）工程化、标准化原则

管理信息系统的开发走过很长的一段弯路，很大程度上是由开发管理过程中随意性太大造成的。因此，系统的开发管理必须采用工程化和标准化的方法，即科学划分工作阶段，制定阶段性考核标准，分步组织实施，所有的文档和工作成果要按照标准存档。这样做的好处，一是在系统开发时便于人们沟通，形成的文字不容易产生“二义性”；二是系统开发的阶段性成果明显，可以在此基础上继续前进，目的明确；三是有案可查，使未来系统的修改、维护和扩充比较容易。

（六）整体性原则

系统的整体性，主要体现在功能目标的一致性和系统结构的有机化。首先，坚持统一规划、严格按阶段分步实施的方针，采用先确定逻辑模型，再设计物理模型的开发思路。其次，注重继承与发展的有机结合。传统的手工信息处理，由于处理手段的限制，采用各职能部门分别收集和保存信息、处理分散信息的形式。计算机化的信息系统如果只是改变处理手段，仍然模拟人工的处理形式，会把手工信息分散处理的弊病带到新系统中，使信息大量重复（冗余），不能实现资源共享，信息难以通畅，不能形成一个完整的系统。为了使开发的新系统既能实现原系统的基本功能和新的用户功能需求，又能摆脱手工系统工作方式的影响，必须寻求系统的整体优化。因此，需要站在整个企业的角度来通盘考虑，克服本位观念。有些在局部看来最优，在整体看来不优的决策一定不能引入。各部门的职能分工、任务安排也要考虑相互协调的问题。

二、开发条件

实践证明，只有具备一定条件的企业或组织才有可能建设成功的管理信息系统，否则将难以达到预期的目的和效果，甚至导致系统的失败。一般系统开发应该具备以下基本条件。

（一）管理方法科学化

建立计算机化的管理信息系统企业或组织必须有良好的科学管理基础，如管理业务的制度化、标准化，数据、报表统一化，基础数据资料完整可靠等。

只有在合理的管理体制、完善的规章制度和科学的管理方法之下，管理信息系统才能充分发挥作用。如果原始数据就十分混乱，则计算机管理信息系统自然也算不出正确的结果。

（二）领导的重视和业务部门的大力支持

由于管理信息系统的开发是一项投资大、周期长、涉及组织结构调整及管理程序变革等许多影响全局性的工作，新系统运行后又不可避免地会导致一些机构和人员的地位、权力及工作等内容的变革，这必然会引起一些有关人员的抵触及不合作，如果没有主要领导的坚决支持和业务管理部门的得力措施作保证，单凭系统开发人员是难以协调和融通的，开发工作也很少有不失败的。

（三）建立一支开发、应用与技术管理的队伍

许多单位一开始不具备自行开发系统的能力，可以采取委托或联合开发的形式。

但是，系统在交付使用后，难免会出现这样那样的问题，还需要进行大量的维护工作。而且随着环境的变化，会要求对系统不断修改和完善。如果本单位不注重培养自己开发应用的技术管理队伍，而一味地依靠外部技术力量，那将是很困难的，也是很危险的。因此，为了成功地开发应用好管理信息系统，必须建立本单位自己的计算机应用队伍和系统维护的技术队伍，这样才能保证系统开发与运行的最大成功及应取得的成效。

（四）具备一定的资金

管理信息系统开发要有一定的物质基础。管理信息系统开发是一项投资大、风险大的系统工程。企业在系统开发过程中，需要购买机器设备，购买软件，消耗各种材料，发生人工费用、培训费用以及其他一些相关的费用，这些费用对一个企业来说是一个不小的负担。为了保证系统开发的顺利进行，开发前应有一个总体规划，进行可行性论证，对所需资金应有一个合理的预算，制订资金筹措计划，保证资金按期到位；开发过程中要加强资金管理，防止浪费现象的发生。

2.3 管理信息系统开发策略

MIS 有各种各样的开发策略，早期管理信息系统的研制大都在原系统上进行扩充和完善，或者机械地把人工管理转换为计算机管理，这些方法往往不能适应管理信息系统的总体目标要求，系统各部分之间缺乏有机联系，系统难以维护等。随着人们对管理信息系统的要求越来越高，传统方法的缺点更加暴露明显。现代管理信息系统的开发主要采用“自上而下”和“自下而上”的策略。

一、“自上而下”的策略

“自上而下”的特点是“分而治之”，基本出发点是从企业的高层管理着手，从企业战略目标出发，将企业看成一个整体，探索合理的信息流，确定系统方案，然后自上而下层层分解，确定需要哪些功能去保证目标的完成，从而划分相应的业务子系统。系统的功能和子系统的划分不受企业组织机构的限制。

这种方法的步骤通常是：

（1）分析企业目标、环境、资源和限制条件；

（2）确定企业的各种活动和组织职能；

（3）确定每一职能活动所需的信息及类型，进一步确定企业中的信息流模型；

（4）确定子系统及其所需信息，得到各子系统的分工、协调和接口；

（5）确定系统的数据结构，以及各子系统所需的信息输入、输出和数据存储。

“自上而下”策略的优点是整体性好，逻辑性较强，条理清楚，层次分明、能把握总体以及综合考虑系统的优化。主要缺点是对规模较大系统的开发，因工作量大而影响具体细节的考虑，开发难度大，周期较长，系统开销大，所冒风险较大。一旦失败，所造成的损失是巨大的。

“自上而下”是一种重要的开发策略，反映了系统整体性的特征，是管理信息系统的发展走向集成和成熟的要求。

二、“自下而上”的策略

“自下而上”的策略是指从企业各个基层业务子系统（如财务会计、物资供应、生产管理等）的日常业务数据处理出发，先实现一个个具体的业务功能，然后根据需要逐步增加有关管理控制和决策方面的功能，由低级到高级，不断完善，从而构成整个管理信息系统并支持企业战略目标。

“自下而上”策略的优点是符合人们由浅入深、由简到繁地认识事物的习惯，易于被接受和掌握。它以具体的业务处理为基础，根据需要而扩展，边实施边见效，容易开发，不会造成系统的浪费。主要缺点是在实施具体的子系统时，由于缺乏对系统总体目标和功能的考虑，因而缺乏系统整体性和功能协调性，难以保证各子系统之间联系的合理性和有效性。各个子系统的独立开发，还容易造成它们之间数据的不一致性和数据的大量冗余，造成重复开发和返工。

通常，“自下而上”的策略适用于开发规模较小的系统，以及对开发工作缺乏经验的情况。

“自上而下”和“自下而上”的策略各有优缺点，在实际工作中究竟采用哪种策略依赖于企业的规模、系统的现状以及企业管理制度的完善程度等。在实践中，通常把这两种策略结合起来应用，“自上而下”的策略用于总体方案的制定，根据企业目标确定管理信息系统目标，围绕系统目标大体划分子系统，确定各子系统间要共享和传递的信息及其类型。“自下而上”的策略则用于系统的设计实现，自下而上地逐步实现各系统的开发应用，从而实现整个系统的开发应用。这就是所谓“自上而下地规划，自下而上地实现”的策略。

2.4 管理信息系统开发方法

MIS 的开发是一项复杂的系统工程。它涉及计算机处理技术、系统理论、组织结构、管理功能、管理知识、信息安全以及工程方法等各个方面的问题。多学科性和综合性，决定了MIS的开发具有长期性、复杂性和风险性，需要有科学的方法论指导。实践表明，MIS开发的效率、质量和成本的满意程度，很大程度上取决于是否有科学合理的方法来指导开发过程。在MIS的长期开发实践中，已经出现了众多的开发方法和开发工具。常见的开发方法主要有三大类：结构化系统开发方法、原型法以及面向对象的方法。

一、结构化系统开发方法

（一）结构化系统开发方法的含义

结构化系统开发方法（Structured System Analysis and Design，SSA&D）也称作结构化生命周期法，是迄今为止最传统、应用最广泛的一种系统开发方法。结构化系统开发方法的基本思想是：用系统的思想和工程化的方法，按用户至上的原则，结构化、模块化、自上向下地对系统进行分析与设计。

具体来说，就是先将整个系统开发过程划分出若干个相对比较独立的阶段，如系统规划、系统分析、系统设计、系统实施等。在前三个阶段坚持自上向下地对系统进行结构化划分。也就是说，在系统调查或理顺管理业务阶段，应从最顶层的管理业务入手，即从组织管理金字塔结构的塔尖入手，层层深入至最基层。在系统分析、提出新系统方案和系统设计阶段，应从宏观整体考虑入手，即先考虑系统整体的优化，然后再考虑局部的优化问题。在系统实施阶段，应坚持自底向上逐步组织实施，即按照前几个阶段设计的模块组织人力从最基层的模块做起（编程），然后按照系统设计的结构，将模块一个一个拼接到一起进行调试，自下向上，逐渐地构成整体系统。

（二）结构化系统开发方法的优缺点

1. 优点

结构化系统开发方法的优点是：从系统全局出发，强调在整体优化的前提下自上而下地分析和设计，保证了系统的整体性和目标一致性；用户至上，根据用户需求开发，系统具有较强的适用性；严格区分工作阶段，每个阶段都有其明确的任务，对每一步工作都及时地总结，发现问题及时地反馈和纠正，避免了开发过程的混乱状态；每一阶段的工作成果是下一阶段的依据，便于系统开发的管理和控制；文档规范化，在系统开发的每一步和每一阶段，都按工程标准建立了标准化的文档资料，有利于系统的维护。

2. 缺点

该方法的缺点是：由于用户的素质或系统分析员和管理者之间的沟通问题，在系统分析阶段很难把握用户的真正需求，易导致开发出不是用户需要的系统；开发周期长，一方面使得用户在较长时间内不能得到一个实际可运行的系统，另一方面，难以适应环境变化，一个规模较大的系统经历较长时间开发出来后，其生存环境可能已经发生了变化；结构化程度较低的系统，在开发初期难于锁定功能要求。

结构化系统开发方法是最成熟、应用最广泛的一种方法，主要适用于规模较大、结构化程度较高的系统的开发。

二、原型法

（一）原型法的含义

原型法是 20 世纪 80 年代初兴起的一种开发模式，它是在关系数据库和第四代程序生成语言（4GL）等开发环境基础上提出的一种方法。原型法克服了结构化系统开发方法的缺点，缩短了开发周期，降低了开发风险。原型法和结构化系统开发方法是完全不同思路的两种方法，原型法扬弃了结构化系统开发方法一步步周密细致地进行系统分析和设计，最后才能让用户看到可实现系统的烦琐作法，在初步调查了解的基础上，利用快速的软件建造工具，开发出一个功能并不十分完善的可实际运行的系统，即原型。在原型运行过程中，根据用户对系统的评价，对原型系统进行修改、扩充、变更和完善，经过与用户的反复协商和改进，使之逐渐完善，最终即可形成实际系统。

（二）原型法的工作流程

利用原型法开发 MIS 大致经过以下步骤。

1. 确定用户的基本要求

系统开发人员通过对用户的调查访问，明确用户对新系统的基本要求，如功能、输入 / 输出要求、人 – 机界面等，据此确定哪些要求是可实现的以及估算实现的成本费用。

2. 开发一个原型系统

利用开发工具快速地建立一个交互式的软件系统。

3. 征求用户意见

用户通过亲自使用原型，对系统进行评价，找出新系统存在的缺点和不足之处，并反馈给系统开发人员。这一阶段是整个开发过程的关键。

4. 修改原型

系统开发人员通过与用户不断地交流和探讨，对系统进行反复修改、扩充和完善，直到用户满意为止。

原型法的工作流程如图 2.1 所示。

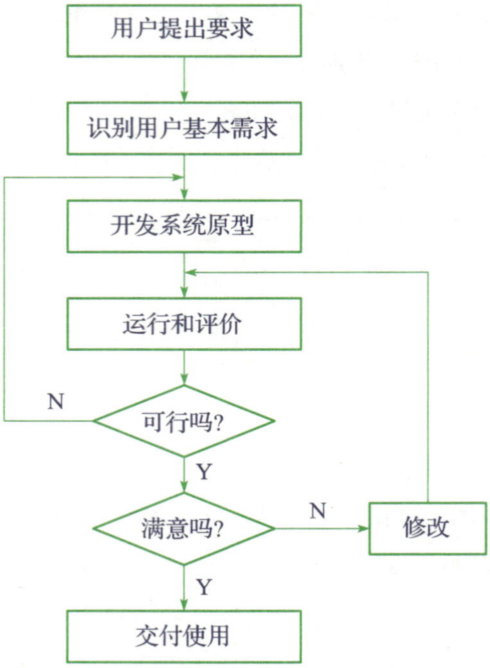

图 2.1　原型法的工作流程

（三）原型法的优缺点

1. 优点

原型法的优点是符合人们认识事物的规律，系统开发循序渐进，反复修改，确保较好的用户满意度；开发周期短，费用相对少，原型法用工具开发，不仅能很快形成原型，而且使用方便、灵活、修改容易，这样可大大缩短开发时间，降低成本；系统更加贴近实际，由于有用户的直接参与，用户的各种要求能及时地反映到系统中，使得开发的系统完全符合用户的需求；易学易用，减少用户的培训时间，用户从原型开始，就不断地使用和评价系统，这样的用户，只要稍加培养，即可很快学会使用系统；应变能力强，由于系统开发周期短，使用灵活，修改方便，对管理体制和组织结构不稳定、有变化的系统较合适。

2. 缺点

原型法的缺点是对于一个规模较大或复杂性高的系统，很难建立这样一个原型，因此该法不适合大规模系统的开发；开发过程管理要求高，整个开发过程要经过“修改—评价—再修改”的多次反复，每次反复都要花费人力、物力、财力。如果用户配合不好，盲目地进行修改会导致系统开发周期变长，无限拖延开发进程；用户过早地看到系统原型，错认为系统就是这个模样，易使用户缺乏耐心和信心；开发人员很容易用原型取代系统分析；缺乏规范化的文档资料，给系统维护工作带来困难。

原型法比较适用于用户需求不清，管理及业务处理不稳定，需求经常发生变化，系统规模较小且不太复杂的情况。

三、面向对象的方法

（一）面向对象的方法的含义

20 世纪 80 年代，由于面向对象的语言和程序设计取得成功，面向对象的方法（Object Oriented Method，OOM）开始应用于管理领域中 MIS 的开发。面向对象的方法是从 20 世纪 80 年代末各种面向对象的程序设计方法（如 Smalltalk、C++ 等）逐步发展而来的。面向对象的方法作为一种方法论，强调对现实世界的理解和模拟，便于由现实世界转换到计算机世界。面向对象的方法特别适合于系统分析和设计。相对于其他信息系统的分析设计方法，面向对象的方法更便于程序设计、修改和扩充。

我们对客观世界的认识取决于我们对客观世界中事物的认识，事实上，世界万事万物都可称为对象，对象是类的实例，是客观世界中事物的抽象。

OOM 以对象作为基本的元素，认为客观世界是由各种各样的对象所组成的，每种对象都有各自的内部状态和运动规律，不同对象之间的相互作用和联系构成不同的系统。OOM 强调以对象作为系统分析和设计的主体，使软件系统抽象为客观世界的对象集合，从而使我们可以按照习惯思维方式建立问题模型和构造系统，使软件系统更易于理解和维护。面向对象程序设计语言的封装性、继承性、多态性等技术为软件复用和扩充创造了条件。

当我们设计和实现一个客观系统时，如能在满足需求的条件下，把系统设计成由一些不可变的（相对固定）部分组成的最小集合，这个设计就是最好的。因为它把握了事物的本质，所以不再会被周围环境（物理环境和管理模式）的变化以及用户不断变化的需求所左右。这些不可变的部分就是所谓的对象。

（二）对象的特征

对象是 OOM 的主体，对象主要有以下特征。

1. 抽象性

对象是对问题世界的抽象，对象不仅可以表达结构化数据，还可以表达非结构化数据，如图形图像、声音和复杂的规则等。OOM 用对象表达一切事物，因而具有很强的建模能力。

2. 封装性

对象的封装性实际上是一种信息隐蔽技术，对象的使用者只能从外部了解其功能，对象的内部对使用者是隐蔽的，对象之间的相互依赖性小。封装性使软件部件具有优良的模块性，可以被系统任意增加和拆除，也可以被各系统重复选用。这对构造大型和复杂的系统尤为方便。

3. 继承性

继承性是指某一对象的属性特征可以被新的对象使用。在类层次中，子类可继承父类的全部语义特征。类是指一组有相似属性和服务的对象。在程序设计中，利用继承性，可减少程序的重复编制。

4. 多态性

多态性是指相同的操作可以作用于多种类型的对象并获得不同的结果，即提供了统一、方便、动态的信息传递机制，增强了软件的灵活性。

（三）面向对象的方法的开发步骤

1. 系统调查和需求分析

对系统进行需求调查分析，搞清楚系统的目的和用户的需求是什么。

2. 面向对象分析（OOA）

把繁杂的问题进行分解并抽象成一些类或对象，分析这些对象的结构、属性、方法，以及对象间的联系等。

3. 面向对象设计（OOD）

对分析结果作进一步的抽象、归纳、整理，从而给出对象的实现描述，并最后以范式的形式将它们确定下来。

4. 面向对象的程序（OOP）

此阶段为程序实现阶段，即选用面向对象的程序设计语言实现设计阶段抽象整理出来的范式形式的对象，形成相应的应用程序软件。

（四）面向对象的方法的优缺点

面向对象的方法和其他方法一样，在我们进行系统分析和设计的时候，必须对应用问题有深刻的理解，它需要一个详细的需求分析报告。

1. 优点

OOM 的主要优点表现在：OOM 以对象为基础，利用特定的软件工具直接完成从对象客体的描述到软件之间的转换，这是 OOM 最主要的特点和成就。OOM 解决了如结构化系统开发方法中客观世界描述工具与软件结构不一致的问题，缩短了系统开发周期。解决了从分析和设计等到软件模板结构之间多次转换映射的问题，简化了分析和设计。在 OOM 中，系统模型的基本单元是对象，是客观事物的抽象，具有相对稳定性，因而 OOM 开发的系统有较强的应变能力，重用性好、维护性好，并能降低系统开发维护费用和控制软件的复杂性。OOM 特别适合于多媒体和复杂系统。

2. 缺点

OOM的不足之处在于：和原型法一样，OOM需要有一定的软件基础支持才可应用。另外，对大型系统而言，采用自下向上的OOM开发系统，易造成系统结构不合理、各部分关系失调等问题，易使系统整体功能的协调性差、效率降低等。

四、三种开发方法的比较

对于同一个系统开发过程来说，使用不同的系统开发方法在其具体的操作过程上是有所区别的。也就是说，如果用结构化系统开发方法来开发系统，其思路应该是先对问题进行调查，然后从功能和流程的角度来分析、了解和优化问题，最后规划和实现系统；如果用原型法来开发系统，其思路应该是先请用户介绍问题，然后利用软件工具迅速地模拟出一个问题原型，然后与用户一起运行和评价这个原型，如不满意则立刻修改，反反复复直到用户满意为止，最后优化和整理系统；如果用面向对象的方法来开发系统，其思路应该是先对问题进行调查，然后从抽象对象和信息模拟的角度来分析问题，将问题按其性质和属性划分成各种不同的对象和类，弄清它们之间的信息联系，最后用面向对象的软件工具实现系统。

以上介绍的三种常用的MIS开发方法，在实践中，各单位的MIS的规模大小不同，处理的功能繁简不一，涉及的管理层次也有高、中、低之分。如何根据本单位实际情况选择合适的开发方法，是影响系统开发效率和质量等的主要因素之一。

结构化系统开发方法是国际公认的标准化方法，过程严密，思路清楚，但总体思路上比较保守，以不变应万变，适应环境的变化；原型法强调开发人员与用户的交流，用该方法开发的MIS具有较强的动态适应性，原型法对于中小型的MIS开发效果较好，但原型法对计算机的开发工具要求较高；面向对象的方法是一种新颖、具有独特优点的方法，特别适合系统分析和设计，缺点在于在没有进行全面的系统性调查分析之前，把握这个系统结构有困难。在实际开发中，具有代表性的观点认为，单纯采用哪一种方法来进行开发都是片面的、有缺陷的，最好是将各种方法综合起来使用，取长补短。

目前，只有结构化系统开发方法是真正能比较全面支持整个系统开发过程的方法。其他几种方法虽然各有很多优点，但都是作为结构化开发方法在局部开发环节上的补充，暂时都还不能替代其在系统开发过程中的主导地位。

五、计算机辅助软件工程（CASE）

长期以来，人们进行系统开发的主要手段是手工方式，系统开发的速度和质量主要取决于系统分析人员、程序设计人员等的个人经验和水平。在这种开发方式下存在着一些难以克服的问题：系统开发周期长，工作效率低；质量得不到保证，数据一致性差；文档工作不规范；系统维护工作量大；等等。20世纪80年代迅速发展起来的软件开发技术领域——计算机辅助软件工程（CASE），使得制约信息系统开发的瓶颈被打破，是实现系统开发自动化的一条主要途径。

CASE集图形处理技术、程序生成技术、关系数据库技术和各类开发工具于一身，能支持除系统调查外的每一个开发步骤，是一种自动化和半自动化的方法。如果严格地从认知方法论的角度来看，CASE并不是一种真正的方法，它只是一种开发环境，提供了支持开发的各类工具。但从它对整个系统开发过程的支持程度来看，即从实用性角度来看，CASE是一种实用的系统开发方法。

由于CASE只是为各种具体的开发方法提供了支持每一阶段的开发工具，因而采用CASE进行开发，还必须结合一种具体的开发方法，如结构化系统开发方法、原型法和面向对象的方法等。采用CASE开发有如下特点：

（1）解决了从客观对象到软件系统的映射问题，支持系统开发的全过程。

（2）系统开发具有较高的自动化水平，缩短了系统开发的周期。

（3）各种软件工具事先都经过测试和验证，使得开发的系统的质量得到保证。

（4）对各阶段工作进行统一管理，各开发工具可通过公用数据库共享数据，保持工作过程的连续性和数据的协调与一致。

（5）需要维护的软件，可根据事先的说明或定义，重新生成一遍，使软件维护方便且费用低。

（6）自动开发工作生成的标准化、规范化的文档，统一了格式，减少了人为随意性，提高了文档的质量。

（7）自动化的工具使开发者从繁杂的分析设计图表和程序编写工作中解脱出来。

目前，CASE从支持功能来分，大致有三种类型：

（1）软件生产工具。该类工具主要用于最后的软件设计与编程工作。

（2）系统需求分析与设计工具。需求分析工具是在系统分析阶段用来严格定义需求规格的工具，能将逻辑模型清晰表达出来，常见的有原型构造工具、数据流程图绘制与分析工具、数据字典生成工具等。设计工具用来进行系统设计，描述设计结果，形成设计说明书，常见的有系统结构图设计工具、数据库设计工具、图形界面设计工具、HIPO图工具等。

（3）集成化开发工具。集成化是CASE发展的方向。集成化开发工具是一组软件工具的有机结合，它支持从需求分析、设计、程序生成乃至维护的整个软件生命周期。

2.5 常见开发工具和技术介绍

目前，常见的管理信息系统开发工具和环境主要有 Visual Studio 6.0、.NET 开发环境、Delphi、Java、UML 技术等，下面分别进行简单介绍。

一、Visual Studio 工具集

Visual Studio 工具集包括很多开发工具，开发信息系统常用的主要有 Visual Basic 和 Visual C++。

最早的 Visual Basic 是由微软公司于 1991 年推出的，编写基于 Windows 环境的计算机程序，包括 Visual Basic 语言以及有助于编写这些程序的工具。目前最常用的版本是 Visual Basic 6.0，是一个完全集成的编程环境，集程序设计、调试和查错于一身。

Visual Basic 的特点是用户可以用它迅速开发一个坚固的应用程序，因此也常常被认为是一种 RAD（快速开发应用程序）工具。Visual Basic 的最新版本大大增强了程序员编写支持数据库应用程序的功能和灵活性。现在，用 Visual Basic 可以编写企业级的客户 / 服务器程序和健全的数据库应用程序。

Visual Basic 的主要特点是：继承了 Basic 简单易学的特点；适用于 Windows 环境下的快速编程；采用可视化技术，操作直观；采用面向对象技术；编程模块化、事件化；有大量的 VB 控件和模块简化编程；可以调用 Windows 中的 API 函数和 DLL 库；有很好的出错管理机制；与其他的程序有很好的沟通性。

Visual C++ 是微软公司在 Window 95 和 Windows NT 上建立的 32 位应用程序，是一种功能强大的复杂开发工具。它比 16 位 Windows 应用程序或者不使用图形界面的老程序大且复杂，但它减少了程序员所做的实际工作。

Visual C++ 具有快速集成数据库访问，允许用户建立强有力的数据库应用程序的特点。例如，可以使用 ODBC 类和高性能的 32 位 ODBC 驱动程序，访问各种数据库管理系统；可以使用 DAO（数据访问对象）类通过编程工具，访问和操纵数据库中的数据并且管理数据库、数据库对象与结构。其向导工具支持 DAO 类和 ODBC 类。

Visual C++ 借助于生成代码的向导，能在数秒内生成可以运行的 Windows 应用程序外壳。Visual C++ 附带的微软基础类库（Microsoft Foundation Class，MFC）提供面向对象的应用程序框架，大大简化了程序员的编程工作，提高了模块的可重用性，成为许多 C++ 类编译器进行 Windows 软件开发的工业标准。Visual C++ 还提供了基于 CASE 的可视化软件自动生成和维护工具，帮助用户可视化设计程序的界面，方便地编写和管理各个种类，从而提高开发效率。

Visual C++，Visual Basic 都是微软 1998 年发布的 Visual Studio 6.0 的一部分，Visual

Studio 6.0 工具集还包括数据库系统 SQL Server、数据库开发工具 Visual FoxPro、网站设计开发工具 Visual InterDev，以及 Visual J++ 等一系列开发工具和平台，为各种开发者提供全面、灵活的开发工具环境。

二、Delphi

Delphi 使用的是 Borland 公司开发的可视化快速应用程序开发工具，其最早的起源是结构化程序设计语言 Pascal。

Delphi 程序使用的是 Object Pascal 语言。Borland 推出的 Delphi 的核心是 Pascal 编译器。Pascal 语言编译速度快，当初推出的 Turbo Pascal 编译器，便具有了良好的稳定性和快速编译运行能力。即使在 Borland 不断升级其编译器功能时，其编译速度仍然是快速而稳定的。Delphi 是面向对象的可视化开发工具，它提供了一个丰富强大的可视化组件库（Visual Component Library，VCL)，这些组件也是用 Object Pascal 语言写的，其本身就是对象，拥有属性、事件和方法。VCL 组件体现了面向对象技术，它封装了系统行为和许多底层的实现方法，使得程序开发者可以快速地获取对象、修改属性、建立事件和进行程序设计。程序员也可以自己编写组件。

从 Delphi 1 到 Delphi 7，Delphi 在同其他软件开发工具的竞争中，一直保持着自己的优势，获得了许多程序员的钟爱。Borland 不断致力于改善开发环境，使 Delphi 更易于使用，在技术上也保持着领先。

三、Java

Java 是 Sun 公司推出的一种编程语言。它是一种通过解释方式来执行的语言，语法规则和 C++ 类似。同时，Java 也是一种跨平台的程序设计语言。用 Java 语言编写的程序叫作“Applet”(小应用程序)，用编译器将它编译成类文件后，将它存在 WWW 页面中，并在 Html 文档上做好相应标记，用户端只要装上 Java 的客户软件就可以在网上直接运行“Applet”。Java 非常适合用于企业网络和互联网环境，现在已成为互联网中最受欢迎、最有影响力的编程语言之一。Java 可以运行于任何微处理器，用 Java 开发的程序可以在网络上传输，并运行于任何客户机上。

Java 2 Platform Micro Edition（J2ME）是最小的 Java 平台，可用于电子消费产品和嵌入式设备。从非常小的设备，如智能卡或寻呼机，直到像桌面计算机一样功能强大的电视机顶盒和其他设备等都适用。J2ME 的主要部分包括连接的设备配置、连接的有限设备配置、移动信息设备配置文件，以及其他许多实现针对用户和嵌入式设备市场的 Java 解决方案的工具和技术。

J2ME 技术只是 Java 系列产品中的一部分。相关的 Java 平台包括 J2SE（Java 2

Standard Edition）和 J2EE（Java 2 Enterprise Edition）。

J2EE 平台本质上是一个分布式的服务器应用程序设计环境，它用来建设大型的分布式企业级应用程序，或者“电子商务”应用程序。这些企业可能大到拥有中心数据库服务器、Web 服务器集群和遍布全国的办公终端，也可能小到只做一个网站。

四、.NET 开发环境

目前市场上只有一种技术可以和 J2EE 竞争，那就是 Microsoft.NET。Microsoft.NET 是 Microsoft XML Web services 平台。不管所采用的是哪种操作系统、设备或编程语言，XML Web services 都允许应用程序通过互联网进行通信和共享数据。Microsoft.NET 平台提供创建 XML Web services 并将这些服务集成在一起。对个人用户的好处是无缝的、吸引人的体验。

用 Microsoft Visual Studio .NET 和 .NET 框架，开发人员可以快速开发 XML Web services，并轻松地将它们与其他应用程序集成在一起。大多数开发人员都可以利用现有技能，因为 .NET 框架的公共语言运行库允许使用任一现代编程语言开发 Web 服务。

开发人员可以使用各种各样的编程环境来创建 XML Web services（.NET 平台的核心技术）。Microsoft Visual Studio.NET 代表了适于 .NET 平台的最佳开发环境。Visual Studio .NET 发展了高生产率的编程语言：Microsoft Visual Basic（包含面向对象编程的新功能）；Microsoft Visual C++（促进 Windows 开发并允许生成 .NET 应用程序）；C#（将 RAD 带给 C 和 C++ 开发人员）。

五、UML 和 Rational Rose

面向对象的分析与设计（OOA&D）方法的发展在 20 世纪 80 年代末至 20 世纪 90 年代中期出现了一个高潮，UML 是这个高潮的产物，并最终成为大众所接受的标准建模语言。

（一）标准建模语言 UML

公认的面向对象建模语言出现于 20 世纪 70 年代中期，从 1989 年到 1994 年，其数量从不到十种增加到了五十多种。但是，面对众多的建模语言，由于用户没有能力区别不同语言之间的差别，且众多的建模语言实际上各有千秋，因此很难找到一种比较适合其应用特点的语言。虽然不同的建模语言大多类同，但仍存在某些细微的差别，这极大地妨碍了用户之间的交流。因此在客观上，极有必要在精心比较不同建模语言优缺点及总结面向对象技术应用实践的基础上，组织联合设计小组，根据应用需求，取其精华，去其糟粕，求同存异，统一建模语言。

UML 是一种定义良好、易于表达、功能强大且普遍适用的建模语言。它融入了软件工程领域的新思想、新方法和新技术。它的作用领域不限于支持面向对象的分析与设计，还支持从需求分析开始的软件开发的全过程。

（二）Rational Rose

Rational Rose 是分析和设计面向对象软件系统的强大的可视化工具，可以先建模再编写代码，从一开始就能保证系统结构的合理性；利用模型可以更方便地捕获设计缺陷，从而以较低的成本修正这些缺陷。

Rational Rose 支持业务模型，有助于了解系统的业务和进行系统分析，可以先设计使用案例和 Use Case 框图，显示系统的功能；也可以用 Interaction 框图显示对象之间如何配合，提供所需功能。此外，Class 框图可以显示系统中的对象及其相互关系，Component 框图可以演示类如何映射到实现组件，Deployment 框图可以显示系统的网络设计。

Rational Rose 模型是系统的图形，包括所有 UML 框图、角色、使用案例、对象、类、组件和部署节点。它详细描述系统的内容和工作方法，开发人员可以用模型作为所建系统的蓝图。Rational Rose 模型包含许多不同框图，使项目小组（客户、设计人员、项目经理、测试人员等）可以从不同角度看这个系统。

Rational Rose 还可以帮助开发人员生成框架代码，适用于市面上的多种语言，包括 C++、Ada、CORBA、Java、Visual Basic 和 XML。此外，Rational Rose 可以逆向转出工程代码，根据现有系统产生模型。根据现有系统产生模型的好处很多：模型发生改变时，Rational Rose 可以修改代码，做出相应改变；代码发生改变时，Rational Rose 可以自动将这个改变加进模型中。这些特性保证模型与代码同步，避免遇到过时模型。

课后练习

一、选择题

1. 常用的开发信息系统的方法不包括（　　）。

A. 结构化系统开发方法　　B. 原型法

C. 面向对象的方法　　D. V 模型

2. 结构化系统开发方法的优点不包括（　　）。

A. 从系统全局出发　　B. 用户至上

C. 严格区分工作阶段　　D. 开发周期长

3. 对象的特征不包括（　　）。

A. 抽象性　　B. 封装性

C. 继承性　　D. 泛化

4. 系统集成在技术上需要遵循的基本原则包括：开放性、结构化、先进性和（　　）。

A. 主流化　　B. 创造性

C. 独特性　　D. 强制性

5. 主要的安全技术不涉及（　　）。

A. 数字签名技术　　B. 数据完整性

C. 数据治理　　D. 数据挖掘

二、简答题

1. 简述几种常用的系统开发方法的相同和不同之处。

2. 原型最终能成为运行系统么？请解释。

3. 系统分析员应该如何弥补原型法的缺陷？

4. 查阅资料，总结常见的CASE工具的使用情况。

5. 为什么在生命周期法中，重要决策是由信息专家以外的人作出的？

6. 什么是项目管理？ MIS开发的项目管理包括哪些主要内容？要用到哪些基本工具？

项目 3

管理信息系统战略规划

学习目标

1. 了解 MIS 发展中的诺兰模型。
2. 理解 MIS 战略规划。
3. 掌握制定 MIS 战略规划的常用方法。

导入案例

在信息技术和数据资源要素的推动下，社会各领域加速进入数字化的全新发展时期，基于智能、网络和大数据的新经济业态正在形成，从“数字融合”向“数字原生”的发展是这个时期的主要特征，表现为信息技术和工业制造深度融合、人和机器的融合、信息资源和材料资源的融合等，进而基于这种深度融合所构造的数字化新世界，将引发社会各个领域为完全适应数字世界而产生各种数字原生发展模式，这些模式将不断诞生、发展、凋亡和重塑，从而极大地改变了人们的生活方式和行为模式。这个进程是一场比过往的工业化和信息化更加广泛的社会变革。支撑这场变革的重要基础，是不断与社会发展各方面深度融合的信息系统，只有对信息系统实施进行有效管理，才能承担变革赋予的重任。

问题：

1. 我国当前信息化的主要特征有哪些？
2. 信息系统管理覆盖的领域有哪些？

知识探究

MIS 作为一种获取信息资源的手段和先进的管理方法，在当前激烈的竞争环境下正日益显示出其重要性。系统规划是 MIS 生命周期的第一阶段，它是关于 MIS 的长远发展的计划，关系到 MIS 的发展方向、系统规模和开发计划。现代企业 MIS 投资大、周期长、复杂程度高，规划不好不仅会造成系统自身的损失，还为今后的MIS建设留下隐患。MIS战略规划是MIS建设成功的关键。

3.1 MIS发展的诺兰模型

对于不同企业来说，MIS的发展水平是不一样的。有的企业可能刚刚起步，计算机开始应用于会计、库存物资等系统，而有的企业可能已将MRP Ⅱ系统运用于整个生产过程的管理。每个企业的MIS建设都有一个成长过程。

美国专家诺兰（Nolan）根据大量历史资料与对实际情况的考察，总结出了计算机应用发展的道路和规律，即诺兰模型。

按照诺兰模型，某一范围内计算机应用发展要经过六个阶段，如图3.1所示。

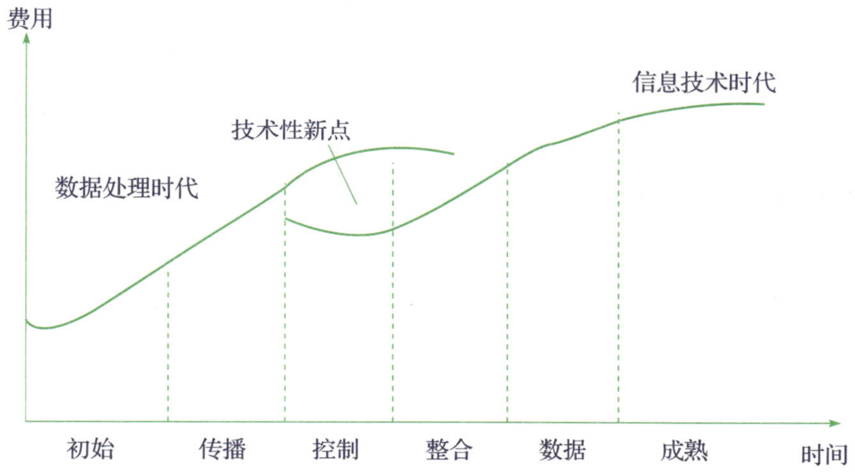

图3.1 诺兰模型

第一阶段是初始阶段，这个阶段人们对计算机从不很了解到有初步认识。企业引进少量的计算机尝试用于财务、统计、库存方面。

第二阶段是传播阶段，随着初期尝试的成功，计算机的应用开始蔓延到企业大多数部门，大量的手工数据处理转向计算机处理，提高了效率。MIS从事务型向管理型发展。但此阶段，各部门应用系统的独立开发，导致了一些问题有待解决，如数据冗余、不一致、不能共享等。

第三阶段是控制阶段，计算机的大量应用使财务支出大幅度增加。但由于缺乏全局考察，各单项应用之间不协调，并未取得预期的投资效益。企业领导意识到综合计划、发展MIS的必要性，开始对开发应用进行控制，并着手成立领导小组，统一制定企业MIS的发展规划。

第四阶段是整合阶段。企业通过总结经验教训，开始运用系统的方法，从总体出发，全面规划，实现 MIS 在统一数据库基础上的高度化集成。

第五阶段是数据阶段，在系统集成基本完成的情况下，企业信息管理提高到一个以计算机等为技术手段的有效的数据管理水平上，实现了数据的共享，MIS 功能进一步完善。

第六阶段是成熟阶段，MIS 面向整个管理层次，从组织的事务处理到高层的管理与决策都能提供支持。

诺兰认为，这是一个客观发展规律，各阶段是不能超越的。

诺兰模型对制定 MIS 战略规划具有指导意义。我们应当根据本单位的实际情况，利用该模型分析企业 MIS 开发所处的阶段，实事求是地规划工作。当企业的 MIS 开发建设处于第一阶段时，应首先选择易于实现的系统，如财会系统，然后逐步推广；对处于第二阶段的 MIS，应加强引导，避免盲目发展，加强各部门协调；当处在第三阶段时，应采用数据库技术、网络技术等，对各系统综合开发，保证实现数据共享；等等。总之，在企业 MIS 开发建设中，要正确判定当前的状态，制定 MIS 战略规划。

3.2 MIS 战略规划

MIS 战略规划是 MIS 的长远发展计划。制定 MIS 战略规划的目的是使 MIS 能为企业战略提供必要的信息支持，有助于企业战略目标的实现。制定 MIS 战略规划是 MIS 开发成功的条件，MIS 开发周期长、投资大且复杂，制定 MIS 战略规划可以降低 MIS 的开发风险，避免人力、物力和财力资源的浪费。

一、MIS 战略规划的内容

MIS 战略规划是对组织管理使用计算机信息技术进行长远计划。规划期限一般为 3 ～ 5 年或更长时间，MIS 战略规划为将来的成功提供一个总体构架，促使 MIS 成功开发。MIS 战略规划应在系统如何随时间发展方面提供指导，保证信息系统资源得到更好运用，以及具体项目的时间安排更加合理。具体来说，MIS 战略规划的内容包括以下几个方面。

（一）MIS 的战略目标

MIS 战略规划是企业战略规划的一个重要部分，因此 MIS 的战略目标必须服从于企业的战略目标。应根据企业的战略目标及内外约束条件来确定 MIS 的战略目标，即确定 MIS 应实现的功能。

（二）MIS 的总体结构

MIS 的总体结构提供 MIS 开发的总体框架。从系统的观点出发，确定 MIS 的各组成部分（子系统）、各个部分之间的关系以及系统类型等。

（三）对现行 MIS 状况的了解

现行 MIS 的状况，主要包括硬件、软件、人员、费用、开发项目的进展及应用系统的状况，存在的问题与不足，企业业务流程现状与企业业务流程再造（重组）。

（四）对相关信息技术的预测

现代信息技术发展迅速，而信息技术决定 MIS 性能的优劣。因此，必须对与 MIS 有关的信息技术的发展进行预测，以便在规划时期尽可能吸取最新技术，保证 MIS 的先进性。这里涉及的信息技术包括计算机软硬件、网络技术及数据处理技术等。

（五）MIS 的近期计划

MIS 战略规划涉及时间跨度较长，只能是粗略的。但必须对近期的发展做具体安排，制订人力、物力、财力的需求计划，具体项目开发计划和进度等。

二、MIS 战略规划的特点

MIS 战略规划主要具有以下特点：

（1）MIS 战略规划是面向全局、面向长远的规划，由于企业内外环境因素和技术方面的因素存在许多不可预测性，因而结构化程度较低。

（2）MIS 战略规划应立足高层管理，兼顾各管理层的要求。

（3）MIS 战略规划应支持企业战略和目标。MIS 是企业系统的一个子系统，其目标应与企业整体目标相一致，制定 MIS 战略规划从企业目标出发，分析企业管理信息需求，逐步导出 MIS 的战略目标和总体结构。

（4）MIS 战略规划不宜过细。制定 MIS 战略的目的是为整个系统确定发展战略、总体结构、开发方案和计划，而不是解决系统开发中的具体问题。它的作用是为系统开发提供一个蓝图和指导，而不是代替系统开发工作。

（5）MIS 战略规划应摆脱系统对组织机构的依赖性。规划应从整个企业的管理活动入手，定义企业管理过程，分析 MIS 应具有的功能，这样即使企业的组织机构发生变化，系统仍具有较强的适应性，更有利于企业业务流程重组，提高管理水平。

（6）MIS 战略规划的动态性。MIS 战略规划是企业规划的一部分，并随环境发展而变化。也就是说，MIS 战略规划并非一成不变的，而是要不断修改、补充。

MIS 战略规划既是一个管理决策过程，又是管理与技术相结合的过程。规划人员对管理和技术发展知识的掌握、创新开拓的精神、务实的态度等是MIS战略规划成功的关键因素。

三、MIS战略规划的原则

为了做好MIS的战略规划，从总体上应遵循以下原则。

（一）系统必须支持企业的总目标

企业的战略目标是系统规划的出发点。系统规划应采取自上而下的方法，从企业目标出发，分析企业管理的信息需求，逐步地导出和确定MIS的战略目标和总体结构。

（二）系统必须着眼于高层管理，兼顾各管理层次的需求

在进行规划时，应针对三个不同管理层次的活动，查明信息需求，特别是高层管理的信息需求，使得规划的系统能够适应各层次管理的需求，支持高层管理和决策。

（三）系统应摆脱对组织机构的依从性

应着眼于企业活动过程，而不是组织机构。一个企业的组织机构可能会发生变动，但活动过程几乎不发生变化。摆脱了系统对组织机构的依从性，才能提高MIS的应变能力。

（四）系统结构必须呈现良好的整体性

MIS的开发是一个自上而下规划、自下而上实现的过程，如图3.2所示。采取自上而下的规划方法能保证系统结构的完整性和信息的一致性，实现系统整体目标。

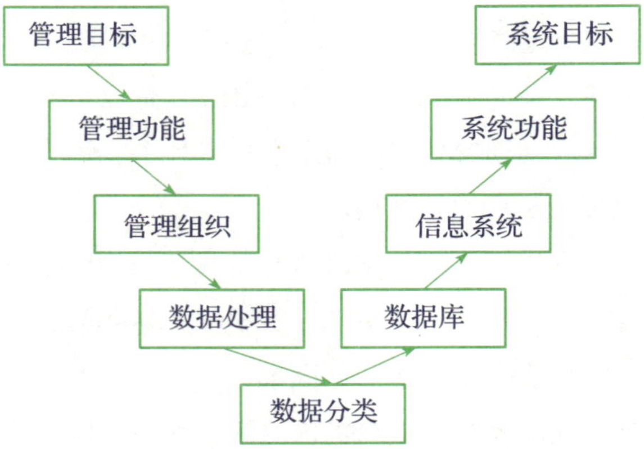

图3.2　MIS的规划和实现

（五）系统应便于实施

系统规划应考虑后续的系统实施。在系统结构规划设计的同时，必须考虑实施的先后顺序和步骤。方案选择上应讲求实效，宜选择经济、简单、易于实施的方案；技术上强调实用，不片面求新。

四、MIS 战略规划的步骤

进行 MIS 战略规划一般包括以下步骤（见图 3.3）：

（1）规划基本问题的确定。明确规划的年限、规划的方法和规划的方式等。

（2）收集相关信息。旨在从总体上了解企业的外部环境、企业概况、企业目标和发展战略、信息需求，现行系统状况、存在的问题和薄弱环节，国内外计算机应用的发展和水平，等等。

（3）现存状态的评价分析。包括目标、系统开发方法、设备和软件的质量、信息部门情况、安全措施等。

（4）定义约束条件。通过对企业的人员、硬件、软件、资金等资源情况的调查和分析，定义 MIS 的资源约束条件。

（5）明确 MIS 战略目标。根据对相关信息的分析和企业资源限制，从企业战略目标出发，确定 MIS 的战略目标，明确 MIS 应具备的功能、服务范围和质量等。

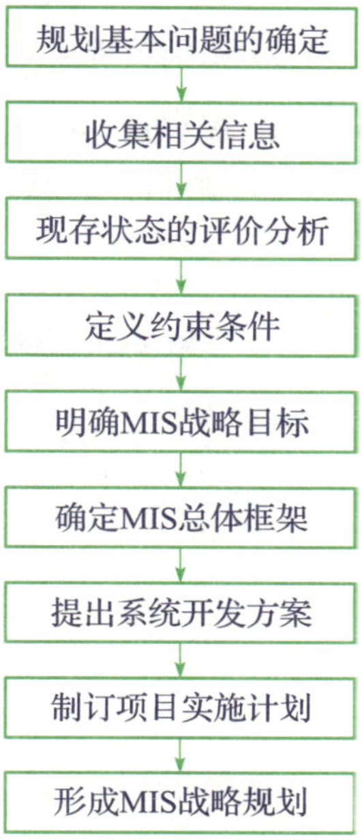

图 3.3　MIS 战略规划的步骤

（6）确定 MIS 总体框架。在 MIS 战略目标的基础上，给出 MIS 的总体框架，包括子系统的划分等。

（7）提出系统开发方案。确定系统开发方法和开发策略，设定项目开发优先级等。

（8）制订项目实施计划。主要包括设定项目的时间进度、费用预算及完成期限。

（9）形成 MIS 战略规划。把长期战略规划书写成文，经批准后生效。

3.3 制定 MIS 战略规划的常用方法

用于 MIS 战略规划的方法有很多，本节主要介绍关键成功因素（Critical Success Factors，CSF）法和企业系统规划（Business System Planning，BSP）法的基本原理。

一、关键成功因素法

关键成功因素法是由哈佛大学威廉·泽尼（Willam Zani）教授和麻省理工学院约翰·罗卡特（John Rockart）教授提出的，用以满足高层管理层信息需求的方法。该方法的主要优点是解决了高层管理人员经常遇到大量计算机报表，却从中难以寻找到有价值信息的问题。

关键成功因素指的是对企业成功起关键作用的因素。例如，在汽车行业，制造成本控制是一项十分重要的关键成功因素。CSF 法是指通过分析找出关键成功因素，然后再围绕这些关键成功因素来确定系统的信息需求，进而进行系统规划。CSF 法可用于数据库的分析与建立，其步骤（见图 3.4）如下：

（1）确定企业或 MIS 的战略目标；

（2）识别关键成功因素；

（3）识别各关键成功因素的性能指标和评估标准；

（4）制订行动计划。

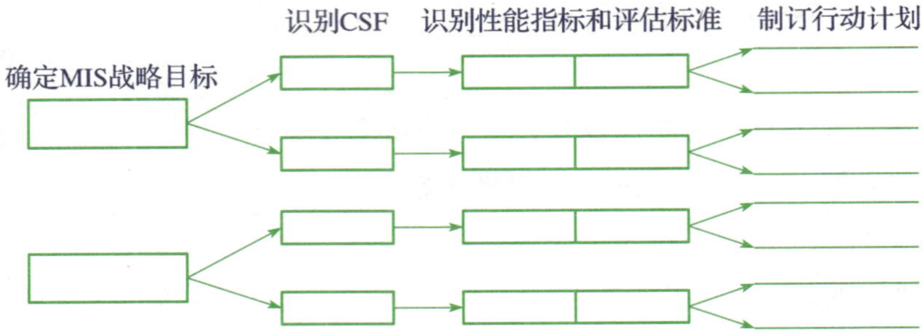

图 3.4　CSF 法的步骤

CSF 法的初始目标是帮助高层管理人员确定他们所需的信息，以进行有效的规划和控制。

CSF 法的优点是使管理人员可以决定自己的关键成功因素，并且为这些因素建立良好的衡量标准，确定需求信息及其类型，据此开发数据库，进而开发一个对管理人员有意义的信息系统。这样就可以限制那些非必要数据的高成本积累，一些常生成但无有效价值的报表数据可以被精减。CSF 法通过灵活的查询及报表系统支持管理人员确定信息需求。

CSF 的主要局限是它只注重特定的管理人员的信息需求，而不是整个组织的信息需求。

二、企业系统规划法

BSP 法是 IBM 公司 20 世纪 70 年代用于内部系统开发的一种方法。它是一种对企业 MIS 进行战略规划的结构化方法。这种方法的主要特点是为规划人员提供了一种正式的、客观的制定 MIS 总体方案的方法。

BSP 法采用自上而下的方法，从企业目标入手，确定 MIS 的战略目标。从企业基本的管理活动过程出发，分析数据需求，确定 MIS 的总体结构。这样从企业目标到 MIS 的战略目标和结构，逐步规划。BSP 法的优点在于它摆脱了系统对组织机构的依赖，即使企业的组织机构或管理体制发生变化，MIS 的结构体系也不会受太大影响，使 MIS 具有较强的环境适应性。

BSP 法的工作流程如图 3.5 所示，它有定义管理功能、定义企业过程、定义数据类、定义信息系统结构四个基本步骤。其中，定义企业过程和定义数据类是 BSP 法的核心。

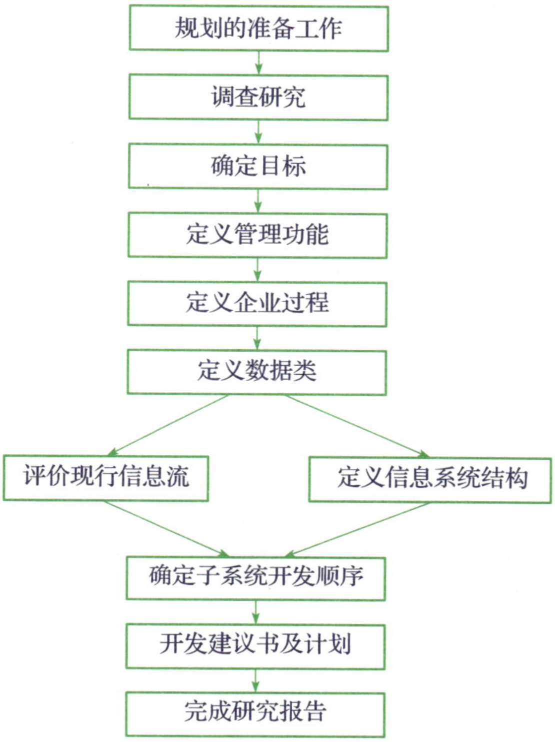

图 3.5　BSP 法的工作流程

(一) 定义管理功能

通过全面调查，分析归纳出企业全部管理工作中的相关管理活动，即管理功能。BSP 法强调管理功能应独立于组织机构。因此，这样的 MIS 较少受组织机构变动的影响。例如，库存管理属于采购部门的工作范围或供销部门的工作范围，其活动过程是一样的。

定义系统功能的方法通常有两种：

（1）归纳法。从企业现状出发，调查和了解现行各职能部门管理职能，在此基础上进行分析、整理和归纳，识别管理功能。

（2）演绎法。从各级管理层管理和决策所需信息的角度出发，由高到低来分析企业的管理功能。

(二) 定义企业过程

定义企业过程是 BSP 法的核心。企业过程为逻辑上相关的一组决策或活动的集合，这些决策和活动是管理企业所必需的。管理功能模型进一步分解即到了企业过程层次，整个企业管理活动是若干企业过程组成的。

定义企业过程通常利用实体法，列出企业的实体，企业中客观存在的事物都可定义为实体，联系于每个实体的生命周期阶段可用四种类型的数据来描述。实体法举例见表 3.1。

表 3.1　实体法举例

数据类型	产品	材料	设备	人员
计划类	产品计划	材料需求	能力计划 设备计划	人员需求计划
统计类	产品需求	材料消耗	设备利用	人员构成
存储类	产成品、半成品	材料入库	设备维护使用	职员档案
业务类	订货、出入库	采购、订货、收发	设备进出	招聘、解聘、晋升、调动

（三）定义数据类

数据是指对客观事件进行记录并可以鉴别的符号，是对客观事物的性质、状态以及相互关系等进行记载的物理符号或这些物理符号的组合。数据类是一种特殊类型的类，定义数据类的作用主要包括：

（1）提高效率。对不同的数据赋予不同的类型，使数据库更好地对数据进行存储和管理，从而减少空间占用并且提高数据的访问速度。

（2）确定对数据进行操作所需的正确处理方式。例如，如果是整数类型，那么 123 + 234 被解释为两个整数的加法运算，所以其结果为 357；如果为文本类型，那么 123 + 234 则会被解释为两个字符串的相连操作，所以其结果为 123234。

（3）对插入数据进行规范。对插入数据进行规范，确保数据的正确性和一致性。

综上所述，数据类在数据库中扮演着至关重要的角色，它不仅影响数据的存储和检索效率，还直接关系到数据处理的正确性和系统的整体性能。

定义数据类的方法有：

（1）企业实体法，即从企业实体，如顾客、产品、材料及人员等中，抽象出联系于每个实体生命周期阶段的各种数据。

（2）业务过程法，即应当从各项业务过程的角度将与该业务过程相关的输入数据和输出数据按逻辑相关性整理出来，然后进行合并与归纳，从而得到所需要的数据类。

（四）定义信息系统结构

利用过程 / 数据矩阵（U/C 矩阵）即可定义信息系统的结构，划分子系统。下面简要介绍利用 U/C 矩阵方法划分子系统的步骤。

U/C 矩阵示例如图 3.6 所示。过程数据类交叉点符号 C 表示这类数据由相应过程产生，交叉点上的符号 U 表示这个过程使用相应的数据类。例如，库存控制需要使用工作令和材料供应数据，则交叉点符号用 U 表示；库存控制产生材料库存、产品库存类数据，则交叉点用符号 C 表示。

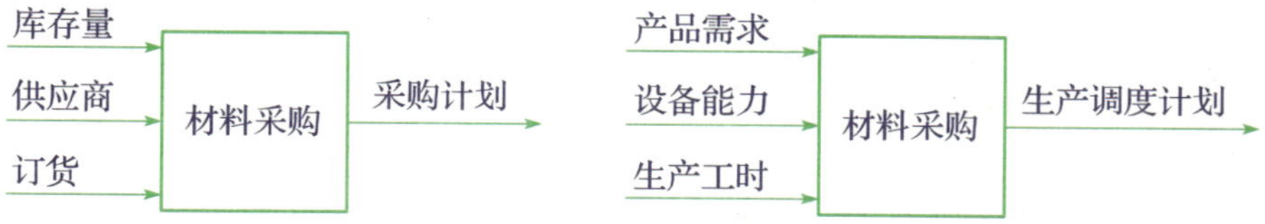

图 3.6　U/C 矩阵示例

有了 U/C 矩阵后，首先，将过程按管理功能，并且将每一管理功能中的过程按先后顺序重新排列。其次，重新排列“数据类”使得矩阵中 C 尽可能靠近对角线。这样就得到调整后的 U/C 矩阵。给管理功能对应的方框起个名字，就成了子系统。箭头表示子系统间的数据流及流动方向。按这种划分，整个系统可分为经营计划、技术准备、生产制造、销售、财会、人力资源管理子系统。

最后，根据 U/C 矩阵中每个子系统的数据有多少被其他子系统所共享，按照有较多子系统共享的数据应较早实现的原则，确定 MIS 开发顺序。

三、MIS 战略规划与企业过程重组

企业过程重组（Business Process Reengineering，BPR）是 MIS 战略规划的重要内容。通过系统规划改造和重组企业过程，而重组的方案又与系统实施密不可分，它决定了系统的范围和边界，是 MIS 战略规划的一个约束条件。

（一）企业过程重组的概念

20 世纪 80 年代以来，从美国开始掀起了 BPR 的热潮。关于 BPR 有不同的译法，如企业过程再工程、企业流程重组、企业过程再造、企业过程再设计等。BPR 的本质最早由美国学者哈默（Hammer）和杰姆培（Champy）给出，他们给 BPR 下的定义是：对企业过程进行根本的再思考和彻底的再设计，以求企业当代关键的性能指标获得巨大的提高，如成本、质量、服务和速度等。

在传统企业组织的复杂等级制度下，劳动的分割导致企业过程被分割成一段段分裂的环节，不同领域如销售、制造、会计等部门的员工，按照固定的程式和方法，完成各自专业化的任务和工作。这种传统企业管理方式，组织机构分工明确，缺乏对同级部门间的工作进行控制，并进行强有力地协调，企业信息被分割成数据碎片，顾客与企业的联系不畅，效率低下，如某一顾客想要查询发票信息，必须与企业的财务部门联系，与之打交道的销售部门只知道有关销售的信息。另外，由于部门界限的限制，很多工作只是为了满足企业内部管理结构的需要而完成的，从而存在许多重复而无效的工作。BPR

对传统的经营方式提出了挑战，根据现代市场的特征，它强调企业应以能为顾客提供想要的产品和服务为中心，对企业过程进行根本性的和彻底的重新设计，不是表面上或一般性地修修补补，而是打破所有组织机构和管理的约束和限制，摒弃所有的陈规陋习。以企业过程的有效执行为出发点并建立控制程序，可以大大消除原有各部门间的摩擦，降低管理成本和费用，减少无效劳动，提高对顾客的应变速度，从根本上提高企业运行效率，取得业绩的突飞猛进。

企业过程是指为完成企业目标或任务而进行的逻辑上相关的业务活动。企业过程有一个重要的特征，即它是跨越职能界限的。例如，从供货商处订货到物品入库形成采购过程，从为顾客提供咨询到解决顾客问题的一系列业务活动构成服务过程；再如，新产品开发过程、产品制造过程等。分析这些过程，有时会发现某些过程冗长且难以处理。例如，分析客户的订货过程会发现，从订货到商品发送到顾客手中所耗费的时间远远长于竞争所允许的时间。分析现有过程会揭示出瓶颈所在，由于职能部门的界限，忽视了与其他部门的有效合作和协调而求得企业目标实现的重要性。

BPR 涉及技术的应用、组织结构的变革等方面。

BPR 需要有重新考虑过去的工作方式和企业过程的能力。“为什么要用这样的方式完成这项任务和工作?”是一个关键问题。BPR 的主要技术在于简化和优化过程，其原则主要有：

（1）跨越职能界限，把分散在各个部门的业务活动按过程进行整合和压缩，以提高效率。

（2）在可能的情况下，以平行业务活动取代串行业务活动。

（3）按过程设定组织机构，促进管理组织扁平化，提高企业管理的效率。

（4）在信息源处一次性获取信息，实现信息在整个过程的共享。

（二）MIS 战略规划与 BPR 的关系

MIS 战略规划与 BPR 有着非常密切的关系。信息技术的发展与应用，使企业能够打破传统的组织管理模式，创建全新的过程管理模式，促进企业目标的实现。MIS 能充分地发挥出效益，重点在于对企业过程进行重新设计。这两者相辅相成、互为条件。

前面介绍的企业系统规划法，它是以过程的观点看待企业，实际上已建立了过程模型，根据企业过程模型建立 MIS。但它主要是从企业现有的过程出发，虽然也涉及企业过程的改进，但力度很小。在这样基础上建立的 MIS 仅仅是用计算机系统去模拟原手工管理系统，并不能从根本上提高企业的竞争能力。为了充分发挥 MIS 的潜能，重要的是重组企业过程，按照现代化信息处理的特点，对企业过程进行重新设计和再思考。

从系统规划开始，通过对现有业务活动的调查分析，找出现有业务过程存在的问题及产生的原因，从“系统应该是什么样子”的观点出发，根据企业目标，对现有业务过程进行彻底的再设计，合并和简化业务过程，纠正错位的业务活动，删除冗余的业务活动，减少管理层次，取消不必要的审批检查等控制环节，找出正确和优化的企业业务过程，BRP 的思想包含在系统规划、系统分析、系统设计、系统实施等整个系统规划与开发过程之中。信息技术和 BPR 的结合是企业高效运行的一条重要途径。

在实际工作中，BPR 与 MIS 的建设是相互衔接的，企业可以选择先进行 BPR，再进行信息系统的规划；也可以在进行信息规划的过程中融入 BPR 的思想，在系统实施前进行 BPR。

BPR 是 MIS 建设的一种高级形式，同时也会引起组织结构的深刻变化，减少管理层次，促进组织的扁平化。

课后练习

一、选择题

1. 下列选项不正确的是（　　）。

A. 信息系统是通过输入数据，进行加工处理，产生信息的系统

B. 系统实现条件指系统处理信息的结构和方法（信息处理模型）

C. 面向管理和支持生产是信息系统的显著特点

D. 从用途类型来划分，信息系统一般包括电子商务系统、事务处理系统、管理信息系统、生产制造系统、电子政务系统、决策支持系统等

2. 诺兰模型的阶段不包括（　　）。

A. 初始　　B. 传播　　C. 控制　　D. 运行

3. MIS 战略规划的内容不包括（　　）。

A. 战略目标　　B. 总体结构　　C. 概要设计　　D. 近期计划

4. BSP 法的核心包括（　　）。

A. 定义企业过程　　B. 定义数据类

C. 定义管理功能　　D. 定义信息系统结构

5. 信息化的主要内涵不包括（　　）。

A. 信息网络体系　　B. 信息产业基础

C. 社会运行环境　　D. 计算机技术

二、简答题

1. 简述诺兰模型。

2. 试述管理信息系统战略规划的内容、特点和原则。

3. 什么是关键成功因素？

项目 4

系统分析

学习目标

1. 理解系统调查的含义和方法。

2. 理解管理信息系统的可行性研究。

3. 掌握管理信息系统的可行性研究的方法。

4. 学会建立管理信息系统的逻辑模型和撰写系统分析报告。

导入案例

某公司 2023 年初承接了一个周期为一年的 OA 信息系统项目，并指派项目经理小张负责。该项目属于定制型项目，涉及的用户方较多，小张根据自己的经验预测到项目可能会涉及频繁的需求变更，因此小张在将项目组分成了业务组、实施组、开发组后，定义了如下需求管理及控制流程：

（1）指派专门的业务组进行需求分析，分析完成后马上与用户进行需求确认，确认后，填写需求状态表（包括需求提交日期、需求状态、是否属于变更等）；

（2）实施组获得需求分析文档后，一周内进行技术方案设计；

（3）技术方案完成后，业务组视情况与用户进行二次沟通确认，确认后填写需求技术方案状态表（包括需求技术方案提交日期、需求技术方案状态）；

（4）需求分析、技术方案完成后，开发组每周对已确定的需求进行工作量评估，形成月度开发计划；

（5）开发组根据开发计划进行定制开发工作；

（6）每周开发组根据需求状态库的需求、方案进行工作量重新评估。更新开发计划项目进行过程中，发生了如下事件，导致项目延期半年才完成。

【事件 1】根据 2023 年初的计划开发完成了 OA 信息系统项目并上线，但用户没有真正使用。2023 年底推广使用的时候发现，业务流程有缺失，程序有问题，于是项目组重新按照流程梳理了需求，并重新开发上线。

【事件2】2023年底，开发组提出需求分析在深度和广度上不够，导致开发返工任务多。

问题：

1. 结合案例及个人经验，请说明项目经理小张在需求管理及控制过程中存在哪些不足。

2. 结合案例和个人经验，简要叙述项目中需求可能存在的状态。

3. 如果你是小张的经理，请帮助小张改进需求管理及控制过程中的不足。

知识探究

系统分析是系统开发过程中非常重要的一环，它直接影响系统开发的成败。系统分析的任务，是在初步调查和分析的基础上，进一步详细调查现行系统的业务流程，利用数据流图和数据字典来表达一个系统的全部逻辑特征，包括对系统作业处理逻辑及有关数据的全部定义。通过系统分析，解决了系统“干什么”的问题，而不涉及具体的物理实现。它是从逻辑上确定了系统功能，并用图表和文字建立新系统的逻辑模型。

4.1 系统调查

新系统是在现行系统基础上经过改建或重建而得到的。因此，在新系统的分析与设计工作之前，必须对现行系统进行全面、充分的调查研究和分析。系统分析人员采用访问、座谈、填表、查阅资料、深入现场等多种调查研究的方法，得到现行系统的各种有用资料。这个阶段为新系统开发进行了原始资料的准备，并使系统开发人员对现行系统取得了感性和理性的认识。本阶段也称为需求分析，通过调查得到用户对新系统的各种需求情况。

在调查研究基础上的可行性研究，为新系统开发能否进行提出定性及定量分析的根据。

一、调查内容

系统分析人员向用户单位的各级领导、业务人员及其他有关人员进行多种调查，内容大致如下：

（1）系统界限和运行状态。

调查现行系统的发展历史、目前规模、经营效果、业务范围及与外界联系等，以便确定系统界限、外部环境和接口，以及衡量现有的管理水平等。

（2）组织机构和人员分工。

调查现行系统的组织机构、领导关系、人员分工和配备情况等。从中不仅可以了解现有系统的构成和业务分工情况，还可以进一步了解人力资源，发现组织和人事等方面的不合理现象。

（3）业务流程。

不同系统进行不同的业务处理。系统分析人员要尽快熟悉业务，全面细致地了解整个系统的业务流程，以及物流和信息流的情况。除此之外，对各种输入、输出、处理、处理速度和处理量等都要了解得比较清楚。

（4）各种计划、单据和报表。

计划、单据和报表都是信息的载体，对它们的处理实质上是进一步落实现行系统的数据收集、整理、输入、存储、处理、输出等各个环节，从而得到完整的信息流程。

（5）资源情况。

除了人力资源，还要了解现行系统的物资、资金、设备、建筑平面布置和其他各项资源的情况。若已配置了计算机，则要详细调查其功能、容量、外设配置、目前使用情况及存在的问题等。

（6）约束条件。

调查现行系统在人员、资金、设备、处理时间和方式等各方面的限制条件和规定。

（7）薄弱环节。

现行系统中的各个薄弱环节是新系统中要解决和改进的主要问题，往往也是新系统目标的重要组成部分。因此，在调查中要注意收集用户的各种要求，善于发现问题并找到问题的前因后果。

（8）其他需要了解的有关问题。

现行系统调查研究是一项烦琐而艰巨的工作，为了使该项任务能够顺利进行，需要掌握一定的工作方法。系统分析人员和用户要制订调查研究的进度计划，以便事先安排时间和内容，并通知有关人员。应先自上而下做初步调查，在了解全局、总体的基础上，再自下而上地进行具体调查研究。在调查过程中要注意数量概念，要收集足够的数据供定量分析使用，系统分析人员必须对这些内容进行整理、研究和分析，并将有关内容绘制成描述现行系统的各种图表，以便在短时间内对现行系统有全面细致的充分了解。

二、调查方法

系统调查的目的是获得完整详细的现行系统的真实写照，得到现行系统的“具体模型”。系统调查的过程就是运用各种方法使现行系统的组织结构、管理功能、业务流程、数据流向等信息在系统分析人员头脑中再现的过程，并在书面文件中表现出来。下面简要介绍系统调查过程中可以采用的调查方法。

（一）系统调查表

系统调查表由问题和答案两部分组成，问题由主持调查工作的系统分析人员列出，答案主要由被调查单位的人员给出。被调查人员选择答案的方式主要有三种：

（1）系统分析人员已经列出了问题的若干可能的答案，选择最适合被调查单位的答案即可。这种问题一般是比较具体明确的问题。例如：采用何种方法计算机器设备的折旧？

（2）向用户了解一个不确定的因素，可能的答案比较广泛，用户必须根据本单位的具体情况做出明确的答复。例如：账户月发生额最大值为多少？随着不同单位的生产规模、业务量的不同，账户月最大发生额显然是不同的。

（3）要求用户提供某些资料。例如：要求用户提供现行系统中各种账、证、表的格式，要求用户给出成本核算流程图。

表 4.1 是一张典型的会计凭证调查表。

表 4.1　会计凭证调查表

填表日期：　　　　填表单位：　　　　填表人：

调查内容： 1. 本单位据以登记明细账、总账的凭证包括哪些？请将每一种凭证的格式附在表后。 2. 本单位会计分录为多借多贷时，最多借贷数目为多少？ 3. 最长摘要约为多少汉字？ ………… 系统分析人员意见：

审核人：　　　　审核结果：

系统调查表以问答的形式把系统调查人员和用户联系起来。利用系统调查表进行调查有下列优点：

（1）减轻被调查单位的工作负担。被调查单位可以利用工作间隙填制该表，不必和系统调查人员一起利用大量连续工作时间进行调查。因此，这种调查方法对现行系统的连续性工作影响小，不至于因系统调查给被调查单位增添很多工作量和麻烦。

（2）方便系统调查人员。如果系统调查人员离被调查单位较远，则可用邮寄方式进行调查，降低调查成本费用。

（3）便于形成现行系统的“具体模型”。用系统调查表进行调查，直接得到了调查书面资料，将所有的调查书面资料集中在一起，就是现行系统的真实写照。

（4）得到的调查结果系统、准确。系统调查人员在编制系统调查表时，一般已充分考虑了各种情况，提出的问题全面周到明确，因此得到的答案完整准确。

用系统调查表进行调查，最大的困难在于设计调查表的各种问题。如果问题设计得不明确或不全面，那么得到的调查结果就会不明确、不完整。因此，提出的问题全面、易懂、明确，是设计系统调查表应遵守的基本原则。设计系统调查表必须有管理和计算机两个方面的知识，且必须有开发管理信息系统的丰富经验。

用户填制系统调查表应做到及时、准确、完整、真实，不及时填制调查表就会影响新系统的开发进度；问题回答不准确、不完整或不真实，就会造成假象，不利于系统分析人员从“具体模型”分析推导出系统的“逻辑模型”，也就不可能设计出高质量的管理信息系统。

（二）访问有关人员

除了系统调查表外，可以通过对现行系统有关人员的直接访问，获取有关现行系统的详尽资料。为了保证每次访问都得到足够多的信息，系统调查者应做到如下几点：

（1）必须明确每次访问的任务，做到有的放矢。必须列成访问计划，以防止访问过程中提不出问题。

（2）访问对象必须选择准确。应选择那些对访问任务最了解、对建立新系统最有信心的人员作为被访问的对象。

（3）要注意访问的方式。要友善和善于引导，不要让被访问者觉得他是在被审问，应让他感到他是在和你共同探讨，甚至让他觉得他是在发挥他的专长，向你提供各种意见是他感兴趣的事。

（4）要及时做好访问记录，并在访问完毕后加以归纳整理，使之文档化，最终形成一整套系统调查资料。

直接访问有关人员，可以了解到一些系统调查表所不能得到的信息，如管理人员对建立新系统的看法等。

（三）考察和参与现行系统的实际工作

对于没有管理知识或初次开发管理信息系统的人，使用前两种方法进行调查，往往会使调查的广度和深度受到限制，使系统分析和系统设计不能建立在正确的基础上，导致建立的新系统不能适应实际需要。最好的调查方法就是考察和参与现行系统的实际工作，使得调查人员掌握现行系统的工作原理，充分了解现行系统的特性。当然，调查人员还必须在实践的同时，从书本上学习有关管理知识，加快系统调查的步伐。

用这种调查方法还可以证实其他调查方法所调查内容的正确性和真实性。

（四）开会讨论

管理中的有些问题常牵涉众多的人员，通过开征询会、讨论会往往有利于尽快地弄清这些问题的来龙去脉，把握住问题的本质。在深度调查和征询有关人员对建立系统的看法时，开会讨论的调查方法更能发挥作用。

应该说，不同的调查方法有不同的侧重点和适用面，实际工作中应结合具体情况，综合采用各种方法，完成调查任务。

4.2 可行性研究

可行性研究（Feasibility Study）也称可行性分析。在现代化管理中，经济效益的评价是决策的重要依据，在采取一项重大的改革和投资行动之前，首先关心它能取得多大的效益。目前，可行性研究已被广泛应用于新产品开发、基建、工业企业、交通运输、商业设施等项目投资的多个领域。新系统开发是一项耗资多、耗时长、风险大的工程项目，因此，在新系统开发的大规模行动之前，要对系统开发的可能性和必要性进行初步分析。可行性研究的目的是避免盲目投资，减少不必要的损失。

一、新系统目标

新系统目标是新系统建立后所要求达到的运行指标。正如新产品设计初期需要提出设计性能指标一样，新系统开发初期也要提出目标，它是进行可行性研究、系统分析与设计，以及系统评价的重要依据。

信息系统的目标具有以下重要特性，在考虑具体系统的具体目标时，应该予以注意：

（1）目标的总体战略性。信息系统的目标是整个系统全局性努力的方向，是需要各个子系统发挥作用共同配合才能达到的。它影响和指导着整个系统的分析、设计、实施和应用，对系统生命周期起着重要的作用。

（2）目标的多重性。信息系统的目标不是单一的，而是多方面的。一般情况下，系统目标是一组目标体系，可以分解为树形的层次结构。但是，这些目标也有差异性，要根据实际需要区别对待，并有主次顺序。

（3）目标的依附性。信息系统的目标不是凭空想象、孤立制定的，它依附于现行系统的战略目标。根据现行系统战略目标和功能，找出其薄弱环节，才能进一步推导和发展，提出新系统的目标和功能。

（4）目标的长期性。通常信息系统的目标是需要长期努力才能达到的。因此，要根据资源条件、开发力量和环境条件等分期、分批、分阶段实现。

（5）目标的适应性。信息系统是在外部环境中运行的，当环境变化时，系统的功能和信息也将发生变化。为了使系统有良好的适应性，要求其目标具有良好适应性。

根据以上特性，新系统目标应该充分体现系统最高的战略目标、发展方向和基本特点，直接为主要任务服务；应该反映系统的发展规律，对系统分析、设计、实施、运行和维护均有重要指导意义。此外，新系统目标要与现行系统的各项基本功能密切相关，应该是可分期分批实现的，具有效益性和适应性，并富有挑战性和号召性，能鼓舞人们为它的实现而努力奋斗。

系统开发人员在充分调查研究的基础上，根据现行系统的战略目标、功能等具体情况和存在的薄弱环节，考虑用户多方面意见和要求后，与用户反复讨论，统一思想，提出初步的新系统目标。这个目标必须符合总体目标的要求，即各个子系统的分目标必须符合上层系统的总目标。

不同系统的新系统目标，其具体提法各不相同，但是，对于基层系统，它们总可以归纳为以下几个方面：

（1）节省成本和日常费用开支；

（2）提高工作效率和减轻劳动强度；

（3）提高信息处理速度和准确性；

（4）提高系统的安全性、可靠性、可控性；

（5）提供各种新的处理功能和决策信息；

（6）为服务对象提供更多的便利条件；

（7）其他改进及有利方面。

二、新系统开发的可行性研究

新系统开发的可行性包括可能性和必要性，这两者是相辅相成的，缺一不可。例如，某个单位的领导对现行系统感到满意，对计算机辅助管理并不感兴趣，那么，即使系统的开发在该单位是可能的，但没有必要性，也是不可行的。

新系统开发的前提是所有的组织都具备计算机应用于管理的条件，因此，在现行系统调查研究的后期要再进一步进行可行性研究。通常，可从以下三个方面着手。

（一）技术方面

根据新系统目标，衡量所需要的技术是否具备，如硬件、软件和其他应用技术，以及从事这些工作的技术人员数量及水平等。

硬件方面主要考虑计算机的内存、功能、联网能力、安全保护设施，以及输入、输出设备及外存储器和联网数据通信设备的配置、功能、效率等。软件方面应考虑操作系统、编译系统、数据库管理系统等的配置及功能等。应用软件方面要考虑是否有现成的软件包或自已有能力编制有关程序。当然，这里讨论的技术必须已经普遍应用，有现成产品，而不是待研究或正在研究的。

系统开发的技术力量不仅要考虑数量，更重要的是质量，以及在近期内可以培养和发展的水平。

（二）经济方面

估算新系统开发所需要的投资费用和将来的运行费用，并同估计的新系统收益进行比较，看是否有利。投资和运行费用包括：

（1）设备费用：计算机硬件、软件、外设、电源、机房、空调等费用，购入的应用软件及其他设备费用等。

（2）人员费用：全部系统开发人员、操作人员，维护人员的所有工资支出和培训费用等。

（3）材料费用：调试和运行的正常开支，如办公用品费用、机时费、水费、电费、各种设备的维护费等。

（4）其他费用：不属于以上所列费用的一切开支。例如，由于工作方式改变需要增加的其他开支，通常为了保证新系统运行的可靠性，要求手工和计算机处理在较长时间内并存。

在费用估算时，往往会出现低估现象，因为很多意外因素将使费用大大增加，所以，还要加大一定比例。

收益的估计更加困难和复杂，有些指标是不可计算的。有时，有些收益不能从本系统直接体现，但在可行性研究时也应考虑。例如，图书馆的情报检索系统，它为读者寻找资料创造了极为方便和高效的服务条件。由于及时、全面地提供了有用的文献资料，保障了国家重大科研项目既快又好地完成，因此，该系统的收益还体现在对国家的巨大贡献。对于这类系统，如果只考虑本系统收益，有时可能是亏损的，所以，就会导致错误的结论。值得注意的是，在估计收益时，往往会出现高估现象，因为用户的实际收益取决于用户的应用水平。例如，有的系统能提供很多及时准确的决策信息，但用户没有很好利用，因此就不能达到预期的效果。

（三）组织管理方面

评价新系统运行的可能性及运行后所引起的各方面变化（组织机构、管理方式、工作环境等），将对社会或人的因素产生影响。

例如，以计算机处理为基础的某信息系统建成后，可以替代很多管理人员的人工劳动，于是要考虑他们的工作安排问题，否则，将引起消极抵触情绪。

此外，新系统对现行组织机构的影响，现行系统人员对新系统的适应性，以及对现有人员的培训、补充条件、对环境的影响等，都是可行性研究的重要考虑因素。

这方面的可行性研究很重要，它会直接影响新系统的正常运行，但是容易被忽略。

在对几种方案的上述三个方面的可行性进行分析比较后，要写出新系统开发的可行性研究报告。如果可行性研究通过，则可进入系统分析工作；如果某些条件不成熟，则要创造条件，增加资源或改变新系统目标后，再重新进行可行性论证；如果可行性研究结果完全不可行，则系统开发工作必须放弃。

三、可行性研究报告

在可行性研究论证工作中，应写出书面的可行性研究报告。可行性研究报告的格式如下。

（一）可行性研究的前提

（1）说明对所建议开发的软件的基本要求，如功能、性能、输入和输出、完成期限等。

（2）说明欲开发系统的主要开发目标，如人力与设备费用的减少、处理速度的提高、管理信息服务的改进、人员利用率的提高等。

（二）对现行系统的分析

对现行系统的分析，其内容包括：

（1）现行系统的处理流程和数据流程；

（2）工作负荷；

（3）费用开支；

（4）人员与设备；

（5）现有系统不足之处。

（三）所建议系统

（1）对所建议系统的说明；

（2）处理流程和数据流程；

（3）应改进之处；

（4）建立所建议的系统后，预期带来的影响；

（5）技术条件方面的可行性。

（四）可选择的其他备选系统方案

说明各个可选择的备选方案，并说明它们未被选中的原因。

（五）投资及效益分析

（1）列出基本建设投资、其他一次性支出、非一次性支出等开支费用；

（2）列出一次性收益、开支的缩减、价值的增升等收益；

（3）算出收益 / 投资比和投资回收期，并对一些关键性因素进行敏感性分析。

（六）社会因素方面的可行性

（1）法律方面的可行性；

（2）使用方面的可行性。

（七）结论

在进行可行性研究报告的编制时，必须有一个明确的研究结论。这个结论可以是：

（1）可以立即开始后面的开发工作；

（2）需要推迟到某些条件（如资金、人力、设备等）落实之后才能开始进行；

（3）需要对开发目标进行某些修改之后才能进行；

（4）不能进行或不必进行（如技术上不成熟、经济上不合算等）。

可行性研究报告须经用户、业务人员和同行专家评审认可，方能作为依据，指导下一阶段（系统分析）的工作。

4.3 结构化分析方法

一、结构化分析方法的基本思想

结构化分析（Structured Analysis）方法不需要使用计算机人员的专门术语和符号，而是用一种管理人员、系统开发人员均能接受的，结构层次清晰、严密的模型作为分析工具。

结构化分析方法是在迪杰斯特拉（Dijkstra）等人提出的结构化程序设计思想基础上发展而来的一种系统开发方法。它吸取了以前在系统开发中的经验教训，提出系统化、结构化和自上向下的开发方法，对信息系统的发展起了巨大的推动作用。但随着时间的推移，它逐步暴露出很多问题，新的开发方法也不断提出。纵观这些新的方法，它们中的一些基本思想还是来自结构化程序设计思想。所以迄今为止，结构化系统分析和设计还是系统开发中采用的主要方法。

结构化分析方法的基本思想是：用系统的思想和系统工程的方法，按照用户至上的原则，自上向下，由粗到细，逐步进行系统分析。

通过采用自上向下的分解方法，把一个复杂的系统逐级向下分解成尽可能独立的子系统、模块、子模块等，使用户不但对系统有一个总体概念，而且对那些具体的、局部的组成也有一个深刻了解，因而能够参与评审和提出意见。

结构化分析主要是借助数据流图和数据字典这两个工具进行分析的。数据流图是从业务处理流程图抽象出与具体的处理环境（计算机硬件系统、软件系统，特别是所用语言等）无关的、抽象的处理逻辑模型，其底层图反映的内容与业务处理流程图几乎是一样的，因而在某种程度可以替代业务处理流程图。

二、结构化分析方法的特点

结构化分析方法能够长期被人们接受并采纳，主要是因为它有以下特点。

（一）强调用户自始至终的积极参与

在系统分析阶段，用户始终积极参与，使用户可以更多地了解新系统，并随时从业务和用户角度提出新的要求；也可使系统分析人员更多地了解用户的要求，更深入地调查和分析管理业务，使新系统更加科学、合理。

（二）注重整体分析，层层落实

按系统的观点，任何事情都是相互联系的有机整体。在分析时应首先站在整体的角度，将各项具体的业务或组织融合成一个整体加以考察，确保全局的正确，然后再层层分解进行解剖分析。

（三）强调系统的适应性

各种事物都是运动和变化的。同理，在进行系统分析时，要充分预料到可能会发生的变化，增强系统的适应性，以应付各种各样的变化。这些变化主要来自以下几个方面：

（1）系统外部环境的变化。如外部的组织机构发生了变化，将引起信息传递渠道变化；上级主管部门需要的信息发生变化，会引起输出和处理模块的变化。

（2）系统内部处理模式的变化。如系统内部组织机构、管理方式和工艺流程的改变，必将引起数据的收集、输入以及处理方式的变化。

（3）用户要求的变化。随着时间的推移、问题的深入、技术的发展，用户的要求也会随之变化。

总之，发生变化的因素是多种多样的，系统分析时要严密注意和充分考虑到这些变化，以增强系统的适应能力。

（四）重视工作文件的标准化和文献化

在结构化分析时，多采用规范化的图表和文字来记载这些分析结果。这些资料要由专人保管，要建立一套管理、查询制度。

4.4 数据流图

数据流图是新系统逻辑模型的主要组成部分，它能精确地在逻辑上描述新系统的功能、输入、输出和数据存储等，摆脱了所有的物理内容。

结构化分析方法的基本手段是逐层分解，数据流图是描述分解的基本手段。数据流图是运用“数据流”“文件”“加工”等概念来描述信息系统的各个处理以及各个处理之间的信息传递关系，从而直观地反映出信息系统的各个组成部分及各部分之间相互联系的一种图示。

一、数据流图的组成

数据流图中有四个基本元素，分别是数据流、文件、加工和数据流的源点或终点，为了叙述方便，我们用不同的符号代表这四个元素。图 4.1 所示是一个简单的数据流图。

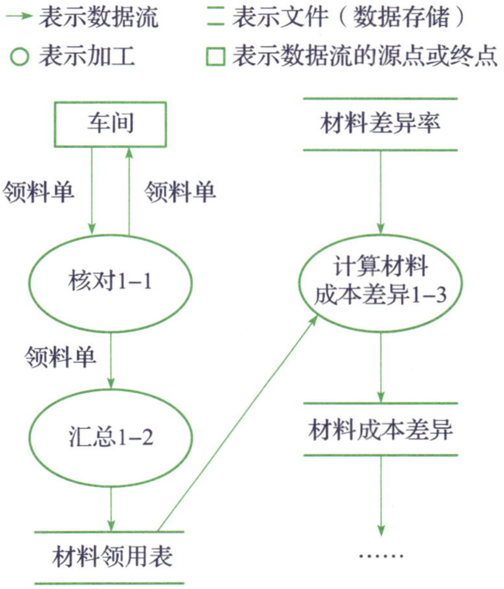

图 4.1　简单数据流图实例

(一) 数据流

数据流由一组固定成分的数据所组成，直观地反映了系统各部分之间的信息传递关系。数据流的流向大致有以下几种：

（1）从加工流向加工。即作为前一加工的处理结果，又输入给下一加工进行处理。如图 4.1 中从加工“核对”流向加工“汇总”的领料单。

（2）从加工流向文件。即作为加工的结果，暂存在文件中。如图 4.1 中从加工“汇总”流向文件“材料领用表”的数据流。

（3）从文件流向加工。即从文件里流出，作为加工的输入。如图 4.1 中从文件“材料领用表”流向加工“计算材料成本差异”的数据流。

（4）从源点流向加工。即从信息的产生地流向加工站，作为加工的输入。如图 4.1 中从源点“车间”流到加工“核对”的领料单。

（5）从加工流向终点。即数据流作为加工结果送到接收地。如图 4.1 中从加工“核对”流向终点“车间”的领料单。

数据流图中流动的是实实在在的数据，而不是程序框图中通常画的控制流。两者的区别是，数据流上只有数据流过，而控制流上没有数据流流动。

（二）加工

加工是对数据流的一种处理。当数据流通过某个加工站时，它的所有数据都将被处理，如图 4.1 中的核对、汇总、计算等。当数据流流出这个加工站时，它的数据就会发生变化，或是数值变化，或是性质变化。加工的作用就是要实现这一变化。图 4.1 中，领料单从源点“车间”流到第一加工站进行核对，核对结果，将有问题的领料单退给“车间”，将准确的领料单送到第二加工站进行汇总。汇总的结果是产生“材料领用表”文件。然后，根据“材料差异率”和“材料领用表”文件，计算材料成本差异，得到“材料成本差异”文件。从“车间”发出的领料单到“材料成本差异”经过了三个加工过程：核对、汇总和计算材料成本差异。数据流图中加工这一基本元素是信息处理系统的关键部分。只有经过加工，信息才能发生变化，才能更新，才能创造出新的更有价值的信息。如图 4.1 中，领料单经过“汇总”加工后得到“材料领用表”，信息进行了综合；再将“材料领用表”与“材料差异率”结合起来计算出材料成本差异，又进一步产生了新的信息。

（三）文件

文件是相关数据的逻辑集合。当某一数据流被加工处理后，若暂时不需要转到下一加工站进行处理，往往先将它存到文件中，待处理时再提取。例如，会计账务处理系统中，日常发生的某一张记账凭证是不能直接用来填制报表的，而应先将这张凭证存到有关的文件里去。到月底，与其他凭证一起经过一定处理后再来生成报表。

在读、写文件时要注意数据流的方向。当加工要从文件里读数据时，数据流是从文件流向加工的；当加工写入或修改文件时，数据流是从加工流向文件的。如图 4.1 中，加工“汇总”后写入“材料领用表”文件，故方向指向文件；但加工“计算材料成本差异”需读“材料领用表”文件，故方向便从文件指向加工。

（四）数据流的源点和终点

数据流的源点是信息系统的数据来源地，终点是数据流的目的地。数据流的源点和终点都是存在于信息系统之外的。例如，会计账务处理系统输出的报表，要报送到上级主管部门、开户银行和财税部门等。这些部门对会计账务处理系统来说是数据流的终点。

由于数据流的源点和终点对信息处理过程没有多大影响，因此我们在画数据流图时可以不必考虑它们。另外，需要注意的是，对数据流图中的每一数据流、加工和文件都必须给予适当的名字（但对从文件流出或流入文件的数据流不必命名了，因为文件名称本身已反映出了数据流的含义）。

二、数据流图的画法

数据流图是分解复杂信息系统的一个基本手段。它的方法是“由外向里”分析问题，即先考虑外围情况，弄清楚系统的输入输出要求，然后再深入内部处理，这样步步剖析就可画出系统的数据流图。下面分两步来讨论数据流图的画法。

（一）画系统的输入、输出

输入、输出是整个信息系统较容易确定的部分，根据用户的要求，先确定系统应该完成哪些功能，输出什么信息，然后再分析要得到这些输出信息，系统至少要对哪些数据进行加工。这样，就能决定系统应该从外界接收什么数据和向外界提供什么信息。虽然这时考虑的输入、输出数据可能会冗余或遗漏，但随着问题的深入，可以逐步检查出来。例如，对于会计账务处理系统来说，输入一般是各种凭证，输出则是各种账表，如图 4.2 所示。

图 4.2　会计账务处理系统的输入和输出

（二）画系统的内部

有了输入、输出后，就可以考虑系统的内部了。首先将系统内部划分成几个主要操作并给它编号，暂不考虑每个操作的内部情况，然后将每一操作看成是一个加工，接着分析每个操作的任务，决定它们的输入、输出信息，再用数据流与文件将这些相关的加工连接起来，最后进行适当的补充。如此，一层数据流图就画成了。

例如，某企业采用科目汇总表记账程序。首先，将该记账程序划分成几个主要操作：编制记账凭证，登记银行存款日记账、现金日记账，登记明细账，编制科目汇总表，登记总账，编制报表。其次，将每个操作看成是一个加工，分析其输入、输出信息，现将其整理成表 4.2。

表 4.2　不同加工对应的输入、输出信息

加工名	输入	输出
编制记账凭证	原始凭证	记账凭证
编制科目汇总表	记账凭证	科目汇总表
登记银行存款日记账、现金日记账	收、付款凭证	银行存款、现金日记账
登记明细账	原始凭证、记账凭证	明细账
登记总账	科目汇总表	总账
编制报表	总账和明细账	各种报表

最后，用适当的数据流与文件将它们连接起来，(见图 4.3)。考虑到原始凭证需要审核，总账与明细账、现金日记账之间需进行核对，故应增加三个“加工”：审核原始凭证、总账与明细账核对、总账与现金日记账核对。

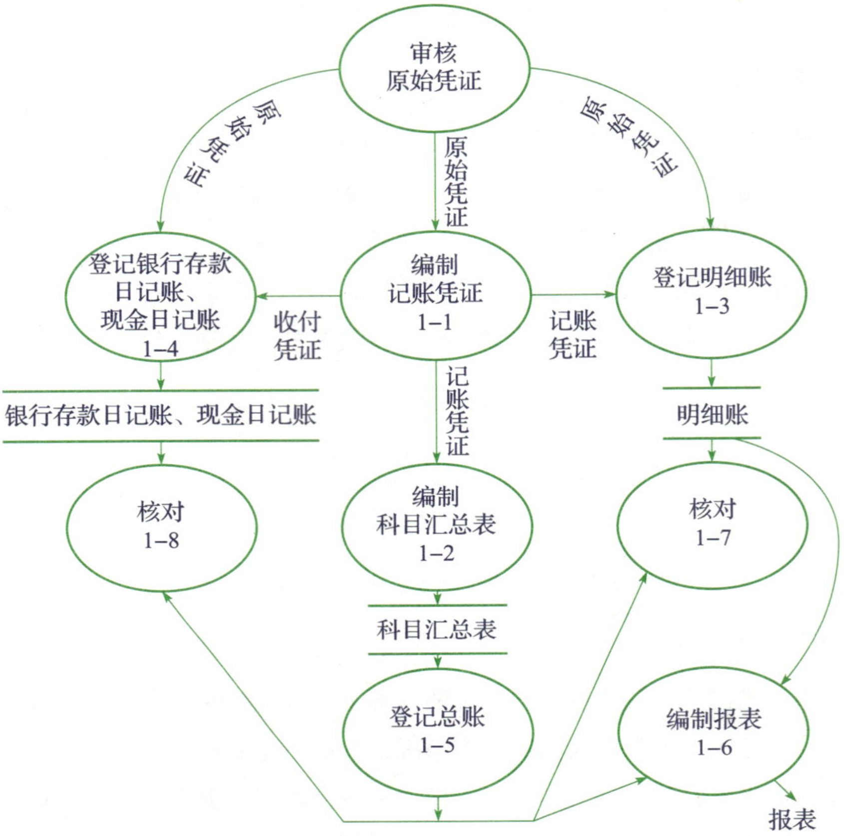

图 4.3　连接数据流图

对于某个加工，我们同样可以运用由外向里的分解方法，先画加工的外部，再画加工的内部，即先考虑加工的输入、输出数据流，后考虑加工的具体操作。

(三) 应注意的问题

数据流图中的每一个数据流、文件、加工的名称应该能表达其含义，给人以直观的印象。对加工命名至少要有一个动词，最好由动宾结构组成，既能反映加工的内容，又能反映加工的对象。另外，还要对加工进行编号。

三、层次数据流图

(一) 层次数据流图的含义

上面我们讨论了“由外向里”画数据流图的方法，它只介绍了数据流图的一种基本画法，对于一个复杂的信息系统，仅靠由外向里的画法是不够的。如果将系统的全部数据流、文件和加工都画在一张数据流图上，反而会变得不易理解和分析。结构化分析方法的基本思想是“逐层分解”，这就是要将系统先分成几个主要操作，画在一张数据流图上；然后，将每一主要操作细分为各自的若干个主要加工，再画出几张数据流图。这样，一层一层分解下去，构成一套层次数据流图。采用层次数据流图可以有计划地逐步增加系统的处理细节，使我们理解起来更为容易。

（二）层次数据流图的组成

层次数据流图由顶层、中层和底层组成。顶层图只有一张，中层图和底层图可各有若干张。最简单的情况是，一套层次数据流图只有顶层和底层，而没有中层。顶层图描述了系统的边界，即系统的输入、输出数据流。底层图由一些不必再分解的加工所组成。这些加工已非常简单，人们很容易看懂，我们称这些加工为基本加工。中层的数据流图描述了其上一层数据流图中某个加工的分解，而这个中层中的某些加工仍可能比较复杂，故又有可能再分解成下一个中层。对于一个复杂的信息系统，中层往往有很多层。

在图 4.2 中，我们已经画出了账务处理的顶层图。它指出了该系统的输入是各种凭证，输出是各种账表。在图 4.3 中，我们将顶层图中的加工分解成 9 个加工，形成了第一中层，它同顶层图相比，更具体、更易理解。

现在，我们来进一步分解。例如，图 4.3 中的加工“编制记账凭证”，其输入是审核后的原始凭证，输出是记账凭证，我们将加工“编制记账凭证”分类，分解成加工“编制收款凭证”“编制付款凭证”“编制转账凭证”（见图 4.4）。

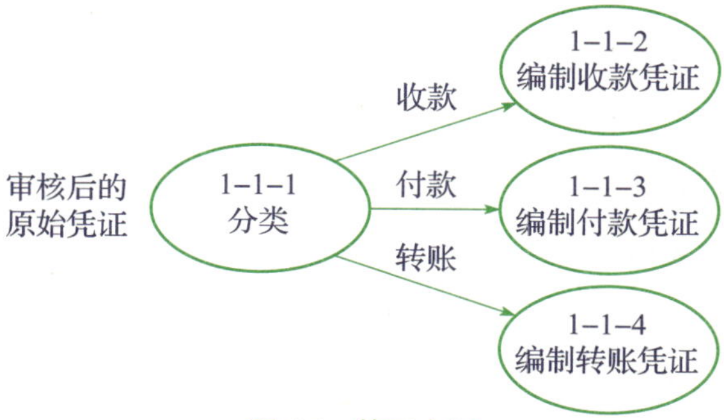

图 4.4　第二中层

图 4.4 所示是第二中层，是 1-1 号加工的分解图。我们还可以对图 4.4 中的几个加工进行再分解。例如，可以将加工“编制收款凭证”按图 4.5 分解。

图 4.5 所示是 1-1-2 号加工的分解图，它已经是底层数据流图了。同样，我们还可以对其他加工进行再分解，直到底层。

如此，即可得到一套层次数据流图。它使信息系统逐步由抽象变得具体、丰富。

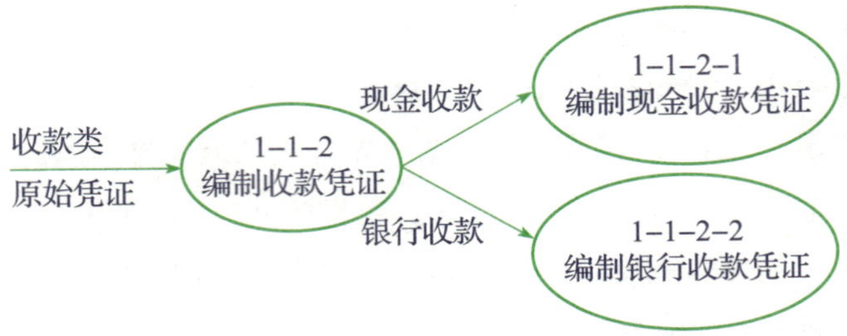

图 4.5　分解加工“编制收款凭证”

（三）画层次数据流图应注意的问题

假设有两张数据流图，它们是甲和乙，其中乙图是甲图中某个加工的分解图，则称甲图是乙图的父图，乙图是甲图的子图；同时称甲图中被分解的那个加工为乙图中每一加工的父加工，乙图中的每一加工为甲图中被分解的那个加工的子加工。

例如，图 4.4 是图 4.5 的父图，图 4.5 是图 4.4 的子图。加工“编制收款凭证”是图 4.5 中每一加工的父加工，图 4.5 中的加工是“编制收款凭证”的子加工。

画层次数据流图时应注意以下问题：

（1）子加工的编号。因为子图中每一加工是相应父图中某一加工的再分解，为了在数据流图中能清楚地看到这种关系，应该在给子加工编号时，考虑将父加工的编号作为子加工编号的一部分。如上例中，父加工“编制收款凭证”被分解为 2 个加工：1-1-2-1，1-1-2-2。每一加工的编号都包含了它们的父加工编号 1-1-2。

一般情况下，每一子加工的编号由 3 个部分组成，依次是：父加工号、连接号、局部号。局部号是指子图中每一子加工的相对编号，父加工号仍可以由父加工号、连接号和局部号所组成。这是因为在层次数据流图中，父加工、子加工等都是相对而言的。例如，加工“编制现金收款凭证”的编号是 1-1-2-1，它由父加工号 1-1-2、连接号“-”和局部号 2 所组成，其中的父加工号 1-1-2，又由父加工号 1-1、连接号“-”和局部号 2 所组成。父加工号 1-1 又由父加工号 1、连接号“-”和局部号 1 所组成。

有了这样的编号后，每一加工都有自己的编号，而且是唯一的，因此可以用某一加工的编号来代替它的名字。经过这样编号后，我们就能知道，每个子加工在层次数据流图中的位置，即处于哪一层、是第几个加工等。另外，还可以从子加工号推出其父加工的位置。例如，子加工 1-1-2-2 的父加工是在第三层上的相应数据流图中的第二个加工。

（2）父加工与子图的数据一致性。父加工与子图的数据一致性，是指在层次数据流图中，父加工的输入数据流必须与相应子图的所有输入数据流一致，父加工的输出数据流必须与相应子图的所有输出数据流一致。

如果子图中某些输入或输出数据流比父加工中描述得更详细，那么这个子图不仅对父加工进行分解，还对数据流进行分解。这是允许的，而且是很准确的。但进行这种分解，必须对数据流的组成有足够的了解，否则很容易出错。例如，加工“编制收款凭证”，输出的是收款凭证。但在其子图里，输出被分解成银行收款凭证和现金收款凭证。从表面上看，似乎两者不等，但从数据流的组成上来看，两者是一致的。因为收款凭证包括了银行收款凭证和现金收款凭证。

4.5 数据字典

数据流图描述数据流和加工之间的关系，勾勒出系统的框架。但数据流、数据存储的数据结构、“加工”的具体描述在数据流图上是无法看出来的。而这些细节对理解和表达系统十分重要，数据字典就是为描述这些细节而建立的。

对数据流图中每一个成分一一给出精确的定义，并将所有成分的定义按一定次序排列起来，便组成了一本数据字典。

一、数据字典的组成

一部数据字典主要由以下四种条目组成。

（一）数据项（Fields）

数据项又称为数据元素，是最小的、不可再分割的数据单位。数据项由数据项名、类型、长度、取值范围四部分组成。

例如，数据项“凭证号”条目。

数据项名：凭证号
类型：数值
长度：5 位
取值范围：1 ～ 99999

（二）数据流（Data Flow）

数据流条目说明数据流由哪些数据项组成，数据在单位时间内的流量，以及它的来源、去向等。其使用符号规定：“+”表示和，“｜”表示选择；“{}”表示重复，有时括号旁可加重复次数的界限。

数据流条目由数据名、组成、流量、来源、去向五部分组成。

例如，数据流“银行对账单”。

数据名：银行对账单
组成：月份 + 日期 + 银行支票 + 金额
流量：30 张 / 月，每张约 50 笔数据
来源：开户银行
去向：银行对账处理

（三）加工（Data Processing）

加工又称为逻辑处理或数据处理，是数据字典中的主要成分。加工条目由加工名、输入数据、输出数据、加工逻辑四部分组成。

例如，加工“工资分配”。

加工名：工资分配
输入数据：工资结算单
输出数据：工资费用分配表
加工逻辑：各车间根据工资结算单，按产品的种类或批别，分别分配管理人员工资和生产工人工资，并按比例计算提取福利费

（四）数据存储（Data Store）

常以文件的形式存储数据，对应的文件条目由文件名、组成、存储方式、存取频率四部分组成。

例如，“凭证文件”。

文件名：凭证文件
组成：日期 + 凭证号 + 摘要 + 科目编号 + 凭证类别 + 借方金额 + 贷方金额 + 支票号 + 对账金额 + 对账证号 + 银行号 + 输入员
存储方式：顺序
存取频率：30 次 / 天

二、加工条目的说明

描述数据字典中的加工条目并不是一件轻而易举的事。受表达能力的限制，这种描述多有含糊不清之词。对于较复杂的加工条目，用语言文字难以表达，因此需借助于其他描述工具。

目前较常用的描述加工条目的工具有以下几种。

（一）结构式语言

结构式语言是一种介于自然语言与程序设计语言之间的语言。它由程序设计语言的框架（即三种基本结构：顺序结构、分支结构、循环结构）和自然语言的词汇（如动词、名词和程序设计语言的保留字）组成，其语言易于编写，又能简明地描述较复杂的加工条目。

结构式语言中使用的语句有简单的祈使语句、判断语句、循环语句和复合语句，其中最典型的是复合语句。复合语句是一种复合结构，即三种基本语句之中还可以嵌套任何一种基本语句，以便描述复杂的加工条目。例如，“计算工资”的加工可用结构式语言表示，具体如下：

如果工龄 >=30 年

如果基本工资 <1500

基本工资 = 基本工资 +200

否则

基本工资 = 基本工资 +220

否则（工龄 <30 年）

如果基本工资 <=1500

基本工资 = 基本工资 +180

否则

基本工资 = 基本工资 +190

（二）判定表

判定表是指用表格形式，根据某些条件来描述一个加工。对于一个复杂的加工，往往很难用自然语言来表达，或者表达出来也不太好理解。例如，某个造纸车间有三个生产机台，现在要求将车间费用先按比例分配到机台上去，然后各机台根据产品生产天数将制造费用分配到每个产品成本中。如当月制造费用发生额为 1 000 元，用判定表来描述这个分配过程（见表 4.3）。

表 4.3　判定表

项目	1 号机台		2 号机台	3 号机台	
	产品 1	产品 2	产品 3	产品 4	产品 5
产品生产天数	15	15	30	10	20
品种负担的制造费用	200 元	200 元	300 元	100 元	200 元
机台分配率	40%		30%	30%	
机台负担的制造费用	400 元		300 元	300 元	

从这个判定表中可以看出，该加工的输入数据流是制造费用总额；加工结果是获得每种产品应负担的制造费用；处理顺序是先分配到机台，后分配到产品；处理算法是根据机台分配率和产品生产天数。判定表的特点是直观，它将加工对象、加工算法及加工结果全部表达在一个表中，一目了然。

（三）判定树

判定树是指以树图形式来描述一个加工，它本质上基本与判定表相同。同判定表相比，判定树更加形象。下面我们用判定树来描述上例的制造费用分配（见图 4.6）。

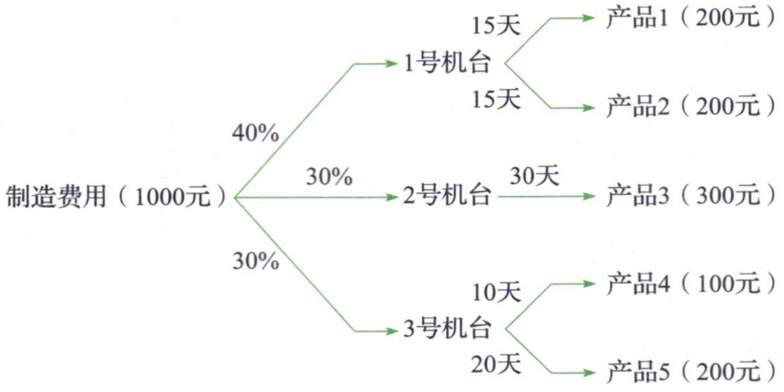

图 4.6　判定树示例

在实际工作中，加工条目经常用多种方式描述。在管理信息系统中，对加工条目的描述以自然语言为主，辅以判定表或判定树。

至此，我们已讨论了数据流图的画法，以及数据字典及加工说明的定义和描述方式。一套层次数据流图，数据字典和加工说明是结构化分析方法的主要成果，它将构成系统说明书的主要部分。

4.6 建立新系统的逻辑模型

在现行系统逻辑模型的基础上，根据新系统的目标、功能、性能、接口、可靠性等指标，提出改进意见，以便确立新系统的逻辑模型。如何建立新系统的逻辑模型，可以从以下几个方面进行分析。

一、分析系统目标

对可行性研究报告中提出的新系统目标再次考察，对项目的可能性和必要性进行重新考虑，并根据对系统建设的环境和条件的调查，修正系统目标，使系统目标适应组织的管理需求和战略目标。由于系统目标对系统建设具有举足轻重的意义，必须经过仔细论证才能修改。

二、分析业务流程

分析现行系统中存在的问题是为了在新系统建设中予以克服或改进。现行系统中存在的问题可能是管理思想和方法落后，业务流程不合理，也可能是因为计算机信息系统的建设为优化原业务流程提供了新的可能性。这时，就需要在对现有业务流程进行分析的基础上进行业务流程重组，产生新的更为合理的业务流程。

例如，过去某工厂仓库由管理人员凭印象确定订货量，新系统改为根据各种备件的库存量和订货点来确定订货量。这样，信息处理流程就有了很大的变化。

业务流程分析过程包括以下内容：

（1）原有流程的分析。分析原有业务流程的各处理过程是否具有存在的价值，其中哪些过程可以删除或合并；原有业务流程中哪些过程不尽合理，可以进行改进或优化。

（2）业务流程的优化。分析原有业务流程中哪些过程存在冗余信息处理，按计算机信息处理的要求进行优化，并说明流程的优化可以带来什么好处。

（3）确定新的业务流程。画出新系统的业务流程图。

（4）新系统的人机界面。确定新的业务流程中人与机器的分工，即哪些工作可由计算机自动完成，哪些必须有人的参与。

三、分析数据流程

数据流程是系统中信息处理的方法和过程的统一。由于现行系统中的数据处理是建立在手工处理或陈旧的信息处理手段基础上的，新的信息技术条件能为数据处理提供更为有效的处理方法。因而，与业务流程的改进和优化相对应，数据流程的分析和优化一直是系统分析的重要内容。数据流程分析的内容包括：

（1）原有数据流程的分析。分析原有的数据流程的各处理过程是否具有存在的价值，其中哪些过程可以删除或合并；原有数据处理流程中哪些过程不尽合理，可以进行改进或优化。

（2）数据流程的优化。分析原有数据流程中哪些过程存在冗余信息处理，可以按计算机信息处理的要求进行优化，并说明流程的优化可以带来什么好处。

（3）确定新的数据流程。画出新的数据流图。

（4）新系统的人机界面。确定新的数据流图中人与机器的分工，即哪些工作可由计算机自动完成，哪些必须有人的参与。

四、绘制新系统的数据流图

新系统的数据流图是在以上分析过程中逐步完善的。这是一项需要经过多次反复的、去伪存真的细致工作。为了明确新系统的人机接口，还应在绘成的数据流图上标明哪些部分由计算机完成，哪些部分由人工完成。

数据流图虽然能对系统作出全貌性的描述，但并未对图中的数据流、处理和存储等元素作进一步的说明。为此，需完善数据字典，并用工具描述比较复杂的加工逻辑。

五、研究和确定管理模型

管理模型是系统在每个具体管理环节上所采用的管理方法。在手工系统中，由于受信息获取、传递和处理手段的限制，只能采用一些简单的管理模型；而在计算机技术的支持下，许多复杂的计算在瞬间即可完成，这样，像 MRP Ⅱ 等现代管理方法的应用就具有了现实的可能性。在系统分析中，要根据业务流程和数据流程的分析结果，对每个处理过程进行认真分析，研究每个管理过程信息处理的特点，找出相适应的管理模型。常用的管理模型包括账务处理模型、综合计划模型、生产计划模型、库存管理模型、成本管理模型、决策模型、统计分析与预测模型。

六、提出新系统的逻辑模型

逻辑模型是新系统开发中要采用的管理模型和信息处理方法。系统调查、可行性分析都是为建立新系统的逻辑模型做准备。逻辑模型是系统分析阶段的最终成果，也是今后进行系统设计和实施的依据。逻辑模型的内容包括：

（1）新系统的业务流程。这是业务流程分析和业务流程优化重组后的结果，包括以下内容：原系统的业务流程的不足及优化过程、新系统的业务流程、新系统业务流程中的人机界面划分。

（2）新系统的数据流程。这是数据流程分析的结果，包括下列内容：原有数据流程的不合理之处及优化过程、新系统的数据流程、新系统数据流程中的人机界面划分。

（3）新系统的逻辑结构。即新系统中子系统的划分。

（4）新系统中数据资源的分布。即确定数据资源如何分布在服务器或主机中。

（5）新系统中的管理模型。确定在某一具体管理业务中采用的管理模型和处理方法。

4.7 系统分析报告

系统分析阶段的成果就是系统分析报告，它反映了这一阶段调查分析的全部情况，是下一步设计与实现系统的纲领性文件。系统分析报告形成后，必须组织各方面的人员（包括组织的领导、管理人员、专业技术人员、系统分析人员等）一起对已经形成的逻辑方案进行论证，尽可能地发现其中的问题、误解和疏漏。对于问题、疏漏要及时纠正，对于有争论的问题要重新核实当初的原始调查资料或进一步地深入调查研究，对于重大的问题甚至可能需要调整或修改系统目标，重新进行系统分析。系统分析报告主要包括以下几个方面。

一、概述

这一部分内容应包括：

（1）建立信息系统的背景材料；

（2）企业概况和组织结构；

（3）可行性研究报告；

（4）新系统的名称、目标和主要功能。

二、现行系统详细调查

这一部分内容应包括：

（1）现行系统的目标、规模、界限；

（2）现行系统具体模型分析；

（3）现行系统逻辑模型分析；

（4）用户要求分析；

（5）存在问题分析。

三、新系统逻辑模型

这一部分内容应包括：

（1）新系统目标。

（2）新系统逻辑模型。具体包括：

1）层次数据流图；

2）数据字典；

3）子系统初步划分；

4）系统配置逻辑需求。

（3）新系统功能分析。

（4）新系统数据分析。

（5）存在的问题。

四、系统设计实施初步计划

这一部分内容应包括：

（1）工作任务的分解；

（2）时间进度计划；

（3）资源需求；

（4）经费预算。

课后练习

一、选择题

1. 系统调查的内容不包括（　　）。

A. 系统界限和运行状态　　B. 各种计划、单据和报表的处理

C. 约束条件　　D. 虚拟机风格

2. 在考虑具体信息系统的具体目标时，应该注意的信息系统目标的重要特性不包括（　　）。

A. 总体战略性　　B. 多重性

C. 依附性　　D. 独立性

3. 对现行系统的分析，其内容包括（　　）。

A. 现行系统的处理流程和数据流程　　B. 工作负荷

C. 需求规格说明书编制　　D. 人员与设备

4. 结构化分析方法的特点包括（　　）。

A. 强调用户自始至终的积极参与　　B. 注重整体分析，层层落实

C. 功能模型　　D. 强调系统的适应性

5. 数据流图的基本元素不包括（　　）。

A. 数据流　　B. 关联　　C. 加工　　D. 文件

二、简答题

1. 为什么要进行可行性研究？应该从哪些方面研究新系统的可行性？

2. 某银行拟开发计算机储蓄系统。储户填写的存款单由业务员键入系统。如果是存款，系统记录存款人姓名、住址、存款类型、存款日期、利率等信息，并打印出存款单给储户；如果是取款，系统计算利息并打印出利息清单给储户。请对该系统的可行性进行分析。

项目 5

系统设计

学习目标

1. 理解系统设计的原则。

2. 理解结构化设计、代码设计、数据存储设计、数据库设计、用户界面设计、系统设计说明书。

3. 掌握管结构化设计、代码设计、数据存储设计、数据库设计、用户界面设计的方法。

4. 学会撰写系统设计说明书。

导入案例

系统设计是需求分析的延伸与拓展。需求分析阶段解决“做什么”的问题，系统设计阶段解决“怎么做”的问题。同时，它也是系统实施的基础，为系统实施工作做好铺垫。合理的系统设计方案既可以保证系统的质量，也可以提高开发效率，确保系统实施工作的顺利进行。从方法上来说，系统设计分为结构化设计与面向对象设计。

问题：

1. 什么是系统设计？

2. 系统设计与需求分析有何关系？

知识探究

系统设计又称为新系统的物理设计。所谓物理设计，就是根据新系统的逻辑模型建立物理模型，即根据新系统逻辑功能的要求，考虑实际条件，进行各种具体设计，确定系统的实施方案，解决“系统怎么干”的问题。

系统设计的指导思想是结构化。结构化系统设计，是指用一组标准的准则和图表工具确定系统有哪些模块，用什么方式连接在一起，从而构成最好的系统结构。在这个基础上，进行各种输入、输出、加工和数据存储的详细设计。

5.1 系统设计的原则

系统设计的优劣直接影响新系统的质量及经济效益。系统设计应在保证实现逻辑模型的基础上，尽可能地提高系统的各项性能。系统设计应按以下几项原则进行。

一、系统的效率性

系统的效率是指系统的处理能力、处理速度、响应时间等与时间有关的指标。对于不同处理方式的系统，其工作效率有不同的含义。例如，联机实时处理系统的工作效率为响应时间（从发出处理要求至得到应答信号的时间）；批处理系统的工作效率为处理速度（处理单个业务的平均时间）；对于一个实时录入、成批处理的事务处理系统，又常用处理能力（标准时间周期内处理的业务个数）来表示系统的工作效率。

一般来说，影响效率性的因素取决于：系统中硬件及其组织结构，人机接口是否合理，计算机处理过程的设计质量（如中间文件的数量、文件的存取方式、子程序的安排及软件的编制质量），等等。

二、系统的可靠性

系统的可靠性是指系统在运行过程中抗干扰（包括人为的故障和机器的故障）和保证正常工作的能力。这种能力，体现在工作的连续性和工作的正确性。系统的可靠性包括：检错、纠错能力，在错误干扰下不会发生崩溃性瘫痪，重新恢复及重新启动的能力，硬件、软件的可靠性及存储数据的精度等。系统的平均无故障时间是衡量可靠性的一个指标。

提高系统可靠性的途径主要有：（1）选取可靠性较高的主机和外部设备；（2）硬件结构的冗余设计，即在高可靠性的应用场合，应采用双机或双工的结构方案；（3）检测、处理故障和提高系统安全方面的措施，如对输入数据进行校验、建立运行记录和监督跟踪、规定用户的文件使用级别、对重要文件进行拷贝等。

三、系统的准确性

系统的准确性是指系统所能提供的信息的准确程度。系统的准确性与系统硬件、软件的功能直接相关。此外，也与编程质量、人工处理质量和效率等有关。

四、系统的可维护性

系统的可维护性是指系统易于理解、易于修改和扩充。由于系统环境不断变化，系统本身也需要不断修改和完善。一个可维护性好的系统，各部分独立性强，容易进行变动，从而提高系统的性能，不断满足适应系统目标变化的要求。此外，如果一个信息系统容易被修改以适应其他类似组织的需要，这将比重新开发一个新系统成本要低得多。

要提高系统的可维护性，在系统分析和设计的过程中，可采用结构化、模块化的方法。

五、系统的经济性

系统的经济性是指系统的收益应大于系统支出的总费用。系统支出包括系统开发所需投资和系统运行、维护的费用之和；系统收益除有货币指标外，还有非货币指标。在系统设计时，系统的经济性是确定设计方案的一个重要因素。

上述五个原则，在一定程度上既是互相矛盾的又是相辅相成的。例如，为了提高可靠性而采取各种校验和控制措施，则会延长机器工作时间，降低工作效率或提高成本。从系统开发和维护的角度考虑，系统的可维护性是最重要的指标。只有可维护性好，系统才能容易被修改以满足其他指标的要求，从而始终具有较强的生命力。

对于不同的系统，由于功能及系统目标的不同，对上述各项原则的要求会有所侧重。例如，对联机情报检索系统，响应时间是最重要的指标；对银行系统，可靠性与安全性则是首要考虑的因素。

5.2 结构化设计

结构化设计是新系统开发的一个重要内容，是结构化系统分析和结构化程序设计之间的接口。结构化设计技术是在结构化程序设计思想的基础上发展起来的一种用于复杂系统结构设计的技术。它运用一套标准的设计准则和工具，采用模块化方法，进行新系统控制层次关系和模块分解设计。把用数据流图表示的系统逻辑模型转变为用 HIPO 图或控制结构图表示的系统层次模块结构。结构化设计的核心是模块分解设计，模块化显著提高了系统的可修改性和可维护性，为系统设计工作的有效组织和控制提供了方便条件。

一、模块及其层次分解

结构化设计方法的基本思想是以系统的逻辑功能设计和数据流关系为基础，根据数据流图和数据字典，借助于一套标准的设计准则和图表工具，通过“自上而下”和“自下而上”地反复分析和设计，逐层把系统划分为多个大小适当、功能明确、具有一定独立性，并容易实现的模块，从而把复杂系统的设计转变为多个简单模块的设计。由于组成系统的模块彼此独立、功能明确，因此，能够对模块进行单独维护和修改，而不会影响系统中的其他模块。由此可见，合理地进行模块分解和定义，是结构化设计的主要内容。

（一）模块

1. 模块的含义

模块是可以组合、分解和更换的单元，是组成系统、易于处理的基本单位。系统中的任何一个处理功能都可以看作一个模块。

一个模块本身具有三种基本属性：一是功能，说明该模块实现什么；二是逻辑，描述模块内部如何实现要求的功能；三是状态，描述该模块的使用环境、条件及模块间的相互关系。

根据模块功能的具体化程度，可以把模块划分为逻辑模块和物理模块。在系统逻辑模型中定义的模块，如数据流图上的“处理工资”“处理订单”“劳资统计”等处理功能都是逻辑模块。物理模块是一个特定逻辑模块的具体化，可以是一个计算机程序、子程序或程序段，也可以是一个人工过程的某项具体工作。

因为模块可以分解、组合，所以模块的大小是一个相对概念，要视具体的环境状态而定。一个复杂系统可以分解为几个大模块（或子系统），每个大模块又可以分解为多个更小的模块。在一个系统中，模块都呈现层次结构，从逻辑上说，上层模块包含下层模块，最下层是工作模块，执行具体任务。

因为系统的各个模块功能明确，具有一定的独立性，所以可以方便地更换和独立进行设计。当把一个模块加到系统中或从系统中去掉时，只是使系统增加或减少了这一模块所具有的功能，而对其他模块没有影响或影响较少。正是模块的这种独立性，使得系统具有良好的可修改性和可维护性，这也是结构化设计的主要基础。

2. 模块结构的图形表示

模块在模块结构图中用方框表示，方框内写上模块的名称。

模块的调用用从一个模块指向另一个模块的箭头表示，当后一个模块（被调用模块）执行完它的功能后，再返回前一个模块（调用模块）。

模块间信息传递用带有小圆圈的有向线段○→表示，线段旁边写上信息的名称。传递的信息有两大类：一类是数据；另一类是控制标志，这时应画成●→。

模块有三种调用关系，即顺序调用、选择调用、重复调用。

（二）模块的层次功能分解图

作为系统逻辑模型主要组成部分的数据流图，反映的是系统的概貌，确定了系统的逻辑功能。但数据流图上的模块是逻辑处理模块，还没有说明模块的物理构成和实现途径。另外，由于数据流图本身的局限性，很难看出模块的层次分解关系。所以，在系统结构设计中，还必须将数据流图上的各个处理模块进一步分解，确定系统模块层次结构关系，从而将系统的逻辑模型转变为物理模型。下面介绍一种模块层次功能分解的重要技术——HIPO（Hierarchy Plus Input/Process/Output）图方法。

我们知道，任何功能模块都是由输入、处理和输出三个基本部分（IPO关系）组成的，使用HIPO图进行模块层次功能分解正是以模块的这一特性以及模块分解的层次性为基础，将一个大的功能模块逐层分解，得到系统的模块层次结构，再进一步把每个模块分解为输入、处理和输出的具体执行模块。通常，HIPO图方法由以下三个基本图表组成。

1. 总体IPO图

总体IPO图实际上是数据流图的初步分层细化结果，对最高层模块进行功能分解，并为其提供输入变量表、处理功能和输出变量表。

2. HIPO图

HIPO图是对顶层模块进行重复逐层分解得到的关于组成顶层模块的所有功能模块的层次结构关系图。

3. 低层主要模块的详细IPO图

由于HIPO图仅仅表示了一个系统功能模块的层次分解关系，还没有充分说明各模块间的调用关系和模块间的数据流及信息流的传递关系。因此，对某些较低层上的重要工作模块，还必须根据数据字典和HIPO图，绘制其IPO图，用来描述模块的输入、处理和输出细节，以及与其他模块间的调用和被调用关系。

下面，以对销售系统中“订单处理”模块进行层次功能分解为例，说明HIPO图方法。

第一步，给出销售系统中“订单处理”部分的数据流图，如图5.1所示。

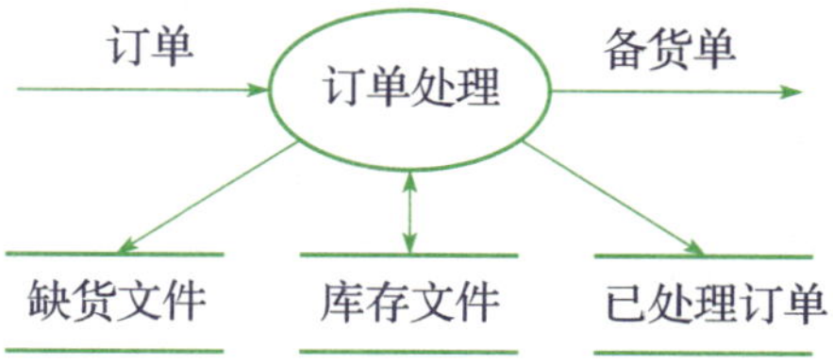

图5.1 “订单处理”部分的数据流图

第二步，根据数据流图，把“订单处理”模块分解为输入、处理和输出三个功能模块，从而得到总体IPO图（见图5.2）。

第三步，根据总体IPO图，将各模块逐层进行功能分解，并绘制“订单处理”的HIPO图（见图5.3）。画HIPO图的过程实际上是一个自上而下的反复调整过程。在HIPO图中，模块的执行顺序一般是从上到下、由左向右。

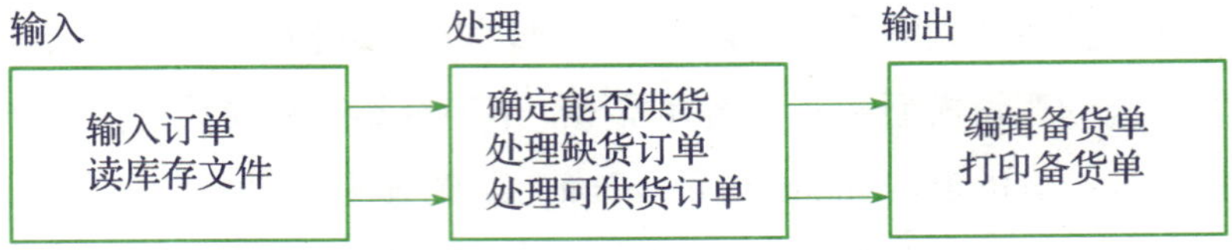

图 5.2 “订单处理”的总体 IPO 图

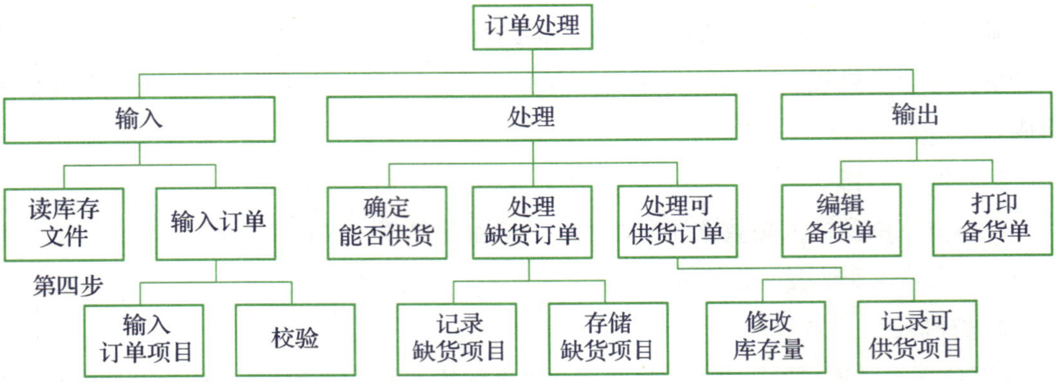

图 5.3 “订单处理”的 HIPO 图

第四步，在 HIPO 图的基础上，根据数据字典，绘制低层主要模块的 IPO 图，作为程序模块结构设计的依据。图 5.4 是图 5.3 中“确定能否供货”模块的 IPO 图。

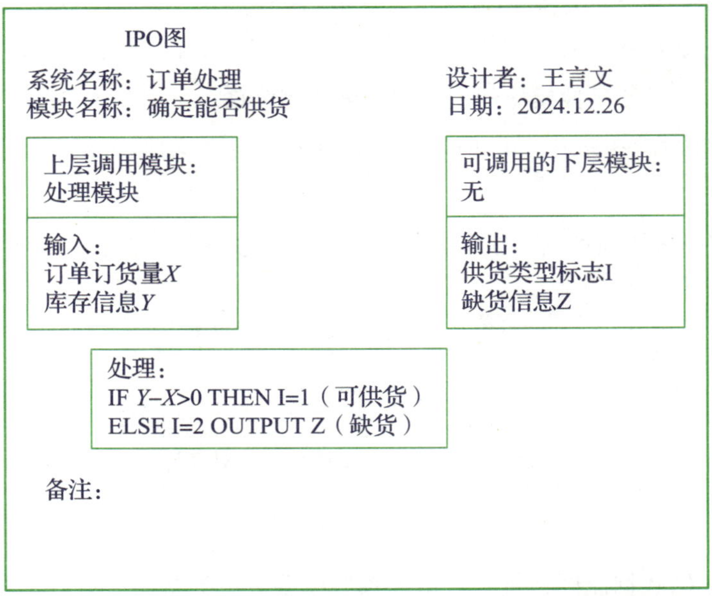

图 5.4 “确定能否供货”模块的 IPO 图

二、模块分解和设计的基本原则

系统结构设计和程序结构设计，最终都归结为模块的分解和设计。简单地说，模块的分解和设计包括内部设计与外部设计，即定义模块内部逻辑构成和设计模块间的相互连接关系。因此，模块分解和设计的合理性直接决定了系统设计的质量。那么，如何衡量模块分解的独立性和设计的合理性呢？下面，我们将重点介绍模块聚合、模块耦合等概念。

(一) 模块聚合

模块聚合是衡量一个模块内部各组成部分间整体统一性的指标，描述了一个模块功能专一性的程度。根据模块的内部构成情况，聚合可以划分为以下七个等级。

1. 偶然聚合

如果一个模块是由若干个毫无关系的功能偶然地组合在一起构成的，那么把这种模块称为偶然聚合模块。这种模块内部组织结构的规律性最差，无法确定其功能，因此聚合程度最低。

2. 逻辑聚合

如果一个模块是由若干个结构不同、但具有逻辑相似关系的功能组合在一起构成的，那么把这种模块称为逻辑聚合模块。对逻辑聚合模块的调用，常常需要有一个功能控制开关，由上层的调用模块向它发出一个控制信号，在其多个关联性的功能中选择一个执行。逻辑聚合模块的聚合程度较差。

3. 时间聚合

如果若干个关系不大的功能，由于它们是几乎在相同的时间内执行的，因此把它们放在一起构成一个模块，那么把这种模块称为时间聚合模块。在调用这种模块时，一般是在特定的时间内完成各个处理功能的执行。时间聚合模块的聚合程度为中等偏差。

4. 过程聚合

如果一个模块是由若干个为实现某项业务处理、执行顺序受同一个控制流支配的功能组合在一起构成的，那么把这种模块称为过程聚合模块。过程聚合模块的各组成功能由控制流连接在一起，实际上是若干个处理功能的公共过程单元，其聚合程度为中等。

5. 数据聚合

如果一个模块内部各组成部分的处理功能是对相同的输入数据进行处理或产生相同的输出数据，则把这种模块称作数据聚合模块。它能更合理地定义模块功能，其结构比较清楚，聚合程度为中上。

6. 顺序聚合

如果一个模块内部的各个处理功能密切相关、顺序执行，一个处理的输出直接作为下一个处理的输入，各处理功能处在同一线性链上，则把这种模块称为顺序聚合模块，其聚合程度较好。

7. 功能聚合

如果一个模块是由一个单独的能够确切定义的处理功能组成的，那么把这种模块称为功能聚合模块。一般地，功能聚合模块可以用一个动词和一个简单的接受词表示，如“读凭证文件”“打印发货单”等，它对确定的输入进行一定的处理，并输出可以预期的结果。这是一种最理想的聚合方式，独立性最强，具有“黑箱”特征，使得模块便于修改，系统便于分块设计。

聚合程度的高低标志着模块构成的质量，从而直接影响系统设计的质量。高聚合模块的优点是明显的，例如，当一个模块执行少量有关系的功能时，由于任务比较专一，复杂性降低，从而简化了设计和编码，并提高了系统的可修改性和可维护性，因此，在模块分解和设计中，为了达到较高的模块质量，总是尽量使其聚合程度较高，其中以功能聚合最为理想。

但是，由于模块功能划分的粗细是相对的，因此模块的聚合程度也仅仅是一个相对的概念。在一般情况下，处于系统较高层次上的模块功能较复杂，聚合程度较低；较低层次模块的聚合程度较高，达到功能聚合的可能性比较大。

（二）模块耦合

模块耦合，是衡量一个模块与其他模块在连接形式和接口复杂性方面相互作用关系的指标，标志着系统结构设计的质量。模块耦合程度的高低直接影响了系统的可修改性和可维护性。在一般情况下，耦合程度越低，说明系统各组成模块间联系越简单，则每个模块的独立性就越强，就越容易独立地进行设计、修改和维护。也就是说，其中一个模块的错误就越不容易扩散蔓延而影响其他模块。

模块的耦合程度，一般主要取决于模块本身的质量和相互连接的类型、模块间接口的复杂程度及模块间传递的信息流类型等。据此，可以把模块耦合划分为以下三种类型。

1. 数据耦合

如果一个模块与其他模块之间的联系全部是数据联系，那么，这个模块就是一个“黑箱”，模块间的这种联系称为数据耦合。一般来说，两个模块之间传递的数据越少，模块间的独立性就越强，因此模块的可修改性和可维护性就越高。

2. 控制耦合

如果两个模块之间，除了传递数据信息，还传递控制信息，那么把模块间的这种连接关系称为控制耦合。

通常，控制标志来自下层模块，因此，调用模块不是“黑箱”，它将根据不同的控制标志执行不同的处理功能，即它的输入信息不是固定的。较多的控制标志影响了模块的独立性，使系统维护工作更加复杂化。所以，在系统设计中，应该尽量避免或减少控制耦合。

3. 内容耦合

一个模块直接与另一个模块的内容发生联系，即在一个模块的执行过程中，从该模块直接转移到另一个模块中去运行（病态转移）。这种耦合程度最高。

如果两个模块是内容耦合，则在修改其中一个模块时，将直接影响另一个模块，产生波动现象。波动现象是指由于系统中各组成模块的独立性较差，修改其中一个模块，就会影响整个系统。内容耦合使模块的独立性、系统的可修改性和可维护性最差。因此，在实际进行系统设计时，应完全避免这种耦合关系。

由此可见，数据耦合最理想，内容耦合最差。因此，在设计系统模块结构时，应使模块的耦合程度尽可能低。

5.3 代码设计

代码是事物、概念、属性或状态的代表符号。计算机是通过对代码的处理来识别事物、概念、属性或状态的。因此，编码工作有利于计算机识别和处理客观事物或抽象的概念，也有利于提高处理和查询的速度。

一、代码设计原则

代码设计得好坏，将直接影响系统的质量、实用性与生命力。一个代码的小修改，将会引起多个文件和程序的修改；代码的大修改可能还会引起数据库的重新设计和建立。故代码设计一定要作全面的考虑和仔细的推敲，力争优化。在优化过程中，一般应遵循以下几项原则。

（一）唯一性

每个代码应唯一地表示一个实体或属性。

（二）扩展性

代码结构必须能适应实体或属性集合不断扩充的需要，以便当增加新的实体或属性时，不致重新设计整个代码系统。

（三）实用性及系统性

代码要尽量满足原业务处理的习惯，便于人工使用时识别与记忆，也便于计算机处理时识别与分类处理。同时，又要建立完整的代码体系，并注意本代码体系与其他业务代码的一致性联系，便于调用。

（四）简短性

在不影响代码系统的容量和扩充性的情况下，代码越短越好。因为简短的代码易记易用，还能减少输入操作中的错误。

（五）标准化

代码设计要与国际、国家或部门及行业的标准靠拢。同一种类编码对象的代码应统一，如会计科目编码、生产物资编码等。

二、代码的种类

代码设计就是确定代码的种类和结构。代码的种类很多，下面介绍几种常用的代码种类。

（一）顺序码

这类代码对代码对象从头开始按自然数顺序进行连续编码。此码的特点是简单明了、短小精悍，但不易于分类处理。

例如：用 1 ～ 50 来进行班级学生编码。

（二）分组码

分组码也称为群码。代码的每一组（可根据需要决定位数）都有一定的含义，从左到右分别表示大类、中类和小类，如身份证号码等。分组码的优点是代码对象分类基准明确，易记和易追加；缺点是位数较多。

分组码由于其包含的信息量大，因而是目前被广泛使用的一种代码。

（三）助记码

这种代码将代码对象名或缩写符号作为代码的一部分。其作用往往仅是便于记忆。如 PZBH 表示凭证编号，TV-C-29 表示 29 寸彩色电视。其优点是直观明了，缺点是处理不便。

（四）区间码

这种代码将代码对象从规定号起至规定号止连续编号。区间码能用较少的位数表示较多信息，易于插入、追加，但位数有限。

例如：企业职工性质可用区间码表示。

100 ～ 399 表示企业管理人员；

400 ～ 999 表示企业生产人员。

（五）密码

它用于系统内的控制口令，可用计算机能识别的任何符号编码。

在实际应用中，往往是把上述几种代码结合起来使用。

三、校验码

校验码又称为编码结构中的校验位。为了保证输入的正确性，在编码设计结构中原代码的基础上，通过事先规定的数学方法计算出校验码（一位或两位），附加在原代码的后面，使它变成代码的一个组成部分；使用时与原代码一起输入，此时计算机会用同样的数学运算方法按输入的代码数字计算出校验位，并将它与输入的校验位进行比较，以检验输入是否有错。

校验码可以检查出移位错（如 1234 记录为 1243）、双重移位错（如 1234 记录为 1432）、抄写错（如 1234 记录为 1235）及其他错误（如 1234 记录为 2243）等。

产生校验码的方法有多种，各具有不同的优缺点。通常根据使用设备的复杂程度或功能，以及某项应用要求的可靠性来决定采取哪种方法。

校验码的生成过程：

（1）原代码中的每一位加权求和。

n 位代码：$C_1C_2C_3\cdots C_n$

权因子为：$P_1P_2P_3\cdots P_n$

加权和：$C_1P_1+C_2P_2+C_3P_3+\cdots+C_nP_n$

$$S=\sum C_iP_i$$

权因子可选为自然数、几何级数、质数或其他。

（2）以模除和得余数。

$$S/M=Q\cdots R$$

其中，S 表示和；M 代表模；Q 表示商；R 表示余数。模可取不同的数，如 10、11 等。

将模和余数之差作为校验码，或将余数直接作为校验码，附加在原代码后。例如，原代码为 123456，

权为 173173

模为 10

加权和 =81

81/10=8⋯1

校验码：10−1=9

所以带校验码的代码为 1234569，其中 9 为校验位。

四、代码设计步骤

设计代码的工作，可按下列步骤进行：

（1）确定代码目的。

（2）决定代码对象，对所要处理的全部信息逐个地进行研究，决定哪些需要代码化。

（3）决定代码使用范围和期限。

（4）分析代码对象的特性，包括代码使用频率、变更周期、追加删除情况、输出要求等。

（5）决定代码结构。

（6）给每类代码编写代码设计书。

5.4 数据存储设计

管理信息系统是基于文件系统或数据库系统的，文件是存放系统中要处理和要维护的数据的基本方式，在数据存储设计中，要确定数据的组织方式。对于整个系统的全局数据管理需采用数据库。无论采用哪种方法，文件都是数据管理的最基本方式。

一、文件的分类

根据不同的考虑因素，文件可有各种不同的分类。下面介绍几种主要的分类。

（一）按用途分类

1. 主文件

主文件是长期保存的主要文件，用以存储重要数据，在业务处理中，要对主文件经常进行调用和更新。主文件可分为静态文件和动态文件两种：前者包含的是相对来说变化不大的数据记录，如顾客文件中的顾客号、顾客姓名、地址，电话、账号等都具有相对稳定性；后者包含的记录将随着业务的发生而不断修改和更新，如库存文件、销售账文件、图书馆的借阅文件等。但是，为了减少不同文件的数据冗余和文件处理工作量，常常将两者结合在一起。例如，借阅文件中，既包括了读者的固定信息，也包括了读者借阅情况的变化信息。

2. 业务文件

业务文件是在业务处理过程中，临时存储数据用的文件。这种文件实时记载了业务过程中数据发生的变化，是流水账形式的顺序文件。此种文件可以用于统一更新主文件或转换成其他文件，例如，用出入库流水账文件一次更新库存文件。这类文件的保存期较短。

3. 输入文件

输入文件对需要输入的大量数据先建立数据文件，经校验后，一次输入进行处理，这种文件多用于批处理。

4. 输出文件

输出文件是在处理过程中输出的结果文件，它可以是打印文件或其他形式的文件。

5. 工作文件

工作文件是在处理过程中暂时使用的中间文件，例如，排序过程中建立的排序中间文件等，处理结束后文件即可删除。

6. 转储文件

转储文件是用于存储在一定恢复点上系统部分状态的拷贝文件。它可能是一个正在更新过程中的文件、一组正在处理的业务或一个运行错误的程序。转储文件的主要目的是安全。

（二）按存储介质分类

1. 卡片文件

将信息穿成数据卡片进行输入（或输出）的卡片组叫卡片文件。每张卡片可以记载80个字符，作为一个记录，所有的有关卡片集合是一个文件。卡片文件常用于批处理输入，但有时也作为输出文件。近年来，卡片文件已逐步被磁盘文件所代替。

2. 打印文件

从打印机输出，打印在纸上的各种信息称为打印文件。打印文件的一行为一个打印记录，所有的有关记录集合是打印文件。打印文件只能输出不能输入。

3. 磁带文件

在磁带上存储的大量数据称为磁带文件。这种文件可以输入、输出，但不能直接插入新记录（通常是重新复制）。

4. 磁盘文件

在磁盘上存储的大量数据集合称为磁盘文件。这种文件可以输入、输出和直接更新（修改、追加、删除）。一般来说，磁盘文件比磁带文件处理灵活，传输速度快，存储容量大。

（三）按组织结构和存取方式分类

卡片文件、打印文件、磁带文件是顺序组织结构，因此，它们的存取方式只能是顺序的。在建立文件或使用文件的过程中，严格按记录的先后次序执行。

磁盘文件可以是顺序组织结构，也可以是其他组织结构，因此，它可以采用顺序存取方式或随机存取方式。随机存取方式是指文件的建立或使用过程中，可以不按记录的先后次序，而是根据需要直接进行存取。

在实际应用时，磁盘文件还可以进行动态存取，即在一个程序中顺序存取和随机存取混合使用。

二、文件设计的步骤

（一）了解已有的或可提供的计算机系统功能

（1）外存配备：磁盘、磁带、光盘的配备数量、功能、容量和有关文件的转储条件等。

（2）终端和其他外设的配备：涉及文件可能使用的范围、多终端操作的可能性，以及文件输入、输出和更新的条件。

（3）系统所能提供的文件组织结构和存取方式等。

（二）确定文件设计的基本指标

通常，一个新系统的文件数量从几个到几十个不等，对于每一个文件有以下各种基本指标：

（1）与其他文件的接口：搞清有关文件之间的相互关系及数据项的协调关系。

（2）文件的数据量：根据文件用途和记录长度，并从将来的需要量考虑，估算文件的数据量（记录数）。

（3）文件的逻辑结构：根据需要，确定文件记录的长度、逻辑结构组成以及各数据项的描述。

（4）文件处理方式：由用途决定文件的处理方式，可以是批处理、实时处理或混合处理等。

（5）文件的更新情况：从文件使用情况考虑，估计插入、修改和删除等操作的频率和更新要求。

（6）文件的使用率：估算文件记录的实际使用频率。

（7）文件存取时间：根据业务处理的需要，对文件存取时间提出的不同要求。

（8）文件的保密性：用户对文件机密程度的要求。

（三）确定合适的文件组织结构、存取方式和存储介质

文件的组织结构、存取方式和存储介质的确定应该考虑文件用途和使用频率等情况。

通过对以上各种因素的综合考虑和分析研究后，确定较为合适的文件组织结构及存取方式，并对存储介质的需要量作初步计算。

（四）编写文件设计说明书

文件设计说明书是实施阶段建立文件的依据，说明书包括下列内容：

（1）文件组织结构、存取方式和存储介质等的选择和确定的根据；

（2）文件用途、使用范围、处理方式、使用要求、存取时间和更新要求等；

（3）文件逻辑结构、各数据项描述，以及键（码）的确定原则；

（4）文件数据量和存储介质需要量的初步估算；

（5）文件保密要求及有关安全措施；

（6）对于文件数据的收集、整理和格式要求的说明；

（7）对建立和更新文件所需要的程序的说明及提出的要求；

（8）关于建立文件的注意事项及其他需要说明的内容。

5.5 数据库设计

数据库设计是在选定的数据库管理系统基础上建立数据库的过程。数据库设计除用户要求分析外，还包括概念结构设计、逻辑结构设计和物理结构设计三个阶段。由于数据库系统已形成一门独立的学科，因此，当我们把数据库设计原理应用到管理信息系统开发中时，数据库设计的几个步骤就与系统开发的各个阶段相对应且融为一体。

一、数据库的概念结构设计

概念结构设计应在系统分析阶段进行。任务是根据用户需求，设计数据库的概念数据模型（简称概念模型）。概念模型是从用户角度看到的数据库，可用 E-R 模型表示。

二、数据库的逻辑结构设计

逻辑结构设计是将概念结构设计阶段完成的概念模型转换成能被选定的数据库管理系统（DBMS）支持的数据模型。数据模型可以由实体联系模型转换而来。

通常，不同的 DBMS 其性能不尽相同。为此，数据库设计者还需深入了解具体 DBMS 的性能和要求，以便将一般数据模型转换成所选用的 DBMS 能支持的数据模型。逻辑结构设计阶段提出的关系数据模型应符合第三范式（3NF）的要求。如果选用的 DBMS 支持层次、网络模型，则还需完成从关系模型向层次或网络模型转换的工作。

此时，数据库的逻辑结构设计并未完成。下一步是用 DBMS 提供的数据描述语言 DDL 对数据模型进行精确定义，即所谓模式定义。例如，FoxPro 中的 CREATE 命令，其作用类似于 DDL，可用来定义逻辑数据结构。

三、数据库的物理结构设计

物理结构设计是为数据模型在设备上选定合适的组织结构和存取方式，以获得数据库的最佳存取效率。物理结构设计的主要内容包括：

第一，库文件的组织形式。如选用顺序文件组织结构、索引文件组织结构等。

第二，存储介质的分配。例如，将易变的、存取频度大的数据存放在高速存储器上，稳定的、存取频度低的数据存放在低速存储器上。

第三，存取路径的选择等。

5.6 用户界面设计

用户界面设计是整个系统设计的重要一步。系统是否好用，数据能否无差错地进入系统，以及用户对于系统的印象，在很大程度上取决于用户界面设计的结果。

用户界面设计的基本要求是：

（1）输入、输出对用户友好。

（2）提供的表现形式和术语符合用户的接受能力。

（3）各种界面信息的表示一致。

（4）提供学习功能。

用户界面设计包括输入方式设计和输入、输出画面设计。用户输入可采用三种方式：脱机输入方式、机器读入方式和人机交互方式。脱机输入方式是早期商业信息系统常用的一种方式。目前这种处理方式只用在一些特定的情况下，例如，处理数据量较大或必须事先进行手工处理的情况就要采用这种方式。机器读入方式通常由感应仪器和转换设备等构成，用于输入数据量较大、需要提高效率的场合，如采用 POS 系统。图书馆、股票市场、银行、税收机关、金融企业等也大量采用这类设备。人机交互方式是最常用的输入方式。特点是输入时提供多种方式，快速准确，直观明确。系统可以与用户会话，发现错误可以及时更正。

以下是一些在设计中应该体现的重要原则。

一、操作简易明确

设计操作方法时必须让用户容易学会使用。在良好的系统界面设计中，用户不需要记忆很多命令和规则。设计操作方法的一个基本原则是尽可能地仿照现实作业的工作方式，来设计计算机上的人机对话流程。例如，在现实工作中查找某职工档案时，应首先找到该职工所在的档案册，然后按某种顺序（如职工号）来查找。在设计可实现这一操作的用户界面时，应先显示职工档案文件的文件名、主要内容等全局信息，然后请用户选择查找的方法。在图形化用户界面设计中，图案的使用可以使界面生动形象。例如，对于档案的查找可以先在屏幕上画出几个档案柜或档案夹的图案，让用户对它们进行选择。选定其中某一册后，会以卡片的形式显示其中的职工档案。

设计操作方法的另一个原则是必须给用户以简明易懂的反馈信息。例如，当系统工作可能费时较多时，系统应显示反馈信息。如在打印时需要有准备时间，系统可以显示出一个画面，告诉用户系统正在干什么。

二、表示的合理性

在设计菜单等提供给用户的操作功能时应注意表示的合理性，即相关功能应尽可能地放在一起。例如，数据文件的增加、删除和修改应当放在一起，如果把它们分开，用户使用起来就会觉得不便。随着对系统使用时间的增长，用户对系统越来越熟悉，这时候系统应该表现出一定的适应性，即系统不仅让用户容易入门，而且要让用户可以提高。例如，系统可以提供宏功能，让用户自己定义常用的一系列操作为一个宏，或定义一个热键来完成常用的动作。

三、表示的一致性

在设计屏幕的画面时应特别注意表示的一致性，保持一种统一的风格。例如，对报表的设计，如果每一种报表都是一种特定的格式，都采用不同的字体和颜色，就会使人觉得眼花缭乱。

四、对输入的容错性

系统应表现出较强的容错性。对于用户的输入，首先，应做到无论是怎样的输入错误也能不死机。其次，应根据系统的需要对输入进行必要的检查，如去掉无意义的空格、对数据格式进行校验等。对于一个双汉字人名的输入，用户可能在其前面、中间或后边加上空格，系统以一种统一的原则处理，如一律将姓名中的空格去掉，这样就不至于因为输入有空格而查找失败。

5.7 系统设计说明书

系统设计说明书是系统设计阶段的主要成果，是新系统的物理模型，也是系统实施的重要依据。主要内容如下：

（1）模块设计：系统中各主要功能的结构图名称和它们之间的关系，功能的简要说明，主要模块的控制结构图、过程结构图及伪码等。

（2）代码设计：各类代码的名称、功能，相应的编码表，使用范围、使用要求及对代码的评价等。

（3）用户界面的详细设计说明。

（4）数据库及文件的设计说明。

（5）人工过程的有关设计：包括工作地的平面布置图，人员配备及组织机构的调整建议。

（6）实施方案的总计划：对工作任务进行分解，即对项目开发中的各项工作（包括文件编制、审批、打印、用户培训、使用设备的安排等）按层次进行分解，指明每项任务的要求及负责人，对各项工作给出进度要求，做出各项实施费用的估算及总预算。

（7）实施方案的审批：参加审议人员除用户、系统研制人员、程序员外，还包括有关专家、管理人员等，最后由领导批准。

系统设计说明书与计算机系统选择方案报告，是系统设计阶段的全部工作成果。它们是经各方面人员多次协商、讨论与修改，并且在用户感到比较满意时，经有关领导审批的。一旦确定下来，即成为下一步实施阶段的指导性文件。

课后练习

一、选择题

1. 系统设计的原则包括（　　）。

A. 效率性　　B. 可靠性　　C. 准确性　　D. 可维护性

2. HIPO 图方法由以下哪三种基本图表组成？（　　）

A. 总体 IPO 图　　B. HIPO 图

C. 低层主要模块的详细 IPO 图　　D. 基于技术的方式

3. 根据模块的内部构成情况，聚合可以划分为（　　）个等级。

A. 8　　B. 6　　C. 7　　D. 4

4. 如果一个模块是由若干个为实现某项业务处理、执行顺序受同一个控制流支配的功能组合在一起构成的，那么把这种模块称为（　　）。

A. 数据聚合　　B. 功能聚合　　C. 时间聚合　　D. 过程聚合

5. 可以把模块耦合划分为（　　）类型。

A. 数据耦合　　B. 控制耦合　　C. 内容耦合　　D. 实现耦合

二、简答题

1. 简述模块聚合与模块耦合的关系。

2. 简述系统设计与系统分析的关系。

3. 代码设计有哪些基本原则？

项目 6

系统实施、维护与评价

学习目标

1. 掌握程序设计的方法。

2. 理解系统调试与转换、系统维护、系统管理、系统评价。

导入案例

数据开发利用的前提是通过合适的方式将数据保存到存储介质上，并能保证有效的访问，还要通过数据备份和容灾手段，保证数据的高可用性。数据质量管理是在数据产品的生产过程中，确定质量方针、目标和职责，并通过质量策划、质量控制、质量保证和质量改进，实现所有管理职能的全部活动。数据运维包括数据存储、数据备份、数据容灾、数据质量评价与控制等内容。

问题：

1. 数据运维的内容有哪些？

2. 什么是数据容灾？

知识探究

系统实施是指将系统设计阶段的结果在计算机上实现，将原来纸面上的、类似于设计图式的新系统方案转换为可执行的应用软件系统。系统实施的主要内容包括硬件设备的购置和安装、程序设计（购买）与调试、系统操作人员的培训、系统有关数据的准备与录入、系统调试和转换。

系统维护是为了应付信息系统的环境和其他因素的各种变化，保证系统正常工作而采取的一切活动。它包括改进系统功能和解决在系统运行期间发生的一切问题和错误。

系统评价是指系统建成后，经过一段时间的运行，对系统目标与功能的实现情况进行检查，并与系统开发中设立的系统预期目标进行对比，及时写出系统评价报告。

6.1 程序设计

目前，人和计算机通信仍然必须使用人工设计的语言，即程序设计语言。所谓程序设计，就是把软件设计的结果翻译成计算机可以“理解”的形式——用某种程序设计语言书写的程序。

一、程序设计语言

程序设计的目的是实现人和计算机的通信，指挥计算机按人的意志正确工作。程序设计语言是人和计算机通信的最基本工具，程序设计语言的特性不可避免地会影响人的思维和解决问题方式，会影响人和计算机通信的方式和质量，也会影响其他人阅读和理解程序的难易程度。因此，程序设计之前的一项重要工作就是选择一种适当的程序设计语言。

（一）程序设计语言的分类

自 20 世纪 60 年代以来人们已经设计和实现了数千种不同的程序设计语言，但是只有其中很少一部分得到了比较广泛的应用。现有的程序设计语言虽然品种繁多，但它们基本上可以分为汇编语言和高级语言（包括超高级语言）两大类。

汇编语言的语句和计算机硬件操作有一一对应关系，每种汇编语言都是支持这种语言的计算机所独有的，因此，基本上有多少种计算机也就有多少种汇编语言。高级语言使用的概念和符号与人们通常使用的概念和符号比较接近，它的一个语句往往对应若干条机器指令，一般地说，高级语言的特性不依赖于实现这种语言的计算机。

对于高级语言还应该进一步分类，以加深对它们的了解。我们可以分别从应用特点或语言内在特点两个不同角度对高级语言进行分类。

从应用特点看，高级语言可以分为基础语言、结构化语言和专用语言三类。

基础语言是通用语言，它们的特点是历史悠久、应用广泛，有大量软件库，为最广泛的人群所熟悉和接受。属于这类语言的有 Basic、Fortran、COBOL 和 ALGOL 等。

结构化语言也是通用语言。这类语言的特点是直接支持结构化的控制结构，具有很强的过程结构和数据结构能力。ALGOL 是最早的结构化语言（同时又是基础语言），由它派生出来的 PL/1、Pascal、C 语言等正应用在非常广泛的领域中。

专用语言的特点是具有为某种特殊应用而设计的独特的语法形式。一般地说，这类语言的应用范围比较狭窄。例如，APL 是为数组和向量运算设计的简洁而又功能很强的语言，然而它几乎不支持结构化的控制结构和数据类型；Bliss 是为开发编译程序和操作系统而设计的语言；Forth 是为开发微处理机软件而设计的语言，它的特点是以面向堆栈的方式执行用户定义的函数，因此能提高速度和节省存储空间；LISP 和 PROLOG 两种语言适合应用于人工智能领域。

从语言的内在特点看，高级语言可以分为系统实现语言、静态高级语言、块结构高级语言和动态高级语言四类。

系统实现语言是为了克服汇编程序设计的困难而从汇编语言发展起来的。这类语言提供控制语句和变量类型检验等功能，同时也容许程序员直接使用机器操作。例如，C 语言就是著名的系统实现语言。

静态高级语言给程序员提供某些控制语句和变量说明的机制，但是程序员不能直接控制由编译程序生成的机器操作。这类语言的特点是静态地分配存储。这种存储分配方法虽然方便了编译程序的设计和实现，但是对使用这类语言的程序员施加了较多限制。这类语言是第一批出现的高级语言，使用非常广泛。COBOL 和 Fortran 是这类语言的代表。

块结构高级语言的特点是提供有限形式的动态存储分配，这种形式称为块结构。存储管理系统支持程序的运行，每当进入或退出程序块时，存储管理系统分配存储或释放存储。程序块是程序中界限分明的区域，每当进入一个程序块时就中断程序的执行，以便分配存储。ALGOL 和 Pascal 是这类语言的代表。

动态高级语言的特点是动态地完成所有存储管理，也就是说，执行个别语句可能引起分配存储或释放存储。一般地说，动态高级语言的结构与静态或块结构高级语言的结构都很不相同，实际上这类语言中任何两种语言的结构彼此间也很少类似。这类语言一般是为特殊应用而设计的，不属于通用语言。

（二）程序设计语言的特点

软件工程师应该了解程序设计语言各方面的特点，以及这些特点对软件质量的影响，以便在需要为一个特定的开发项目选择语言时，能做出合理的技术抉择。下面从几个不同方面简单讨论程序设计语言的特点。

1. 名字说明

预先说明程序中使用对象的名字，使编译程序能检查程序中出现的名字的合法性，从而能帮助程序员发现和改正程序中的错误。某些语言（如 Fortran 和 Basic）并不要求用户显式地说明程序中所有对象的名字，第一次使用一个名字被看作对这个名字的说明。然而在输入源程序时如果拼错了名字，特别是错输入的字符和预定要使用的字符非常相像（例如，字母 O、数字 0，小写字母 l、数字 1），那么因此而造成的错误是较难诊断的。

2. 类型说明

类型说明和名字说明是紧密相连的。通过类型说明，用户定义了对象的类型，从而确定了该对象的使用方式。编译程序能够发现程序中对某个特定类型的对象使用不当的错误，因此有助于减少程序错误。

预先说明对象的类型有助于减少阅读程序时的歧义。某些语言（如 Fortran）规定，如果不加说明地引入一个名字，那么该名字的第一个字母将决定它的类型。然而，如果说明了某个名字的类型，但说明的类型和由名字第一个字母决定的缺省类型不一致，则会造成阅读程序时的歧义。

类型检查的概念最早是在 ALGOL60 中引入的，后来逐渐得到精化。像 Pascal 这样的程序设计语言，允许用户自定义与特定应用有关的类型，并且可以再用自定义的类型说明其他程序对象。用户既可以定义纯量、子界一类的简单类型，也可以定义记录、链表和二叉树等复杂的结构类型。程序设计语言中的类型说明不仅是一种安全措施，还是一种重要的抽象机制。对类型名字的定义使得我们可以引用某些复杂的实体，而不必考虑这些实体的表示方法。

3. 初始化

程序设计中最常见的错误之一是在使用变量之前没对变量初始化（即提供适当的初始值）。为减少发生错误的可能性，一种方法是强迫程序员对程序中说明的所有变量初始化；另一种方法是在说明变量时由系统给变量赋一个特殊的、表明它尚未初始化的值，以后如果没给这个变量赋值就企图使用它的值，系统就会发出出错信号。

4. 程序对象的局部性

程序设计的一般原理是，程序对象的名字应该在靠近使用它们的地方引入，并且应该只有程序中真正需要它们的那些部分才能访问它们。通常有两种提供局部变量的途径，Fortran 和绝大多数系统实现语言提供单层局部性，块结构高级语言提供多层局部性。

如果名字的特性在靠近使用这些名字的地方说明，程序的读者就很容易获得有关这些名字的信息，因此多层局部性有助于提高程序的可读性。此外，具有多层局部性的语言鼓励程序员尽量使用局部的对象（变量或常量），这不仅有助于提高可读性，还有助于减少差错和提高程序的可修改性。但是，在块结构高级语言中，如果内层模块说明的名字和外层模块中说明的名字相同，则在内层模块中这些外层模块的对象变为不可访问。当模块多层嵌套时，可能会由于疏忽，在内层模块中说明了和外层模块中相同的名字，从而引起差错。特别在维护阶段，维护人员往往不是原来写程序的人，更容易出现这种差错。

虽然用单层局部性语言写的程序可读性不如用多层局部性写的，但是容易实现程序单元的独立编译。

5. 程序模块

块结构高级语言提供了控制程序对象名字可见性的某些手段，主要使在较内层程序块中说明的名字不能被较外层的程序块访问。此外，由于动态存储分配的缘故，在两次调用一个程序块的间隔中不能保存局部对象的值。因此，即使是只有一两个子程序使用的对象，如果需要在两次调用这些子程序的过程中保存这个对象的值，也必须把这个对象说明成全程的，也就是程序中所有子程序都可以访问的，然而这将增加维护时发生差错的可能性。

从控制名字可见性的角度来说，块结构高级语言提供的机制是不完善的，需要某种附加的机制，以允许用户指定哪些局部名字可以从说明这些名字的程序块外面访问，还应该能够要求某个局部变量在两次调用包含它的程序块的过程中保存它的值。目前已经有一些语言可以提供上述这些功能，但是在不同语言中这种控制机制的名称也不同。

6. 循环控制结构

最常见的循环控制结构有 for 语句（循环给定次数）、while-do 语句（每次进入循环体之前测试循环结束条件）和 repeat-until 语句（每执行完一次循环体，测试循环结束条件）。但是，实际上有许多场合需要在循环体内任意一点测试循环结束条件，如果使用 if-then-else 语句和附加的布尔变量实现这个要求，则将增加程序长度并降低程序的可读性。某些程序设计语言考虑到了上述要求，并且适当地解决了这个问题，例如，ADA 语言提供了 exit 语句，它的形式是：

```
exit{<标识符>}{When<条件>}
```

这个语句把控制转移到循环语句后面的语句，或转移到由该语句中列出的标识符作为标号的语句。

7. 分支控制结构

一臂（没有 else 部分）和两臂（有 else 部分）的 if 型分支语句，通常并不存在什么实际问题，但是多分支的 case 语句却可能存在下述两个问题：第一，如果 case 表达式取的值不在预先指定的范围内，则不能决定应该做的动作；第二，在某些程序设计语言中，由 case 表达式选定执行的语句，取决于所有可能执行的语句的排列次序，如果语句次序排错了（当有虚语句时很容易发生这类错误），编译和运行时系统并不能发现这类错误。

Pascal 语言的 case 语句，用 case 表达式的值和 case 标号匹配的办法，选择应该执行的语句，从而解决了上述第二个问题。ADA 语言的 case 语句进一步增加了补缺标号（‘others’），从而解决了上述的第一个问题。

8. 异常处理

程序运行过程中发生的错误或意外事件称为异常。多数程序设计语言在检测和处理异常方面几乎没给程序员提供任何帮助，程序员只能使用语言提供的一般控制结构检测异常，并在发生异常时把控制转移到处理异常的程序段。但是，当程序中包含一系列子程序的嵌套调用时，并没有方便且可靠的方法把出现异常的信息从一个子程序传送到另外的子程序。使用一般控制结构加布尔变量的方法，会明显增加程序长度，并且使程序的逻辑变得烦琐难懂。

PL/1 语言，特别是 ADA 语言，考虑到了异常处理问题，提供了相应的机制，从而不必为异常处理过分增加程序长度，并且可以把出现异常的信息从一个程序单元方便地传送到另一个单元。

9. 独立编译

独立编译意味着能分别编译各个程序单元，然后再把它们集成为一个完整的程序。典型地，一个大程序由许多不同的程序单元（过程、函数、子程序或模块）组成。如果修改了其中任何一个程序单元都需要重新编译整个程序，将大大增加程序开发、调试和维护的成本；反之，如果可以独立编译，则只需要重新编译修改了的程序单元，然后重新连接整个程序。由此可见，一个程序设计语言如果没有独立编译的机制，就不是适合软件工程的好语言。

独立编译的机制对于开发大型系统是非常重要的，这可能是在软件工程项目中广泛使用 Fortran 语言的一个主要原因。Fortran 语言虽然有不少缺点，但是它的子程序很容易独立编译。块结构高级语言决定名字可见性的规则（多层局部性）使得这种语言不适于独立编译。虽然在块结构高级语言的某些实现过程中增加了独立编译的机制，但是往往同时对使用施加了许多限制。在 ADA 语言的设计中充分认识到了独立编译的必要性，因此该语言中包含了独立编译的机制，它的程序包（Package）适于独立编译。

（三）程序设计语言的选择

开发信息系统时必须做出的一个重要抉择是，使用什么样的程序设计语言实现这个系统。适宜的程序设计语言能使根据设计去完成编码时困难最少，可以减少需要的程序测试量，并且可以得出更容易阅读和更容易维护的程序。由于信息系统的绝大部分成本用在生命周期的测试和维护阶段，因此选择容易测试和容易维护的程序设计语言非常重要。

使用汇编语言编码需要把程序翻译成机器操作的序列，由于这两种表示方法不相同，因此使用汇编语言进行程序设计既困难又容易出差错。一般来说，高级语言的源程序语句和汇编代码指令之间有一句对多句的对应关系。统计资料表明，程序员在相同时间内可以写出的高级语言语句数和汇编语言指令数大体相同，因此用高级语言写程序比用汇编语言写程序可以提高好几倍生产率。高级语言一般都容许用户给程序变量和子程序赋予含义鲜明的名字，通过名字很容易把程序对象和它们所代表的实体联系起来。此外，高级语言使用的符号和概念更符合人的习惯。因此，用高级语言写的程序容易阅读、容易测试、容易调试、容易维护。

总的说来，高级语言明显优于汇编语言，因此，除在很特殊的应用领域（例如，对程序执行时间和使用的空间都有很严格限制的情况；需要产生任意的甚至非法的指令序列；体系结构特殊的微处理机，以致在这类机器上通常不能实现高级语言编译程序），或者大型系统中执行时间非常关键的（或直接依赖于硬件的）一小部分代码需要用汇编语言书写之外，其他程序应该一律用高级语言书写。

那么，在种类繁多的高级语言中选择哪一种呢？从程序设计语言的特点可以想到，为了使程序容易测试和维护以减少生命周期的总成本，选用的高级语言应该有理想的模块化机制，以及可读性好的控制结构和数据结构；为了便于调试和提高软件可靠性，选用的高级语言应该使编译程序能够尽可能多地发现程序中的错误；为了降低软件开发和维护的成本，选用的高级语言应该有良好的独立编译机制。上述这些要求是选用高级语言的理想标准，但是在实际选用高级语言时不能仅仅考虑理论上的标准，还必须考虑实用性方面的各种要求和限制。

（1）系统用户的要求。

如果所开发的系统由用户负责维护，用户通常要求用他们熟悉的语言书写程序。

（2）可以使用的编译程序。

运行目标系统的环境中可以提供的编译程序往往限制了可以选用的语言的范围。

（3）可以得到的软件工具。

如果某种语言有支持程序开发的软件工具可以利用，则目标系统的实现和验证都变得比较容易。

（4）系统规模。

如果系统规模很庞大，现有的语言又不完全适用，那么设计并实现一种供这个系统专用的程序设计语言，是一个正确的选择。

（5）程序员的知识。

虽然对于有经验的程序员来说，学习一种新语言并不困难，但是要完全掌握一种新语言却需要实践。如果和其他标准不矛盾，那么应该选择一种已经为程序员所熟悉的语言。

（6）软件可移植性要求。

如果目标系统将在几台不同的计算机上运行，或者预期的使用寿命很长，那么选择一种标准化程度高、程序可移植性好的语言就是很重要的。

（7）系统的应用范围。

通用程序设计语言实际上并不是对所有应用领域都同样适用，例如，Fortran 语言适合用于工程和科学计算，COBOL 语言适合用于商业领域，C 语言和 ADA 语言适合用于实时应用领域，LISP 语言适合用于组合问题领域，PROLOG 语言适合用于表达知识和推理。因此，选择语言时应该充分考虑目标系统的应用范围。

二、程序设计方法与工具

（一）程序设计方法

主要有两种程序设计方法，分别为自上向下的程序设计方法和自下向上的程序设计方法。

使用自上向下的方法开发程序，程序员首先实现软件结构的最高层次，用“存根”代表较低层次的模块，存根是简化模拟较低层次模块功能的虚拟子程序。实现了软件结构的一个层次之后，再用类似方法实现下一个层次，如此继续下去直到最终用程序设计语言实现了最低层次为止。

自下向上的方法和上述开发过程相反，从最底层开始构造系统，直至最终实现了最高层次的设计。

一般来说，用自上向下的方法得到的程序可读性较好，可靠性也较高；用自下向上的开发方法得到的程序往往局部是优化的，系统的整体结构却较差。但是，采用自下向上的方法能够及早发现关键算法是否可行，发生较大返工的可能性较小。

按照软件工程的方法论，编码之前应该经过总体设计和详细设计两个阶段的充分设计，编码是把设计结果翻译成程序代码。因此，不论采用上述哪种方法，对程序的结构和可读性都不会有多大影响，在这种情况下，两种方法的差别主要表现为测试策略的不同。

（二）程序设计工具

使用适用的程序设计工具辅助程序设计，可以减少程序员的工作量，提高生产率和程序的可靠性。

1. 编译程序

编译程序是最基本的程序设计工具。如果编译程序能帮助程序员很快地诊断出程序中的差错，显然可以减少程序开发的成本。此外，编译程序还应该能够生成高效率的机器代码。后一项工作称为优化，它需要对源程序进行大量的分析，也就是需要耗费许多机器时间。因此，在程序的开发过程中，每次编译都进行优化是很不经济的，程序设计环境应该为每种语言都提供两个兼容的编译程序——开发编译程序和优化编译程序。

开发编译程序应该能很快地编译源程序，并且给程序员提供详尽的诊断信息；优化编译程序应该能够生成高效的机器代码，但是对它的编译速度和诊断功能并没有很高要求。在程序设计时，应该使用开发编译程序来开发程序，以降低开发成本，然后使用优化编译程序对最终的程序进行编译，以得到用于生产现场的高效代码。

可以和编译程序结合在一起的一个重要工具是交叉参照程序，它能给出程序对象的名字和类型，说明每个名字的位置（行号），以及访问每个对象的语句的行号。更复杂的交叉参照程序还能提供每个模块的参数表和参数类型、模块的局部变量表和模块引用的全程变量表。当需要修改某个全程变量时，交叉参照程序提供的信息很有用处。

2. 代码管理系统

一个大型信息系统开发项目通常有许多程序员参加编码，程序代码往往分散在许多不同的文件或库中，而且可能既有源程序代码又有目标代码。可能在不同时期会生产出同一个系统的许多不同版本，这些不同的版本分别适合于不同环境的需要。与大型信息系统相联系的主要问题是，记录程序模块开发和维护的历程，确定模块间的相互依赖关系，保证在同一个系统的不同版本中公共代码是一致的。

6.2 系统调试与转换

一、系统调试

（一）程序调试

程序的正确性验证一般有理论法和试验法两种。理论法适用于程序正确性证明问题，它利用数学方法证明程序的正确性。程序证明尚处于研究之中，短期内还不能达到实用阶段。目前，程序正确性验证中普遍采用的是试验法。程序只有经过试验法调试，才能认为程序基本正确，而要证明程序完全正确，则要经过一段时间试用才能确定。

1. 代码测试

调试过程中通常要编写测试数据。测试数据除采用正常数据外，还应包括一些异常数据和错误数据，用来测试程序逻辑上的正确性。测试数据是经过精心挑选的，使程序和模块中的每一条语句都能得到执行，即能够测试程序中的任一逻辑路径。常用的测试数据有以下几种：

（1）正常数据。

（2）异常数据。例如用空数据文件参加测试，检查程序能否正常运行。

（3）错误数据。试验程序对错误的处理能力，包括显示出错信息以及容许修改错误的可能性。具体检查内容有：

1）输入键号错误（包括错的键号和不应有的键号）时，能否及时检出和发出出错信息，并允许修改。

2）输入数据错误（包括错误数据、不合理数据）时，能否及时查出或发出出错信息，并容许修改。

3）操作错误（包括磁盘错误，操作步骤或方法错误）时，能否及时检出并发出警告信息，并允许改正。

2. 程序功能测试

经代码测试正确的程序只是基本上验证了程序逻辑上的正确性，但并不能验证程序是否满足程序说明中定义的功能，也不能验证测试数据本身是否完备。程序功能测试则面向程序应用环境，把程序看作一个“黑盒子”，认为程序只要满足应用功能上的需求，就是可行的。

（二）分调

系统的应用软件通常由多个功能模块组成，每个模块由一个或几个程序构成。在单个程序调试完成以后，尚需进行分调，即将一个功能内所有程序按次序串联起来进行调试。这种调试的目的是保证模块内各程序间具有正确的控制关系，同时可以测试模块的运行效率。

（三）总调

总调的内容包括两部分。

1. 控制程序和功能模块调试

这部分程序的语句不多，但逻辑控制复杂。调试时，将所有控制程序与各功能模块的接口“短路”，即用直接送出预先安排计算结果的联系程序替代原功能模块。调试的目的不是验证处理结果的正确性，而是验证控制接口和参数传递的正确性，以及发现并解决资源调度中的问题。

2. 程序的总调

控制程序和功能模块调试完成后，即可进行整个系统程序的总调，也就是将主控程序和调度程序与各功能模块连接起来进行总体调试，并对系统各种可能的使用形态及组合在软件中的流通情况进行测试。

这一阶段查出的往往是模块间相互关系方面的错误和缺陷。

（四）性能测试

除了上述常规测试，还有一些必要的性能测试。这些测试往往不是针对程序在正常情况下运行的正确与否，而是根据系统需求选择进行的，主要有峰值负载测试、容量测试、响应时间测试和恢复能力测试等。

进行系统程序调试时，没有必要按完全真实情况下的数据量进行。通常采用“系统模型”法以最少的输入数据量完成较全面的软件测试。通过对数据的精心选择，大大减少输入数据量，不仅可以使处理工作量大为减少，还更容易发现错误和确定错误的范围。调试中要严格核对计算机处理和人工处理的两种结果。通常是先校对最终结果，发现错误再回到相应中间结果部分校对，直至基本确定错误范围。

系统测试完成后，在交付用户使用之前，还需要进行实况测试。实况测试以过去手工处理方式下得出正确结果的数据作为输入，将系统处理结果与手工处理结果进行比较。这一阶段，除严格校对结果外，主要考察系统运转的合理性、效率性、可靠性。

系统调试完成后，应编写操作说明书，完成程序框图和打印源程序清单。

二、系统转换

在系统调试完毕的基础上，进行系统转换工作。此处的系统转换既包括从原来全部用人工处理的系统转换到新的以计算机为基础的信息系统，也包括从旧的信息系统转换到新的信息系统。转换工作包括旧系统的数据文件向新系统数据文件的转换，人员、设备、组织机构的改造和调整，有关资料的建档和移交等。系统转换的终结形式是将全部控制权移交用户单位。

系统转换一般有以下几种方式。

（一）直接转换

这种方式是用新系统直接替换旧系统，中间没有过渡阶段。直接转换的优点是转换最简单，费用最省；缺点是风险性大。由于新系统尚未承担过正常的工作，可能会出现很多意想不到的问题，因此这种方式对重要系统不太适用。在实际应用时，应有一定措施，以便新系统一旦失灵，旧系统尚能顶替工作。

（二）平行运行

这种方式安排了新、旧系统有一段时间平行运行，在此阶段，旧系统和新系统并行处理。这种方式不仅保持转换期间工作不致间断，而且新旧系统可以进行对比。但这种方式的费用太高。

（三）试运行

这种方式类似平行运行方式，它在一些关键处理上进行试运行，对试运行结果满意后，再转入新系统全面运行。

（四）逐步转换

这种方式是分期分批进行转换。此方式能防止直接转换产生的风险性，也能减少平行运行方式的费用。但在混合运行过程中，必须事先考虑好它们之间的接口。当新旧系统差别太大时，不宜采用此种方式。

以上各种方式也可混合使用。如对于不重要部分，采用直接转换；对于重要部分，采用平行运行方式等。

6.3 系统维护

社会经济的发展和企业管理水平的不断提高，反映到管理信息系统中，就要求对系统的不断完善和优化。软件运行过程中出现的各种问题，也要求对系统进行维护，以使系统处于最新的正确状态。系统维护将成为一项经常性的活动，现有经验表明，在整个系统生命周期中，维护是最重要、最费时的工作，维护工作要贯穿系统的整个生命周期，不断重复出现，直到系统过时和报废为止。应当指出，随着软件规模扩大和复杂性增加，加之硬件价格的下降，维护费用在系统开发总投资中的比例越来越高。所以易维护性已成为衡量软件质量的重要标准。

易维护性通常包括易理解、易修改和扩充。为了达到这个目标，就要在系统开发的各阶段，认真编写各种技术文档。在系统设计时还要考虑到使系统易于修改和扩充，并使修改、扩充对全局带来的影响减至最小。在编写逻辑性复杂的程序段时，应采用规范的符号画出流程图。例如，在会计信息系统中，鉴于会计报表可能经常发生变动，那么报表处理部分就要灵活一些；如果报表格式或其内容发生变动，系统只做略微的修改即可满足用户要求。这样，系统的维护工作就会容易得多。

管理信息系统维护一般包括四个方面的内容：

（1）软件维护。软件维护是指根据实际需要，修改部分程序和有关的文档资料。软件维护一般要用到原来的旧程序，在原有基础上进行必要的修改、更正。

（2）数据文件维护。数据文件维护是指由于经济业务发生变化，需对数据文件的结构和内容进行增加、合并、修改和删除等各项操作。比如，由于管理的要求，我们将以前的三栏式账目文件改为数量金额式，增加了数量这个数据项，并将原文件中的数据拷贝到新的文件中。

（3）编码维护。编码维护是指当业务数据编码满足不了需要或不完善时，要修改或建立新的编码系统并加以执行。例如，在会计信息系统中，采用分段数字编码时，二级科目只留了一位，随着核算工作的增多，有些一级科目的下属二级科目超过了十个，这时，就要对编码的位数进行扩充。

（4）硬件维护。硬件维护是指对计算机及其他设备进行的检修、保养和修复工作，以保证设备处于良好的运行状态。

软件维护是系统维护工作中最重要也是最困难的一个环节，和数据文件与编码的维护密切相关。下面就软件维护作较详细的介绍，其中很多方面也适用于系统的其他维护工作。软件维护可以分为三种类型：

（1）正确性维护。当软件出现故障时，就要对软件进行正确性维护。正确性维护的目的是改正在软件开发阶段产生、在测试阶段又没有发现的错误。由于测试作为一种抽样检查，而有的错误只能在特殊条件下才会暴露出来，因此在运行过程中（有的要过许多年）才会发现。有些错误不太严重，或者可避开；有些错误可能十分严重，甚至使整个管理信息系统处于瘫痪，对这种情况就需要及时修复。例如，有的文件系统，平均每隔一千多条记录，就有一条被冲掉。

（2）适应性维护。当软件的外界环境发生变化时，需要对软件进行适应性维护。外界环境的变化主要是指计算机硬件或软件的替换、更新。例如，采用新的输入、输出设备，用新的语言版本代替旧版本等。

（3）完善性维护。完善性维护是指对现有软件系统增加在系统说明书中没有规定的功能和性能特性，如打印新的报表和提供更多的信息等。另外，完善性维护还包括对现有软件的优化，以提高运行的效率。

由于软件产品的特殊性，软件维护工作十分困难。再者，维护人员不一定是原系统开发人员，对软件不熟悉，就更增加了维护的难度。维护工作将伴随着整个系统的生命周期，持续时间比开发阶段的时间长很多，工作量也相当大。因此，系统维护不是一项应急措施而是一项不可避免的工作，必须有计划、有组织地进行维护。另外，修改程序是十分危险的，稍有不慎，就会导致严重的后果。为使系统维护工作顺利进行，就要设立一套严密的工作程序，建立必要的审批制度，防止维护产生的副作用。

首先，所有关于系统维护的申请必须按标准的形式提出来，送有关部门处理。维护申请包括维护的内容、目的和要求等。以正确性维护为例，发现软件错误的人应填写错误报告，对出现的错误和出错的环境进行完整的描述，包括运行的程序名、版本、错误信息、使用的输入数据、出错时系统的状态等。在接到维护申请时，维护部门应对维护的类型进行分类。按维护的迫切性制订相应计划，确定所需资源、成本和维护所需时间，然后开始维护。维护的对象应着眼于整个软件配置，即不仅是源代码，还应包括有关的文档资料。维护工作可能要追溯到软件生命周期的前几个阶段。在完成必要的代码修改后，要对软件进行测试，其中最重要的是利用以前的测试数据进行回归测试。回归测试是指利用原来的测试数据对修改后的程序进行测试，并比较运行新、旧程序所得结果是否一致。在维护工作完成后，由维护人员填制维护记录表，记录对程序和文档的改动情况。最后，由有关部门对维护进行复审，确定代码和文档的修改是否一致，测试结果是否正确。通过复审验收的软件和文档即可交给用户代替旧的软件和文档。

系统投入使用并不意味着工作的结束，系统维护将是一项长期而艰苦的任务。目前，许多单位对于这项工作还没引起足够的重视，等意识到这个问题时将会付出很高的代价。系统不会用“旧”，但必须进行维护，没有一成不变的系统，与系统维护有关的大多数问题都起因于以前各阶段的缺陷。因此，在管理信息系统开始设计阶段就应该考虑到今后的维护工作，采用软件工程方法，严格区分工作阶段，不要过早进行编码。另外，还要充分认识到软件维护的困难性，理解别人的“程序”是十分困难的，即使程序员自己过一段时间后也难读懂自己的程序。缺乏合适的文档资料，设计的软件不易改变就更增加了维护的难度。最后，修改程序是十分危险的，一个简单的修改可能导致严重的后果。总而言之，可以这样说，管理信息系统的维护十分重要。

6.4 系统管理

MIS 的开发与实施周期长、耗资大、过程复杂、涉及面广，它的开发不仅要求有正确的指导思想和开发方法，而且涉及各方面人员的密切配合，需要做好科学的管理。管理工作的好坏将直接影响 MIS 的成败。

一、项目管理

将技术系统中的项目管理运用到 MIS 的开发中，有助于 MIS 开发工作的按时、保质、在一定资源条件下的顺利完成。对 MIS 的开发实行项目管理，需要有一个强有力的项目管理组，它负责协调各方面人员之间的关系，计划和控制系统开发进度，负责项目的经费预算和经费开支的监督控制，控制系统开发的风险，做好文档的管理工作。下面介绍项目管理的主要工作内容。

（一）建立项目管理组

项目管理组是负责 MIS 开发的一个组织机构，项目管理组可由负责项目管理不同方面的小组组成，主要包括过程管理小组、项目支持小组、质量保证小组、系统工程小组、系统开发与测试小组、系统集成与测试小组等。项目管理组的负责人被称为项目经理。项目经理是整个项目的领导者，其主要职责是项目管理和控制，并要承担在规定时间和预算约束之内完成 MIS 开发的责任。项目经理必须负责协调各方面人员的关系，安排工作日程，规定完工日期，管理项目人员，监督项目进程质量和资金使用情况。当项目发生问题时，项目经理必须重新分配资源和安排人员。项目管理的实施与 MIS 的规模有关。对于小型项目，项目经理可以亲自工作；对于中、大型项目，项目经理可以通过项目小组负责人来实施各项管理工作。

（二）任务划分

任务划分是将整个 MIS 开发工作定义为一组任务的集合，这组任务可以进一步划分为若干子任务，形成具有层次结构的任务群。进行任务划分是实施项目管理的第一步，它的作用体现在：（1）通过任务划分把复杂的 MIS 开发工作分解为一个个任务，并将这些任务具体落实到相关责任人上，避免整个开发过程的无序状态，进行有效的项目管理和监督；（2）按任务进行资金的分配和控制资金使用，这是项目资金有效使用和科学管理的保障；（3）通过任务划分，将整个开发项目的进度落实到每个责任人，分清每个人的职责，有助于保证系统开发工作的按时完成。

任务划分方法主要有以下几种：

（1）按系统开发项目的结构和功能划分。即可以将整个系统分为硬件系统、软件系统和应用软件系统。硬件系统包括服务器、工作站、计算机网络环境等，要考虑这些硬件的选型方案、购置计划、检验标准、安装调试计划等内容，制定相应的任务。同样，将软件系统和应用软件系统进行划分并考虑相关工作内容，制定相应的任务。

（2）按系统开发阶段划分。即将系统开发过程划分为系统规划、系统分析、系统设计、系统实施等阶段，根据每个阶段应完成的任务、技术要求、软硬件系统的支持、完成的标准、人员的组织与责任、质量保证、检验及审查内容等，进行任务的划分。

（3）综合上述两种方法进行任务的划分。

总之，任务划分是实现项目管理科学化的基础和关键。

（三）项目进度计划

项目进度计划的实质是建立各项任务完成的时间表，如果没有按计划完成进度，则项目经理要采取必要的措施来完成必要的活动任务。编制项目进度计划的常用方法有甘特图与网络计划法。

甘特图的最大优点是系统外人员和系统开发人员都能轻易理解。甘特图可以表明同时进行的系统开发任务，对每个开发人员也可以制定个人甘特图，但甘特图的局限性在于它不能说明系统任务活动间的相互依赖关系。

网络计划法不仅可以提供项目任务的起始和完成时间，还能描述各任务之间的内在联系。另外，在不影响整个项目按时完成的情况下，利用网络计划法还可以确定可延迟时间。网络计划法通常用网状图表来表示，如图 6.1 所示。

从图中可以看出整个项目开发的起点以及对系统中每个事件的描述，如事件的最早结束时间、最迟结束时间等，还可以看到对每个任务的描述，包括任务的名称、完成的时间、先后顺序等。某些任务可以在其后继任务开始前完成，另一些任务则可以同时进行。为了利用网络计划法对项目进度进行控制，通过计算每个事件的最早结束时间与最

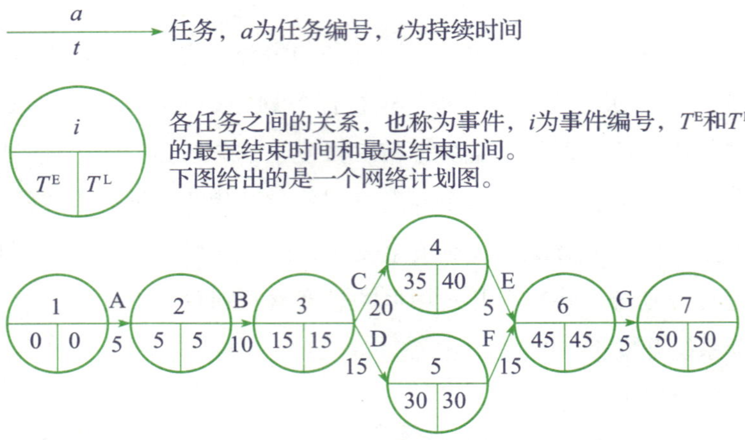

图 6.1　网络计划法图例

迟结束时间，可计算每个事件的延迟时间和确定关键路线。如事件 4 最早结束时间、最迟结束时间和延迟时间分别为：

$$T_4^E = T_3^E + t_{3,4} = 15 + 20 = 35$$

$$T_4^L = T_6^L + t_{4,6} = 45 - 5 = 40$$

事件 4 的延迟时间 = 最迟结束时间 − 最早结束时间 = $T_4^L - T_4^E = 40 - 35 = 5$

如果两个事件的最早结束时间与最迟结束时间相等，则可称其为关键事件，由关键事件联结的每个任务所组成的路线，称为关键路线，如图 6.1 的关键路线为“1-2-3-5-6-7”。

MIS 项目开发中，存在许多不确定性和不稳定性因素，因此项目进度计划的安排不宜也不可能制订得太具体。

（四）项目资金使用管理

项目资金使用管理是 MIS 开发项目管理的一个关键因素。项目经费的有效运用可以节省开支，反之，会造成资金的浪费，甚至影响开发项目的完成。在项目管理中，应按任务的责任人赋予其一定的经费支配权，同时对其进行适当的控制。

在项目资金使用管理中要制订经费开支计划和经费开支预测计划。

经费开支计划主要包括：（1）按任务所需的资金分配；（2）确定任务的责权和考虑可能的超支情况；（3）按项目进度进行的经费开支情况；（4）开支计划需要变动情况。

经费开支预测计划主要包括：（1）估算在不同的时间所需的经费情况；（2）了解项目完成的百分比；（3）与经费开支计划相比较；（4）允许项目经理做的有计划的经费调整情况。

（五）项目进度控制

项目进度控制是项目管理的重要部分，它关系到 MIS 开发项目能否在预算范围内按计划进度完成，因此 MIS 开发项目进度控制尤其重要。进度控制要根据项目进度计划，检查项目进度计划的执行情况并进行监督，对计划延误的情况进行分析，对出现的偏差提出解决问题的办法，随时进行纠正和调整。

当不能按计划进度完成时，要进行具体的原因分析。一般来说，发生计划延迟的原因是多方面的，除外界环境变化、资金不按时到位、人员变动调整等影响因素外，还存在一些特殊的原因。首先，MIS 开发项目各任务的工作量通常是凭经验估计的，不可能做到绝对准确，使任务的实际工作量与计划工作量存在一定的差别；其次，MIS 开发是一个复杂的过程，在开发过程中会出现许多原先未估计到的情况，使实际工作量增加；最后，MIS 的开发周期较长，在此期间会出现用户对系统的需求改变或某些情况发生变化，造成对已完成工作的局部修改和返工；等等。

综上所述，影响 MIS 开发进度脱期的原因是多方面的，我们必须分析清楚哪些任务活动发生了延误，以及什么原因造成了延误。只有这样，才能对症下药，采取相应的对策，或解决问题，或调整计划，从总体上把握开发的进度，并将损失降至最低。

MIS 开发项目的进度控制是一项复杂且有难度的工作，从根本上说，它有赖于管理模式的规范化和系统开发的标准化等。

（六）项目风险管理

MIS 开发项目存在风险，为了使项目成功，必须确定并管理风险。风险管理也是项目管理的重要内容。

项目规模、使用技术的经验、项目结构是三个主要的风险因素。项目的投入越大，开发周期越长，结构化程度越低，项目风险越大。如果项目管理组不熟悉硬件、操作系统、数据库管理系统、网络，或者缺乏开发经验，则风险会增大。如果项目管理组的指导思想有问题或经常改变项目计划，那将会导致高风险。降低风险的管理措施主要有：

（1）项目管理组成员必须具有一定的技术和管理水平，有处理技术问题的能力；

（2）加强开发人员之间、开发人员与用户之间的沟通和交流联系；

（3）制订正式的项目进度计划、资金预算、人员和设备使用计划；

（4）经常进行项目状态与计划的比较，制定变动控制策略；

（5）及时采纳减少风险的建议。

二、运行管理

MIS 的运行管理是指 MIS 研制工作基本完成并投入运行状态后的管理。为了使 MIS 在一段时间内正常运行和高效地工作，必须加强 MIS 的运行管理。

（一）信息管理机构

MIS 的运行管理工作必须由一个专门的信息管理机构负责。信息管理机构的主要职责是信息的管理和信息系统的管理，其可命名为信息管理部、信息管理中心等。该机构应由技术人员、管理人员和既懂技术又懂管理的复合性人员组成。我国目前信息管理人员缺乏，培养这方面人才乃当务之急。

（二）数据管理

数据管理包括输入数据、输出数据和存储数据的管理。对于输入数据，要制定统一的标准和要求，确保数据的完整性、准确性和安全性，并根据这些要求设计控制方法。对于输出数据，要建立输出结果的检查制度和高效的传递机制，保质按时地提供给用户。对于存储数据，为了防止数据和文件的丢失与破坏，应有加密和保护措施。另外，还应做好数据和文件的备份与归档保存等管理工作。

（三）日常运行管理

日常运行管理主要包括机房的管理、设备和耗材的管理、人员的管理、操作管理、安全管理、维护管理以及系统运行情况的记录和日志归档等。

（1）机房的管理。保障机房的良好环境，注意防火、防尘、防潮、防磁，控制机房的温度等。

（2）设备和耗材的管理。做好设备的日常保养、故障的诊断和排除以及易耗品的使用、更换与安装等。

（3）人员的管理。落实各级人员的岗位责任和使用权限。

（4）操作管理。制定系统的操作规程。

（5）安全管理。主要包括软件安全、数据安全、系统运行安全的管理等。主要措施有加密技术、备份、病毒的防范、防盗和防窃等。

（6）维护管理。系统的修改往往会“牵一发而动全身”。程序、文件、代码的局部修改，都可能影响系统的其他部分。因此，系统的修改必须通过一定的批准手续。

（7）系统运行情况的记录和日志归档。对系统的任何操作都要详细记录时间、内容、用途、用户姓名等。若系统运行发生不正常情况，应将所见的现象、发生的时间及可能原因做尽量详尽的记录。系统运行情况无论是自动记录还是手工记录，都应作为文档长期保存。

为了保证运行管理工作的顺利进行，应制定相应的系统运行管理制度。

三、文档管理

在整个 MIS 生命周期的各阶段都会产生各种各样的文档资料。文档是 MIS 建设中记录人们思维活动及结果的书面形式的文字资料。它可以用在各个方面，如表达用户需求、制定系统规划、进行系统分析与设计、系统实施以及支持系统运行与维护等。

MIS 中的文档主要包括三类：用户文档，如用户手册、操作手册等；技术和开发文档，如可行性研究报告、系统分析说明书、系统设计说明书等；管理文档，如测试报告、开发进度报告等。

文档是 MIS 的生命线，没有文档就没有 MIS，其重要作用表现在：

（1）用作开发人员、维护人员、用户与计算机间的接口。

（2）系统开发过程各阶段的联系桥梁，也是阶段性工作的评审依据。

（3）便于系统的运行与维护。

（4）评价 MIS 质量的依据。

文档的地位和作用决定了文档管理的重要性。如果没有系统文档或没有规范的系统文档，MIS 的建设就会处于一种混乱的状态，这将会影响 MIS 的质量，甚至会导致 MIS 的失败。为了建立一个良好的 MIS，必须重视文档的建立工作，同时对这些文档资料进行有效的管理。

文档管理主要应从以下几个方面进行：

（1）文档的标准化和规范化。在系统开发前必须首先选择和制定文档标准。

（2）维护文档的一致性。一旦某一时期的文档进行了修改，应及时地对其后期的相关文档做相应的修改，以保证文档资料的一致性。

（3）做好文档的收存、保管与借用手续的办理等。这样可以防止文档资料的丢失和泄密，保证其安全完整性。

（4）文档管理的制度化。形成一整套文档管理制度，其内容包括文档标准、修改文档的条件、各阶段文档建立人员的责任和任务等。

文档的标准与规范应按国家规定并结合具体系统的特点在系统开发前或至少在所产生的阶段前制定。由于文档管理的重要性，文档应由专人负责管理。

6.5 系统评价

管理信息系统使用一段时间后，必须由系统分析人员、设计人员和各级管理人员对系统进行评价，以积累经验，总结教训，为今后进一步的开发做好准备。

系统的评价包括两个方面的内容：其一是对系统性能进行评价，包括系统是否达到了预期目标，系统提供的信息服务质量如何，对企业的经营管理有哪些好处，哪些方面还须进一步改进，今后的努力方向如何等；其二是对系统开发过程的评价，包括开发进度和费用是否按计划进行，各阶段分工是否明确，开发的组织管理工作是否科学有效等。

对系统性能评价的最重要内容是电算化的经济效果。我们可以把信息处理电算化看成企业的一项长期投资，分析它的投入产出。评价的方法很多，原则也很简单，即看电算化的效益是否大于成本。但是，涉及具体问题，考虑的因素就很多，这项工作将变得十分复杂。其中最困难的是难以准确计量管理信息所能产生的效益。所以，目前还缺少一套完整的分析方法，大部分评价工作还只是定性的、靠经验进行的。

一、管理信息系统的成本构成

管理信息系统的成本包括：

（1）初始成本。初始成本包括有形成本和无形成本两部分。有形成本包括硬件购置、软件开发、人员培训等的费用；无形成本包括由于系统故障造成的损失、由于系统设计错误造成的信息失真损失等。

（2）追加成本。追加成本包括系统硬件维护费用、系统所消耗的材料等。

总的来说，收集管理信息系统的成本资料并不十分困难，主要是对软件开发的成本和无形成本给予足够的重视，消除一些旧观念的影响。

二、管理信息系统的经济效益

计算机的引入，可以促进管理水平的提高，为企业经营决策提供更高质量的信息。管理信息系统的经济效益可以分为微观和宏观两种，对于微观效益，我们又可以把它分为：

（1）直接的经济效益。这是指可以直接用货币计量的经济效益。例如，由于采用计算机，加速了流动资金周转，节约了库存资金，降低了企业管理费用等。

（2）间接的经济效益。这是指由于向管理人员提供高质量的信息，促进管理水平的提高，产生的综合经济效益，这部分效益一般无法直接计量。例如，由于建立管理信息系统，促进了企业各部门的信息流通和相互协调，由此产生的整体经济效益等。

尽管管理信息系统是企业发展的必由之路，但是，计算机只是为管理现代化提供了必要的技术保障，要实现这种可能性，还需经过许多人的艰苦努力。至于各个企业，应根据自身的具体情况，在开发前进行具体的经济可行性分析，在系统完成后应进行必要的评价和总结，扎扎实实地做好这项工作。

课后练习

一、选择题

1. 程序设计方法包括（　　）。

A. 自上向下　　B. 自下向上

C. 指令　　D. 编译

2. 程序设计工具包括（　　）。

A. 编译程序　　B. 识别和制定

C. 指令　　D. 程序调试

3. 程序调试包括（　　）。

A. 代码测试　　B. 程序功能测试

C. 分调　　D. 总调

4. 系统转换方式包括（　　）。

A. 直接转换　　B. 平行运行

C. 试运行方式　　D. 逐步转换

5. 管理信息系统维护一般包括（　　）等几个方面的内容。

A. 软件维护　　B. 数据文件维护

C. 编码的维护　　D. 硬件维护

二、简答题

1. 系统维护主要包括哪些内容？

2. 试说明系统维护与系统评价在系统开发过程中的作用。

3. 系统的转换方式有几种？各有何优缺点？

4. 航空公司 A 向软件公司 B 订购了一个规划飞行路线的程序。假设你是软件公司 C 的软件工程师，A 公司已雇用你所在的公司对上述程序进行验收测试。你的任务是，根据下述事实设计验收测试的输入数据，解释你选取这些数据的理由。数据包括：领航员向程序输入出发点和目的地，根据天气和飞机型号而初步确定的飞行高度，程序读入途中的风向风力等数据。并且制订出三套飞行计划（高度、速度、方向及途中的五个位置校核点），所制订的飞行计划应做到燃料消耗和飞行时间都最少。

项目

7

决策支持系统与专家系统

学习目标

1. 理解决策支持系统、群体决策支持系统和专家系统。

2. 能够掌握决策支持系统、群体决策支持系统和专家系统的结构及应用。

3. 学会使用专家系统。

导入案例

随着MIS的发展，人们发现MIS的作用并没有达到所期望的社会经济效果，主要原因在于MIS主要解决的是管理中的结构化问题，而对管理中的半结构化和非结构化问题难以提供信息支持。自20世纪70年代以来，由于管理人员越来越需要决策的信息，以便有效地管理和控制资源，如何运用计算机解决管理中的决策问题，就成了亟待解决的问题。在此背景下，决策支持系统与专家系统应运而生。另外，运筹学模型、数理统计方法、多目标决策分析和知识表达技术、数据库管理系统、图形软件、各种软件开发工具、高性能计算机等的发展，也为广泛研制和应用决策支持系统与专家系统提供了良好的技术准备和物质准备。

问题：

1. 什么是决策支持系统？

2. 决策支持系统有哪些特征？

知识探究

7.1 决策支持系统

决策支持系统（Decision Support Systems，DSS）是在管理信息基础上发展起来的。从广义角度来看，可以认为 DSS 是 MIS 的一部分，是 MIS 概念的深化。

从 20 世纪 70 年代初提出 DSS 的概念至今，人们对 DSS 进行了不断地探索和研究，DSS 在理论和技术上都得到了迅速发展，取得了不少应用成果。但目前 DSS 这一门学科仍处于成长发展时期，尚未形成一个完整的理论体系，有待进一步完善。

一、决策支持系统的定义和特征

DSS 是一个不断发展的新领域，我们很难给出 DSS 的一个完整和统一的定义，不同的学者从不同的角度给予 DSS 不同的解释。最早提出 DSS 概念的高瑞（Gorry）和莫顿（Morton）认为，DSS 是支持决策者对半结构化、非结构化问题进行决策的系统。瑞蒙（Reimen）强调人机之间的相互作用，他认为 DSS 最重要的特征是它有一种交互的特别分析能力，使管理人员尽量完整地模拟问题并使之模型化。博诺泽克（Bonozek）和惠斯顿（Whiston）认为 DSS 是由三个部分组成的计算机系统：语言系统（LS）——提供用户与 DSS 通信；知识系统（KS）——存储系统中的知识；问题处理系统（PPS）——对问题进行描述，提出解决问题的方法，得出问题的解答。也有人从“决策”“支持”“系统”三个方面来说明 DSS，“决策”意味着解决问题，在制定决策中解决问题，在解决问题的每一步作出决策；“支持”主要指在决策过程中的每一阶段使用计算机及软件技术支持决策者；“系统”是指一个人机交互的系统以及设计和实践中的系统性等。

由上可见，定义 DSS 是一件相当困难的事。DSS 的实用性是它的生命线，从应用角度我们将 DSS 定义为：以计算机为工具，能够综合利用各种数据、信息、知识、模型和人工智能技术，以人机交互方式辅助决策者解决半结构化和非结构化问题的信息系统。DSS 应用了决策科学、运筹学、管理学、人工智能、计算机科学、行为科学等学科的理论和方法，是 MIS 的发展。

如何定义 DSS 并不是主要的问题，关键在于设计 DSS 需要考虑决策者和决策过程的特点，把握 DSS 的基本特征。一个 DSS 应该具有下述基本特征：

（1）对管理人员面临的半结构化、非结构化问题提供支持；

（2）支持而不是代替决策者的决策；

（3）把模型的或分析技巧的应用与传统的数据存取功能结合起来；

（4）支持决策过程的所有阶段；

（5）强调改进决策的效能（Effectiveness）而不是提高决策的效率（Efficiency）；

（6）具有方便的人机交互接口，易于非计算机专业人员掌握和使用 DSS；

（7）具有通用性和快捷响应的特性，能够快速支持决策者解决某一领域中处于不同状态的决策问题；

（8）强调对环境及用户决策方法改变的灵活性和适应性。

用构成 DSS 的部件来表述 DSS 的结构特征是理解什么是 DSS 的又一重要方法。一般地说，DSS 的结构特征应包括以下几个方面：

（1）模型库及其管理系统；

（2）方法库及其管理系统；

（3）知识库及其管理系统；

（4）数据库及其管理系统；

（5）交互式计算机硬件及软件；

（6）对用户友好的建模语言。

虽然目前 DSS 并没有标准模式和规范，但 DSS 一定要能起决策支持的作用，能够帮助各级管理人员特别是高层领导进行各方面决策。

二、决策支持系统对过程的支持

西蒙（Simon）将决策过程划分为三个阶段，DSS 作为有效的决策支持工具应该对这个动态的决策过程提供支持。

（一）对情报阶段的支持

情报阶段是问题或机会的识别过程，一个 DSS 应具有如下功能：

（1）采集和存储不同来源的数据。对于一个企业来说，应建立一个数据仓库，库中应存有关于社会的、经济的和法律的环境数据，有关市场、地区的特征与行为的竞争数据，企业内部的能力、资源、弱点及限制条件等的数据。

（2）计算处理并检索有关可能出现的问题和机会的数据。能够进行数据的加工处理，允许决策者使用 DSS 搜寻数据库寻找信息。

（3）向决策者提供关于问题和机会的报告。DSS 能够提供多样化的报告格式。决策者能够得到他们所需要的信息，并以一种适合他们要求的格式展示出来，包括文本和图表格式等。

（二）对设计阶段的支持

DSS 对这个过程阶段提供的支持主要表现在：

（1）辅助理解问题。即能存储和提供与决策问题有关的各种模型。

（2）辅助求解。对模型求解，形成候选的决策方案。

（3）测试解的可能性。即执行“What–if”分析、模拟和目标求解分析。“What–if”分析是对决策变量作假设性的改变以观察对目标变量（结果）的影响的过程。

（三）对选择阶段的支持

选择阶段是选定决策方案的阶段，DSS 对这个过程的支持表现在：

（1）对备选方案进行排列。进行多方案、多目标、多准则下的方案比较和优化。

（2）根据一定的准则来辅助决策。这些准则可以是经济法则，如回收率、回收期、最小成本、最小风险等。通常要进行灵敏度分析。

三、DSS 与 MIS 的比较

DSS 是在 MIS 的基础上发展起来的，是 MIS 的高级形式，两者有很大差别。

从 DSS 和 MIS 的名称来看，MIS 的含义比 DSS 更广泛，因为管理的职能包括计划、组织、决策和控制，决策只是管理的职能之一。

从 MIS 和 DSS 解决决策问题的类型来看，MIS 主要解决的是管理中的结构化问题，DSS 面向的是半结构化和非结构化问题。

从 MIS 和 DSS 的技术特点来看，MIS 以分析和管理已有的信息为出发点，运用常规定量数学方法和一些确定的决策模型对问题进行描述、处理和求解，如财务决策、生产计划的编制和控制。DSS 通过数据和模型的存取，为决策者提供一个分析特定问题，模拟决策过程，提出并选择决策方案，预测决策效果的决策支持环境。例如，为企业制定投资方案、制定经营方针等具有战略性的决策问题提供帮助。

从 MIS 和 DSS 面向的服务对象来看，MIS 主要完成例行的业务活动中的信息处理，为中低层的决策服务；DSS 主要用于辅助决策活动，为中高层服务。

另外，MIS 以高效率为其追求的主要目标，要求信息的准确和及时；DSS 则强调系统的有效性，即可实现某一决策目标。

关于 MIS 与 DSS 的关系，目前主要有两种观点：一种是发展阶段论，其思想可用一个金字塔来形象地描述，如图 7.1（a）所示；另一种是大 MIS 论，其思想可用图 7.1（b）来描述，该思想认为 DSS 是 MIS 的一部分。

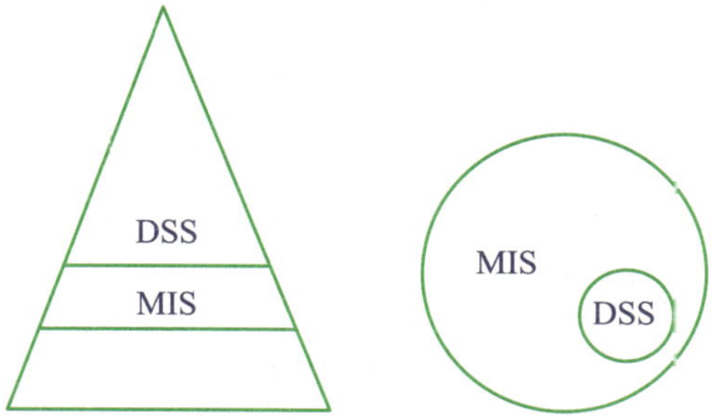

（a）发展阶段论　　（b）大MIS论

图 7.1　MIS 与 DSS 的关系

四、决策支持系统的结构

DSS 的组成部件及它们之间的关系构成了 DSS。系统的功能主要由系统的结构决定，具有不同功能特色的 DSS，其结构也不相同。人们对 DSS 的结构进行了大量研究，取得了不少成果，建立了具有不同结构特点的 DSS。由于篇幅的限制，我们在这里介绍一种比较成熟的结构模式，如图 7.2 所示。

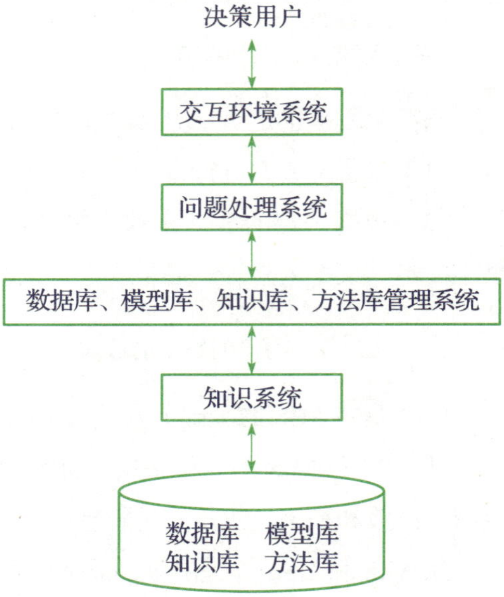

图 7.2　DSS 的结构

由图 7.2 可以看出，DSS 主要由三部分组成：交互环境系统、问题处理系统、知识系统。它们之间的关系是：决策用户通过交互环境系统提出信息查询的请求或决策支持的请求。问题处理系统通过决策数据库收集和提取信息，将所得信息提供给用户。对决策支持的请求，问题处理系统通过知识系统的知识库和数据库，收集与该数据有关的各种数据、信息和知识，据此对该问题进行识别，判断问题的性质和求解过程；通过模型库构建所需的规则模型或数学模型，对模型进行分析鉴定；从方法库中选择求解模型的算法，运行模型，进行模型的分析求解。最后，交互环境系统对结果进行解释，将其转变为具有实际含义、用户可直接理解的形式，传送给用户使用。这种关系构成了决策问题的求解过程。应用 DSS 作决策的过程是一个人机交互的启发式过程，往往需要用户与 DSS 进行多次交互对话，并多次求解，直到得到满意的结果为止。

（一）交互环境系统

交互环境系统是用户与 DSS 的接口，用户通过交互环境系统，把问题及环境的描述和解题要求输入 DSS，DSS 最终通过交互环境系统将各种处理结果输出给用户。交互环境系统一般由交互语言和提示库组成，交互语言为用户提供直接检索和运算处理手段，提示库为方便用户使用 DSS 提供一套屏幕提示机制。交互环境系统采用的交互语言类似于人类的自然语言，可使用户方便灵活地与 DSS 对话。为了尽可能方便决策者解决决策问题，交互环境系统应该具有以下功能：

（1）允许使用各种方式，满足用户交互对话需求；

（2）具有理解自然语言的能力；

（3）灵活的“What-if”提问方式；

（4）给予用户必要的提示，启发用户顺利地利用 DSS 为自己的决策服务；

（5）具有使用各种输出设备输出结果的能力，输出格式灵活多样。

（二）问题处理系统

问题处理系统是 DSS 求解决策问题的核心，是交互环境系统与知识系统的接口。问题处理系统基于数据库、模型库、知识库和方法库管理系统，是一组软件。它接收决策用户通过交互环境系统输入的关于问题及其环境和解题要求的描述；通过数据库系统和知识库系统，收集和存储有关该问题的信息和知识，完成问题的识别和定义；利用模型库系统构造模型；通过方法库系统建立和识别求解问题的具体方法，并进行求解分析和评价；最后，通过交互环境系统将结果反馈给用户。

一个问题处理系统必须具有明确地识别问题的能力，它能把问题描述转化为相应可执行的方案。问题分析能力也是问题处理系统应该具有的主要功能。

（三）知识系统

一个决策支持系统，如果没有包含关于决策问题领域的“知识”，那就没有任何价值。这里的“知识”，不仅包括决策问题所需的内部和外部环境数据、人们的经验和知识，还包括决策过程中所用的公式、模型或规则、分析工具、推理规则和评价标准等。

知识系统是将“知识”按一种有组织的方式进行存储和管理的系统，它由数据库系统、模型库系统、知识库系统和方法库系统组成。

1. 数据库系统

数据库系统由数据库和数据库管理系统组成，是 DSS 求解问题的主要数据源。一般情况下，它是任何一个 DSS 都不可缺少的最基本组成部件。DSS 的数据库与传统的数据库相比，其特点是数据面广、内容丰富、概括性强，除组织内部数据外，更多的是组织外部的数据，如政策法规、统计信息、市场行情、同业动态和科技情报等。DSS 使用数据的目的主要是支持决策，因此，这些数据大都是经过加工、浓缩或汇总的数据，如月销售成本、销售利润率、市场占有率等。

DSS 数据库中的数据很多来源于 MIS 等信息系统的数据库，这些数据库被称为源数据库。DSS 的数据库系统应当有数据抽取部件，从源数据库中抽取某部分内容。

DSS 的数据库管理系统用于管理、提供与维护数据库中的数据，也是与其他系统的接口。

2. 模型库系统

模型库系统由模型库和模型库管理系统组成，是 DSS 最有特色的部件之一。DSS 之所以能够对决策提供有效的支持，主要在于 DSS 中有能为决策者提供推理、比较选择和分析整个问题的模型库系统。

模型库为 DSS 解决各种决策问题所使用的数学模型或逻辑规则模型提供描述手段，并以标准模型模块存储各种模型。模型库管理系统类似于数据库管理系统，完成对模型库的建立及模型的存取、访问、更新、合成等操作。

模型是人们对客观事物及其运动状态的主观描述，它反映了客观事物本质特征，揭示了运动规律，模型在决策活动中的作用十分重要。当解决决策问题时，我们选择表现某一问题的模型，运行模型求解，产生解决问题的方案。在 DSS 中，为了保证构造模型的灵活性，通常以标准模型块的形式存储各种模型，如果将这些模型块比作半成品和成品，则利用这些“元件”又可以构造出任意形式且无穷多的模型，来解决任何所能表述的问题。

解决软科学决策问题所涉及的模型多达上百种，根据它们的功能和用途可分为若干模型群体，即模型群。例如：

（1）预测模型群。在这个模型群中，分析定性模型就有特尔斐法、主观概率预测法、交叉影响矩阵法等；分析定量模型有回归预测、平滑预测、马尔柯夫链预测等。这些还可以进一步细分，如回归预测有一元回归、多元线性回归、非线性回归等；平滑预测有平均预测法、指数平滑法等。

（2）系统结构模型群。主要有系统结构模型、层次分析模型、投入产出模型、系统动力学模型等。

（3）数量经济模型群。主要包括以经济活动为核心的计量经济模型和经济控制论模型。例如，生产函数模型和消费需求模型都属于这一模型群。

（4）优化模型群。它是系统优化的主要手段和方法，主要包括线性规划、非线性规划、动态规划、目标规划和最优控制等方法。

（5）决策模型群。主要包括单目标决策、多目标决策等模型。

（6）不确定模型群。主要用来解决和描述系统中的不确定因素和不确定概念，如模糊数学模型、灰色模型和随机模型等。

（7）系统综合模型群。这部分模型主要运用大系统分解协调原理对各子系统的优化方案进行综合，并通过计算机仿真，生成若干总体优化方案。

3. 知识库系统

知识库系统由知识库及知识库管理系统组成。DSS 处理的是半结构化和非结构化问题。这些问题很多无法用常规定量数学方法进行描述和处理，必须采用定性求解方法，借助人们的知识和经验。因此，要利用计算机进行问题的辅助求解，必须解决经验和知识的描述和存储，以及如何利用这些经验和知识进行问题的识别和求解。由此，在 DSS 中，运用人工智能方法建立知识库，运用逻辑规则对各种专家知识和经验进行描述，并以类似于数据的方法进行收集、存储、处理和输出。当求解问题时，用逻辑语言进行问题描述，在知识库中寻找相关经验和知识，并利用 DSS 规划模型进行推断，从而模拟人的决策思维过程，达到辅助决策的目的。

知识库管理系统的主要功能是为修改和扩充知识库中的经验和知识提供手段，包括根据需要对知识库进行添加、修改、删除等。

开发知识库的关键技术有知识的获取和解释、知识的描述、知识推理以及知识库的管理和维护。

4. 方法库系统

方法库系统由方法库和方法库管理系统组成。其基本功能是提供 DSS 各部件要用到的通用算法、标准函数等方法。在方法库中，以程序方式（标准子程序、内部函数等）存储各种方法，通过格式化接口与其他部件联系，对已构造的模型进行分析求解和处理。方法库管理系统的主要功能与数据库管理系统相似，能对库内方法进行有效管理。借助方法库管理系统，可方便地对库内方法进行增加、更新和维护等。

方法库内存储的方法程序一般有排序算法、分类算法、最小生成树算法、最短路径算法、计划评审技术、各种统计算法、各种组合算法等。

在实际实现时，由于模型、知识和方法的描述、识别以及相互间集成和通信联系的复杂性，知识系统中的模型库系统、知识库系统、方法库系统要比目前常用的一般数据库系统复杂得多。目前有关的理论和技术仍有待进一步发展，并与人工智能等其他理论和技术的发展有关。

五、战略计划系统

战略计划系统实际上是 DSS 的一个具体应用，这个系统的最大特征在于，它充分运用运筹学、计量经济学等定量方法，同时又把人的主观因素添加进去。特别对于多部门的组织，决策者往往面临着许多种彼此截然不同的计划方案。他们必须在政府的法令以及其他条件的约束之下，来决定如何最有效地获得资金，并最有效地使用它们进行投资。在进行上述决策时，以下四个问题是至关重要的：

（1）把注意力集中在关键变量之上；

（2）给出迅速的反馈；

（3）对资源的分配方案作出正确评价；

（4）对大量的替代方案逐个进行分析。

（一）战略计划系统的分析

假定用户想用系统中已有的优化算法对若干种策略进行分析比较。他应先向系统注册。系统将会询问他想使用哪部分功能。如果他要用优化算法，此时系统将询问他要针对哪一个数据库文件用优化算法（系统中的数据和算法是完全独立的，这便于对同一数据选用不同算法，也便于用同一算法处理不同数据）。此时用户应该给出数据文件名称，这一文件可以是系统内已经存在的，也可以由用户重新建立。对于选定的数据文件，系统提供一个编辑程序来保证用户随意追加、修改和删除数据。

系统采用逐步提问的方式输入用户的主观意图。例如，它可能先询问在哪方面投资，如房地产、工业、商业、有价证券等。当用户回答是有价证券之后，再提问是哪种有价证券，如长期债券、普通股票、专门股票等。在用户选择了长期债券之后，再提问其他一些变量，如几年期、利率多少、本钱多少、赔偿费多少等一系列问题。当用户逐个回答之后，系统再要求用户在两个目标函数之中选取一个，以确定是使每张债券的获益最多还是使最终收益最大。

此后的事情就是用户等待系统进行优化计算，最后给出一个最佳方案，如买多少、如何分期等。然后，用户可以改变刚才填入的一些参数，让系统重新计算，给出另一个最佳方案。如此继续，用户可以根据自己的主观愿望选取多种参数组合，对得到的结果进行分析比较，作为自己决策的依据。

除此之外，用户还可以从系统中得到各种报表和各类有用的图形，也可在终端上临时设计自己所需要的输出方式，要求系统以此方式输出信息。

（二）战略计划系统的结构

这个系统的主要优点在于，不是单独使用一个模型，而是多种模型的联合使用。这个系统的大致结构如图 7.3 所示。中间部分是信息管理子系统，它用来管理全部的信息与数据并生成各种图形和报表。右下方是优化子系统，它以混合整数规划模型为主体，可以针对信息管理子系统送来的不同数据，选取不同的计算方法，给出最佳的方案。右上方是风险分析子系统，它包括若干个风险模型，针对用户提出的策略，计算出可能的风险损失和长远影响。左侧为计量经济子系统，它包括许多宏观计量经济模型，用来把对全国、地区和行业的经济状况进行综合分析所得到的信息提供给中央信息管理子系统，以备其他子系统使用。左下方是模拟子系统，用来对各种策略进行模拟试验。

在使用这个系统之前，公司总经理应该把自己关于战略计划的设想通知给各部门执行经理和助理经理，以保证他们所提的各种策略都着眼于这个全局目标。各部门执行经理和助理经理根据具体情况，提出多种备选方案。方案应该包括：资金来源与应用、可能的利益和损失、资金平衡分析表、投资总额、付款间隔、补偿资金、各种约束等。将上述这些数据汇总给高层领导，由他交给系统的使用者去寻求决策的支持信息。这些数据以对话方式输入系统，并建立相应的数据库。风险分析子系统结合系统事先已存有的各种数据进行该方案的风险分析，将分析结果送入数据库。同时计量经济子系统根据各种外界因素总结出计量经济分析结果并送入数据库。上述所有信息从工作数据库提供给优化子系统进行优化计算，将结果送报表生成程序。模拟子系统从这些数据出发进行实地试验。优化和模拟的结果由报表程序生成各种报表并及时响应给系统使用者，由他反馈给高层领导。

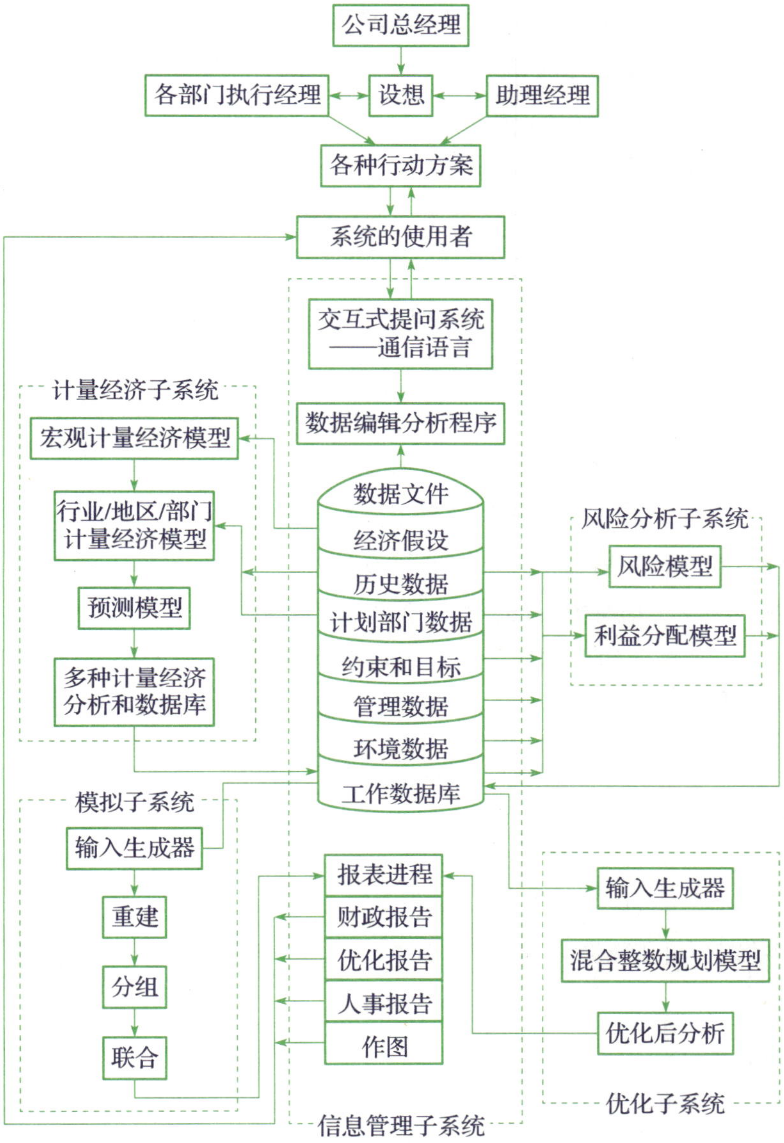

图 7.3　战略计划系统的结构

上述过程可以反复迭代进行，这就可以把模型的定量分析和人的主观作用很好地结合起来，得到较高水平的战略决策。

7.2 群体决策支持系统

一、群体决策支持系统的概念

前面所叙述的 DSS 是主要用于支持管理人员个人决策的支持系统。但是许多决策是在群体中产生的，一个组织的决策大多由领导群体作出。如对于长远发展的重大决策，个人决策局限很大，需要群体决策来解决。他们共同讨论实质性问题，设计解决问题的可能方案，评价这些方案的优劣，最后作出决定。

支持群体决策的系统称为群体决策支持系统（Group Decision Support System，GDSS）。群体决策支持系统将计算机技术、通信技术和决策支持技术等结合在一起，支持群体决策问题的求解。它是在 DSS 理论和技术的基础上发展起来的，包含了 DSS 的大部分组成部分，以及能在群体环境下提供有效支持的软件部分。

经济的发展使现代组织出现了新特点，特别是各国经济趋向全球化，跨区域和国界的企业集团越来越多，这些组织布局分散，市场遍布世界各地，如何为身处异地的领导决策人员及时提供有效信息，并使他们相互沟通、发表意见，共同参与并形成决策，是企业在激烈的竞争环境下得以生存和发展的前提。

计算机网络技术、通信技术等的发展，为 GDSS 奠定了硬件基础，缩短了决策者之间的时空限制，实现了信息资源的共享。基于人们对群体决策行为的研究，建立了一套 GDSS 理论体系，如基于协商对策的多人多目标决策理论、柔性决策理论等。技术及理论研究的不断发展完善，使 GDSS 的实现成为可能，目前，国内外已开发了不少实用的 GDSS。

GDSS 具有如下一些基本特点：

（1）不受时空的限制；

（2）并行通信的能力；

（3）提供强有力的模型技术支持；

（4）灵活方便；

（5）匿名输入；

（6）方便的协调和通信条件；

（7）减少消极的群体行为；

（8）良好的控制机制；

（9）支持战略规划、投资预测及风险分析等任务。

二、群体决策支持系统的组成

GDSS 是在多个 DSS 和多个决策者的基础上进行集成的结果。它以计算机网络为基础，由私有 DSS、规程库系统、通信库系统、共享的数据库、模型库、知识库及方法库、公共显示设备等部件组成。由于 GDSS 通常被网络化，因此，GDSS 能支持地理上比较分散的群体决策。

对于 GDSS，无论何种框架结构，都需要有一个通信库系统，其不仅可以存取决策者之间相互通信的信息，还是汇总各种决策方案进行协商、表决或送幕显示的一个缓冲库。GDSS 的数据库、模型库、知识库和方法库被分成私有和公有两大部分，私有部分限于每个决策者的私有 DSS 访问，公有部分是每个决策者都可以访问的。GDSS 的规程库系统存储与管理群体决策支持的运作规则及会议事件流程规则等，如决策者请求的优先级别规则、决策意见发送优先级别规则及各种协调规则等。

三、群体决策支持系统的选择

群体决策支持系统提供了特殊的环境，以便于群体决策成员互相沟通，建立良好的通信机制。依据群体决策需要，考虑被支持的决策以及决策成员之间的地理位置等因素，有以下几种情况的 GDSS 可供选用：

（1）决策室。决策室像一个传统的会议室，并配置了大屏幕投影仪、多媒体计算机等设备。计算机通过局域网互联，每个决策成员通过各自的工作站点相互交流和通信、发表意见，大屏幕用来展示各种想法和分析备选方案。这种情况通常需要一个主持人主持，以便使讨论的决策问题向前深入发展。

（2）决策局域网。在这种情况下，决策成员分布在同一建筑物或同一区域的办公室中，他们通过各自办公室里联网的工作站点，随时沟通、相互交流、共享存于服务器或中央处理机的公共决策资源。这种情况下的计算机网采用局域网连接方式。

（3）电信会议。这种情况采用计算机网络和通信技术，将分散在各地的决策室通过视频会议连接起来，以便群体决策成员能互相“碰面”，集中决策。这种情况实质上与决策室相似，但能克服地理位置的限制。

（4）决策远程网。地理上分布较远的决策成员通过远程通信网连接起来，他们在远程网的支持下进行群体决策。

GDSS 虽然是在 DSS 基础上发展起来的，DSS 可看作特殊的 GDSS，二者有共同的发展基础，但 GDSS 包含了更多的学科知识，是一门更新的技术。

7.3 专家系统

专家系统（Expert System，ES）是人工智能（Artificial Intelligence，AI）技术研究的成果之一。当今世界上已有成百上千个专家系统，广泛应用于医学、诊断、军事调度、辅助教学等领域，并且已开始用于计划管理、工程评估、财政分析等管理决策领域。可以认为，将专家系统与决策支持系统结合起来辅助解决决策问题是未来的一个发展方向。

专家系统是在人工智能基础上发展起来的，在讨论专家系统之前，先简要讨论一下人工智能。

一、人工智能概述

人工智能的概念是在 1956 年由约翰·麦卡锡等人首次提出来的，它标志着人工智能学科的诞生。

人工智能是一门新的技术，它研究的是如何利用计算机来模仿、延伸和扩展人的智能。这种基于计算机的系统，具有像人一样的行为能力，它应该能够理解自然语言（自然语言处理系统），自行主动采取行动完成工作任务（机器人学），利用感知设备去感知周围的环境（视听感知系统），或以人类专家的水平去解决某一特定领域中的困难问题（专家系统）等。人工智能系统还像人类一样具有逻辑思维、推理、直觉和判断的能力。

人的智能是极为复杂的，揭开人的智能之谜是发展人工智能的关键。虽然使人工智能真正完全具有人的智能的研究道路还很漫长，但事实上，今天的计算机不仅具有了“看”“听”等的能力，还具备了思考能力。人工智能的研究正在逐步提高计算机的智能，使计算机逐步向人的智能靠近。

二、专家系统的概念

人工智能可为企业提供一个专家系统。用专家系统获取和存储企业的专业知识，并将它们提供给那些非专业的人们。这样人们便可以用它来解决问题或学习如何解决问题。

专家系统是具有大量专门知识，并能利用这些知识解决特定领域中实际问题的人工智能系统。专家系统要解决的问题通常是比较复杂的、不确定的非结构化问题，解决这些问题的知识只能从专家获得。因此，专家系统收集和存储的知识应该是该领域的专家知识。这里讲的解决问题是利用推理方法。

ES 与 DSS 不同。运用 DSS 和 ES 求解决策问题时，DSS 强调知识的广泛性、通用性，ES 侧重于将某一特定领域的专家知识装入知识库；DSS 不能实现决策过程的完全自动化，是一个人机反复交互的过程，ES 除要求用户回答问题、提供必要的数据外，基本上是自动独立工作的。

ES 有很多的特点和能力，通常包括：

（1）有一个专家知识库，库中存储了某一领域专家的知识和经验。

（2）具有“智能”行为。ES 具有推理的能力。

（3）系统与人是交互的。ES 可以和人进行对话。

（4）解决复杂问题的能力。ES 能完成本由人类专家来做的问题求解工作。

（5）能对它们的推理或提出的决策作出解释。ES 能对如何及为什达到某个决策或解决方案作出解释。

三、专家系统的结构

专家系统的结构可用图 7.4 表示。

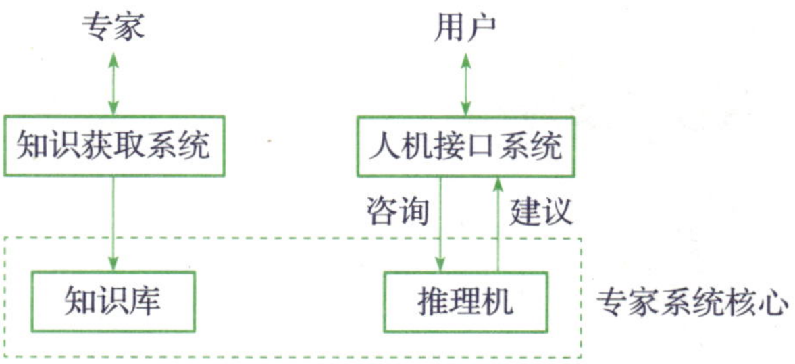

图 7.4　专家系统的结构

由图 7.4 可看出，专家系统主要由知识库、推理机、知识获取系统和人机接口系统组成。其核心是知识库和推理机。

（一）知识获取系统

知识获取系统的主要功能是获取、存储和更新知识库中的专家知识，把专家知识按一定的知识表示形式输入知识库。通常需要知识工程师将专家知识翻译和整理成专家系统所需的知识。

（二）人机接口系统

人机接口系统一方面负责把用户的咨询要求翻译和转换成系统的内部表示形式，然后将内部表示交给相应的部件处理；另一方面负责将专家的决策建议与解决方案翻译和转换成便于用户理解的表达形式。

（三）知识库

知识库包含从该领域中出色专家那里获取的高水平专业知识经验法则。知识库中需解决的问题是知识的表示形式，在专家系统中最常用也是最成熟的知识表示法是产生式规则。此外，还有框式和语义网络式知识描述方式。目前，知识表示形式较常用的有：产生式规则（IF THEN）、谓词逻辑→模糊逻辑、框架、语义网络、过程性知识、剧本。

（四）推理机

推理机是专家系统的中央处理单元，用于进行知识推理、求解专门问题。有启发式推理和算法推理。推理方式有正向推理、反向推理或双向推理。此外，还有串行推理和并行推理等。

在介绍推理机知识时，一个重要的问题就是搜索，更明确地说：

推理机 = 搜索 + 匹配（假言推理）

在推理过程中，一边搜索一边匹配。当匹配不成功时，将引起搜索中的回溯和由一个分枝向另一个分枝的转移，也就是说，在搜索过程中包含了回溯。

对于推理中的搜索和匹配过程，跟踪和显示就形成了向用户说明的解释机制。

7.4 新一代信息技术及应用

信息技术在智能化、系统化、微型化、云端化的基础上不断融合创新，促进了物联网、云计算、大数据、区块链、人工智能、虚拟现实等新一代信息技术的诞生。新一代信息技术与信息资源充分开发利用形成的新模式、新业态等，是信息化发展的主要趋势，也是信息系统集成领域未来的重要业务范畴。

一、物联网

物联网（The Internet of Things）是指通过信息传感设备，按约定的协议将任何物品与互联网相连接，进行信息交换和通信，以实现智能化识别、定位、跟踪、监控和管理的网络。物联网主要解决物品与物品（Thing to Thing，T2T）、人与物品（Human to Thing，H2T）、人与人（Human to Human，H2H）之间的互联。另外，许多学者在讨论物联网时经常会引入 M2M 的概念，可以解释为人与人（Man to Man）、人与机器（Man to Machine）或机器与机器（Machine to Machine）。

（一）技术基础

物联网架构可分为三层：感知层、网络层和应用层。感知层由各种传感器构成，包括温度传感器、二维码标签、射频识别技术（RFID）标签和读写器、摄像头、GPS 等感知终端。感知层是物联网识别物体、采集信息的来源。网络层由各种网络，包括互联网、广电网、网络管理系统和云计算平台等组成，是整个物联网的中枢，负责传递和处理感知层获取的信息。应用层是物联网和用户的接口，它与行业需求结合以实现物联网的智能应用。

物联网的产业链包括传感器和芯片、设备、网络运营及服务、软件与应用开发和系统集成。物联网技术在智能电网、智慧物流、智能家居、智能交通、智慧农业、环境保护、医疗健康、城市管理（智慧城市）、金融服务与保险业、公共安全等方面有非常关键和重要的应用。

（二）关键技术

物联网关键技术主要涉及传感器技术、传感网和应用系统框架等。

1. 传感器技术

传感器是一种检测装置，它能“感受”到被测量的信息，并能将检测到的信息按一定规律变换成电信号或其他所需形式的信息输出，以满足信息的传输、处理、存储、显示、记录和控制等要求。它是实现自动检测和自动控制的首要环节，也是物联网获取物理世界信息的基本手段。

射频识别技术（Radio Frequency Identification，RFID）是物联网中使用的一种传感器技术，在物联网发展中备受关注。RIFD 可通过无线电信号识别特定目标并读写相关数据，而无须识别系统与特定目标之间建立机械或光学接触。RFID 是一种简单的无线系统，由一个询问器（或阅读器）和很多应答器（或标签）组成。标签由耦合元件及芯片组成，每个标签具有扩展词条唯一的电子编码，附着在物体上标识目标对象，它通过天线将射频信息传递给阅读器，阅读器就是读取信息的设备。RFID 技术让物品能够“开口说话”。这就赋予了物联网一个特性——可跟踪性，即可以随时掌握物品的准确位置及周边环境。

2. 传感网

微机电系统（Micro-Electro-Mechanical Systems，MEMS）是由微传感器、微执行器、信号处理和控制电路、通信接口和电源等部件组成的一体化微型器件系统。其目标是把信息的获取、处理和执行集成在一起，组成具有多功能的微型系统，集成于大尺寸系统中，从而大幅地提高系统的自动化、智能化和可靠性水平。MEMS 赋予了普通物体新的“生命”，它们有了属于自己的数据传输通路、存储功能、操作系统和专门的应用程序，从而形成一个庞大的传感网，使物联网能够通过物品来实现对人的监控与保护。未来，衣服可以通过传感网“告诉”洗衣机放多少水和洗衣粉最经济；文件夹会“检查”人们忘带了什么重要文件；食品的标签会向顾客的手机介绍“自己”是否真正绿色安全。

3. 应用系统框架

物联网应用系统框架是一种以机器终端智能交互为核心的、网络化的应用与服务。它将实现对对象的智能化控制，涉及五个重要的技术部分，包括机器、传感器硬件、通信网络、中间件和应用。该框架基于云计算平台和智能网络，可以依据传感器网络获取的数据进行决策，改变对象的行为控制和反馈。以智能停车场为例，当车辆驶入或离开天线通信区时，天线以微波通信的方式与电子车卡进行双向数据交换，从电子车卡上读取车辆的相关信息，从驾驶员卡上读取驾驶员的相关信息，自动识别电子车卡和驾驶员卡，并判断该车卡是否有效和驾驶员卡是否合法，核对车道控制电脑并显示与该电子车卡和驾驶员卡一一对应的车牌号码及驾驶员等信息。车道控制电脑自动将通过时间、车辆和驾驶员的有关信息存入数据库中，根据读到的数据判断是正常卡、未授权卡、无卡还是非法卡，据此做出相应的回应和提示。另外，家中的老人通过佩戴嵌入智能传感器的手表，在外地的子女可以随时通过手机查询父母的血压、心跳是否稳定。智能化的住宅中，主人上班时，传感器自动关闭水电气和门窗，定时向主人的手机发送消息，汇报安全情况。

（三）应用和发展

物联网的应用涉及人们工作与生活的方方面面。在工业、农业、环境、交通、物流、安保等基础设施领域的应用，有效地推动了这些方面的智能化发展，使得有限的资源能更加合理地使用分配，从而提高了行业效率、效益；在家居、医疗健康、教育、金融、服务业、旅游业等与生活息息相关领域的应用，通过与社会科学和社会治理的充分融合创新，实现了服务范围、服务方式和服务质量等的巨大变革和进步。

二、云计算

云计算（Cloud Computing）是分布式计算的一种，指的是通过网络“云”将巨大的数据计算处理程序分解成无数个小程序，然后通过由多部服务器组成的系统处理和分析这些小程序，得到结果并返给用户。在云计算早期，就是简单的分布式计算，进行任务分发并对计算结果进行合并。当前的云计算已经不单单是一种分布式计算，而是分布式计算、效用计算、负载均衡、并行计算、网络存储、热备份冗余和虚拟化等计算机技术混合演进及跃升的结果。

（一）技术基础

云计算是一种基于互联网的计算方式，通过这种方式将网络上配置为共享的软件资源、计算资源、存储资源和信息资源，按需求提供给网上的终端设备和终端用户。云计算也可以理解为向用户屏蔽底层差异的分布式处理架构。在云计算环境中，用户与实际服务提供的计算资源相分离，云端集合了大量计算设备和资源。

当使用云计算服务时，用户不需要安排专门的维护人员，云计算服务的提供商会为数据和服务器的安全做出相对较高水平的保护。由于云计算将数据存储在云端（分布式的云计算设备中承担计算和存储功能的部分），业务逻辑和相关计算都在云端完成，因此，终端只需要一个能够满足基础应用的普通设备即可。

云计算实现了“快速、按需、弹性”的服务，用户可以随时通过宽带网络接入“云”并获得服务，按照实际需求获取或释放资源，根据需求对资源进行动态扩展。

按照云计算服务提供的资源层次，可以分为基础设施即服务（Infrastructure asa Service，IaaS）、平台即服务（Platform asa Service，PaaS）和软件即服务（Software asa Service，SaaS）三种服务类型。

IaaS 向用户提供计算机、存储空间等基础设施方面的服务。这种服务模式需要较大的基础设施投入和长期运营管理经验，其单纯出租资源的盈利能力有限。

PaaS 向用户提供虚拟的操作系统、数据库管理系统、Web 应用等平台化的服务。PaaS 服务的重点不在于直接的经济效益，而更注重构建和形成紧密的产业生态。

SaaS 向用户提供应用软件（如 CRM、办公软件等）、组件、工作流等虚拟化软件的服务。SaaS 一般采用 Web 技术和 SOA 架构，通过互联网向用户提供多租户、可定制的应用能力，大大缩短了软件产业的渠道链条，减少了软件升级、定制和运行维护的复杂程度，并使软件提供商从软件产品的生产者转变为应用服务的运营者。

（二）关键技术

云计算的关键技术主要有虚拟化技术、云存储技术、多租户和访问控制管理、云安全技术等。

1. 虚拟化技术

虚拟化是一个广义术语，在计算机领域通常是指计算元件在虚拟的基础上而不是真实的基础上运行。虚拟化技术可以扩大硬件的容量，简化软件的重新配置过程。CPU 的虚拟化技术可以单 CPU 模拟多 CPU 并行，允许一个平台同时运行多个操作系统，应用程序在相互独立的空间内运行而互不影响，从而显著提高计算机的工作效率。

虚拟化技术与多任务以及超线程技术是完全不同的。多任务是指在一个操作系统中多个程序并行运行；在虚拟化技术中，则可以同时运行多个操作系统，而且每一个操作系统中都有多个程序运行，每一个操作系统都运行在一个虚拟的 CPU 或者虚拟主机上；超线程技术只是单 CPU 模拟、双 CPU 来平衡程序运行性能，这两个模拟出来的 CPU 是不能分离的，只能协同工作。

容器（Container）技术是一种全新意义上的虚拟化技术，属于操作系统虚拟化的范畴，也就是由操作系统提供虚拟化的支持。目前最受欢迎的容器环境是 Docker。容器技术将单个操作系统的资源划分到孤立的组中，以便更好地在孤立的组之间平衡有冲突的资源使用需求。例如，用户创建一个应用，传统方式需要虚拟机，但虚拟机本身就占用了更多的系统资源。又如，应用需要在开发和运维之间转移、协作，当开发和运维的操作环境不同时，也会影响结果。使用容器技术可将应用隔离在一个独立的运行环境中，该独立环境称为容器，可以减少运行程序带来的额外消耗，并可以在几乎任何地方以相同的方式运行。

2. 云存储技术

云存储技术是基于传统媒体系统发展而来的一种全新信息存储管理方式，该方式整合应用了计算机系统的软硬件优势，可较为快速、高效地对海量数据进行在线处理，通过多种云技术平台的应用，实现了数据的深度挖掘和安全管理。

分布式文件系统作为云存储技术中的重要组成部分，在维持兼容性的基础上，对系统复制和容错功能进行提升。同时，通过云集群管理实现云存储的可拓展性，借助模块之间的合理搭配，拟定网络存储问题、联合存储问题、多节点存储问题、备份处理、负载均衡等的解决方案。云存储的实现过程中，结合分布式的文件结构，在硬件支撑的基础上，对硬件运行环境进行优化，确保数据传输的完整性和容错性；结合成本低廉的硬件的扩展，大大降低了存储的成本。

在分布式文件系统的支撑下，实现了通过云存储资源的拓展，辅助高吞吐量数据的分析，使得用户可以更加充分、全面地进行数据管理，实现了用户上传信息的优化管理，满足了不同平台信息获取需要。通过加强对云存储技术中相关数据的安全防护，实现信息存储过程中的病毒防护和安全监控，确保信息存储应用的安全性。

3. 多租户和访问控制管理

云计算环境下访问控制的研究是伴随着云计算的发展而开始的，访问控制管理是云计算应用的核心问题之一。云计算访问控制的研究主要集中在云计算访问控制模型、基于 ABE 密码机制的云计算访问控制、云中多租户及虚拟化访问控制。

云计算访问控制模型是按照特定的访问策略来描述安全系统，建立安全模型的一种方法。用户（租户）可以通过访问控制模型得到一定的权限，进而对云中的数据进行访问，所以访问控制模型多用于静态分配用户的权限。云计算中的访问控制模型都以传统的访问控制模型为基础，在传统的访问控制模型上进行改进，使其更适用于云计算的环境。根据访问控制模型功能的不同，研究的内容和方法也不同，常见的有基于任务的访问控制模型、基于属性模型的云计算访问控制、基于 UCON 模型的云计算访问控制、基于 BLP 模型的云计算访问控制等。

基于 ABE 密码机制的云计算访问控制包括四个参与方：数据提供者、可信第三方授权中心、云存储服务器和用户。首先，可信授权中心生成主密钥和公开参数，将系统公钥传给数据提供者，数据提供者收到系统公钥之后，用策略树和系统公钥对文件加密，将密文和策略树上传到云服务器。然后，当一个新用户加入系统后，将自己的属性集上传给可信授权中心并提交私钥申请请求，可信授权中心针对用户提交的属性集和主密钥计算生成私钥，传给用户。最后，用户下载感兴趣的数据。如果其属性集合满足密文数据的策略树结构，则可以解密密文；否则，访问数据失败。

云中多租户及虚拟化访问控制是云计算的典型特征。由于租户间共享物理资源，并且其可信度不容易得到，因此租户之间就可以通过侧通道攻击来从底层的物理资源中获得有用的信息。此外，由于在虚拟机上要部署访问控制策略，因而可能会带来多个租户访问资源的冲突，导致物理主机上出现没有认证的或者权限分配错误的信息流。这就要求在云环境下，租户之间的通信应该由访问控制来保证，并且每个租户都有自己的访问控制策略，使得整个云平台的访问控制变得复杂。目前，对多租户访问控制的研究主要集中在对多租户的隔离和虚拟机的访问控制方面。

4. 云安全技术

云安全研究主要包含两个方面的内容，一是云计算技术本身的安全保护工作，涉及相应的数据完整性及可用性、隐私保护性、服务可用性等方面的内容；二是借助云服务的方式来保障客户端用户的安全防护需求，通过云计算技术来实现互联网安全，涉及基于云计算的病毒防治、木马检测技术等。

在云安全技术的研究方面，主要包含：

（1）云计算安全性：主要是对于云自身以及所涉及的应用服务内容进行分析，重点探讨其相应的安全性问题，这里主要涉及如何有效实现安全隔离，保障互联网用户数据的安全性，如何有效防控恶意网络攻击，提升云计算平台的系统安全性，以及用户接入认证和相应的信息传输审计、安全等方面的工作。

（2）保障云基础设施的安全性：主要是如何利用互联网安全基础设备的相应资源，有效实现云服务的优化，满足预期的安全防护要求。

（3）云安全技术服务：重点集中于如何保障实现互联网终端用户的安全服务要求，能有效实现客户端的计算机病毒防治等相关服务工作。从云安全架构的发展情况来看，如果云计算服务商的安全等级不高，会造成服务用户需要具备更强的安全能力、承担更多的管理职责。

为了提升云安全体系的能力，保障其具有较强的可靠性，云安全技术要从开放性、安全保障、体系结构的角度考虑。1）开放性。云安全系统具有一定的开放性，要保障开放环境下的可信认证。2）安全保障。在云安全系统方面，要积极采用先进的网络技术和病毒防护技术。3）体系结构。在云安全体系构建过程中，要保证其稳定性，以满足海量数据动态变化的需求。

综上所述，云安全技术是新一代互联网中安全技术构架的核心内容，体现了当前快速发展的云计算的先进性，是未来信息安全技术发展的必然趋势。随着云计算应用领域的拓展，云安全技术也必然会越来越成熟，能有效全方位保障广大互联网用户的数据应用安全性，对于云计算的进一步推广与应用具有至关重要的作用。

（三）应用和发展

云计算经历十余年的发展，已逐步进入成熟期，在众多领域正发挥着越来越大的作用，“上云”将成为各类组织加快数字化转型、鼓励技术创新和促进业务增长的第一选择，甚至是必备的前提条件。

云计算将进一步成为创新技术和最佳工程实践的重要载体和试验场。从 AI 与机器学习、IoT 与边缘计算、区块链到工程实践领域的 DevOps、云原生和 ServiceMesh，都有云计算厂商积极参与、投入和推广的身影。以人工智能为例，从前面提到的 IaaS 中 CPU 计算资源的提供，到面向特定领域成熟模型能力开放（如各类自然语言处理、图像识别、语言合成的 API)，再到帮助打造定制化 AI 模型的机器学习平台，云计算实际上已成为 AI 相关技术的基础。

云计算将顺应产业互联网大潮，下沉行业场景，向垂直化、产业化纵深发展。随着通用类架构与功能的不断完善和对行业客户的不断深耕，云计算自然渗透更多垂直领域，提供更贴近行业业务与典型场景的基础能力。以金融云为例，云计算可针对金融保险机构特殊的合规和安全需要，提供物理隔离的基础设施，还可提供支付、结算、风控、审计等业务组件。

多云和混合云将成为大中型组织的刚需，得到更多重视与发展。当组织有大量的工作负载部署在云端，新的问题就会显现：（1）虽然云端已经能提供相当高的可用性，但为了避免单一供应商出现故障时的风险，关键应用仍须架设必要的技术冗余；（2）当业务规模较大时，从商业策略角度看，也需要避免过于紧密的厂商绑定，以寻求某种层面的商业制衡和主动权。

云生态建设的重要性不断凸显，成为影响云间竞争的关键因素。当某个云发展到一定规模和阶段时，就不能仅仅考虑技术和产品，需要站在长远发展的角度，建立和培养具有生命力的繁荣生态和社区。另外，云生态需要关注面向广大开发者、架构师和运维工程师的持续输出、培养和影响。只有赢得广大技术人员的关注和喜爱，才能赢得未来的云计算市场。

综上所述，“创新、垂直、混合、生态”这四大趋势伴随云计算快速发展。云计算对 IT 硬件资源与软件组件进行了标准化、抽象化和规模化，某种意义上颠覆和重构了 IT 业界的供应链，是当前新一代信息技术的发展与进步。

三、大数据

大数据（Big Data）是无法在一定时间范围内用常规软件工具进行捕捉、管理和处理的数据集合，是具有更强的决策力、洞察发现力和流程优化能力的海量、高增长率和多样化的信息资产。

（一）技术基础

大数据是具有体量大、结构多样、时效性强等特征的数据，处理大数据需要采用新型计算架构和智能算法等技术。大数据从数据源到最终价值实现一般需要经过数据准备、数据存储与管理、数据分析和计算、数据治理和知识展现等过程，涉及数据模型、处理模型、计算理论以及与其相关的分布计算、分布存储平台技术、数据清洗和挖掘技术、流式计算和增量处理技术、数据质量控制等方面的研究。一般来说，大数据主要特征包括：

（1）数据海量：大数据的数据体量巨大，从 TB 级别跃升到 PB 级别（1PB = 1 024TB)、EB 级别（1EB = 1 024PB)，甚至达到 ZB 级别（1ZB = 1 024EB)。

（2）数据类型多样：大数据的数据类型繁多，一般分为结构化数据和非结构化数据。相对于以往便于存储的以文本为主的结构化数据，非结构化数据越来越多，包括网络日志、音频、视频、图片、地理位置信息等，这些多类型的数据对数据的处理能力提出了更高要求。

（3）数据价值密度低：数据价值密度的高低与数据总量的大小成反比。以视频为例，一部1小时的视频，在连续不间断的监控中，有用数据可能仅有一两秒。如何通过强大的机器算法更迅速地完成数据的价值“提纯”，成为目前大数据背景下亟待解决的难题。

（4）数据处理速度快：为了从海量的数据中快速挖掘数据价值，一般要求对不同类型的数据进行快速的处理，这是大数据区分于传统数据挖掘的最显著特征。

（二）关键技术

大数据技术作为信息化时代的一项新兴技术，技术体系处在快速发展阶段，涉及数据的处理、管理、应用等多个方面。具体来说，技术架构是从技术视角研究和分析大数据的获取、管理、分布式处理和应用等。大数据的技术架构与具体实现的技术平台和框架息息相关，不同的技术平台决定了不同的技术架构。从总体上说，大数据技术架构主要包含大数据获取技术、分布式数据处理技术、大数据管理技术，以及大数据应用和服务技术。

1. 大数据获取技术

目前，大数据获取的研究主要集中在数据采集、整合和清洗三个方面。数据采集技术实现数据源的获取，然后通过整合和清洗技术保证数据质量。

数据采集技术主要通过分布式爬取、分布式高速高可靠性数据采集、高速全网数据映像技术，从网站上获取数据信息。除网络中包含的内容之外，对于网络流量的采集可以使用DPI或DFI等带宽管理技术进行处理。

数据整合技术是在数据采集和实体识别的基础上，实现数据到信息的高质量整合。数据整合技术包括多源多模态信息集成模型、异构数据智能转换模型、异构数据集成的智能模式抽取和模式匹配算法、自动容错映射和转换模型及算法、整合信息的正确性验证方法、整合信息的可用性评估方法等。

数据清洗技术一般根据正确性条件和数据约束规则，清除不合理和错误的数据，对重要的信息进行修复，保证数据的完整性。数据清洗技术包括数据正确性语义模型、关联模型和数据约束规则、数据错误模型和错误识别学习框架、针对不同错误类型的自动检测和修复算法、错误检测与修复结果的评估模型和评估方法等。

2. 分布式数据处理技术

分布式计算是随着分布式系统的发展而兴起的，其核心是将任务分解成许多小的部分，分配给多台计算机进行处理，通过并行工作的机制，达到节约整体计算时间，提高计算效率的目的。目前，主流的分布式计算系统有 Hadoop、Spark 和 Storm。Hadoop 常用于离线且复杂的大数据处理，Spark 常用于离线且快速的大数据处理，Storm 常用于在线且实时的大数据处理。

大数据分析与挖掘技术主要指改进已有的数据挖掘和机器学习技术，开发数据网络挖掘、特异群组挖掘、图挖掘等新型数据挖掘技术，创新基于对象的数据连接、相似性连接等大数据融合技术，突破用户兴趣分析、网络行为分析、情感语义分析等面向领域的大数据挖掘技术。

3. 大数据管理技术

大数据管理技术主要集中在大数据存储、大数据协同和安全隐私等方面。

大数据存储技术主要有三个方面：（1）采用 MPP 架构的新型数据库集群，通过列存储、粗粒度索引等多项大数据处理技术和高效的分布式计算模式，实现大数据存储；（2）围绕 Hadoop 衍生出相关的大数据技术，应对传统关系型数据库较难处理的数据和场景，通过扩展和封装 Hadoop 来实现对大数据存储、分析的支撑；（3）基于集成的服务器、存储设备、操作系统、数据库管理系统，实现具有良好的稳定性、扩展性的大数据一体机。

多数据中心的协同管理技术是大数据研究的另一个重要方向。通过分布式工作流引擎实现工作流调度、负载均衡，整合多个数据中心的存储和计算资源，从而为构建大数据服务平台提供支撑。

大数据隐私性技术的研究，主要集中于新型数据发布技术，尝试在尽可能少损失数据信息的同时最大化地隐藏用户隐私。在数据信息量和隐私之间是有矛盾的，目前没有非常好的解决办法。

4. 大数据应用和服务技术

大数据应用和服务技术主要包含分析应用技术和可视化技术。

大数据分析应用主要是面向业务的分析应用。在分布式海量数据分析和挖掘的基础上，大数据分析应用技术以业务需求为驱动，面向不同类型的业务需求开展专题数据分析，为用户提供高可用、高易用的数据分析服务。

可视化通过交互式视觉表现来帮助人们探索和理解复杂的数据。大数据的可视化技术主要集中在文本可视化技术、网络（图）可视化技术、时空数据可视化技术、多维数据可视化和交互可视化等。在技术方面，主要关注原位交互分析（In Situ Interactive Analysis）、数据表示、不确定性量化和面向领域的可视化工具库。

（三）应用和发展

大数据正在成为新的资源和社会生产要素，从数据资源中挖掘潜在的价值，成为当前大数据时代研究的热点。如何快速对数量巨大、来源分散、格式多样的数据进行采集、存储和关联分析，从中发现新知识、创造新价值、提升新能力，发展新一代信息技术和服务业态，是其应用价值的重要体现。

（1）在互联网行业，网络的广泛应用和社交网络已深入社会工作、生活的方方面面。每个人都是数据的生产者、使用者和受益者。从大量的数据中挖掘用户行为，反向传输到业务领域，支持更准确的社会营销和广告，可增加业务收入，促进业务发展。同时，随着数据的大量生成、分析和应用，数据本身已成为可以交易的资产，大数据交易和数据资产化成为当前具有价值的领域和发展方向。

（2）在政府的公共数据领域，结合大数据的采集、治理和集成，对各个部门搜集的信息进行剖析和共享，能够发现管理上的纰漏，提高治理水平，促进财税增收和加大市场监管力度，大大改变政府管理模式、节省政府投资、增强市场管理，提高社会治理水平、城市管理能力和服务人民群众的能力。

（3）在金融领域，大数据征信是重要的应用领域。通过大数据分析和画像，能够实现个人信用和金融服务的结合，从而服务于金融领域的信任管理、风控管理、借贷服务等，为金融业务提供有效支撑。

（4）在工业领域，结合海量的数据分析，能够为工业生产过程提供准确的指导，如在航运大数据领域，能够使用大数据对将来航路的国际贸易货量进行预测分析，预知各个口岸的热度；能够利用天气数据对航路的影响进行分析，提供相关业务的预警、航线的调整和资源的优化调配方案，避免不必要的亏损。

（5）在社会民生领域，大数据的分析应用能够更好地为民生服务。以疾病预测为例，基于大数据的积累和智能分析，能够透视人们搜索“流感、肝炎、肺结核”的发病时间和地点分布，结合气温变化、环境指数、人口流动等因素建立预测模型，为公共卫生治理人员提供多种传染病的趋势预测，帮助其提早进行预防部署。

四、区块链

“区块链”的概念于2008年在《比特币：一种点对点电子现金系统》中被首次提出，并在比特币系统的数据加密货币体系中成功应用，已成为政府、组织和学者等的重点关注和研究热点。区块链技术具有多中心化存储、隐私保护、防篡改等特点，提供了开放、分散和容错的事务机制，成为新一代匿名在线支付、汇款和数字资产交易的核心，被广泛应用于各大交易平台，为金融、监管机构、科技创新、农业以及政治等领域带来了深刻的变革。

（一）技术基础

区块链可以理解为以非对称加密算法为基础，以改进的默克尔树（Merkle Tree）为数据结构，使用共识机制、点对点网络、智能合约等技术结合而成的一种分布式存储数据库技术。区块链分为公有链（Public Block Chain）、联盟链（Consortium Block Chain）、私有链（Private Block Chain）和混合链（Hybrid Block Chain）四大类。

一般来说，区块链的典型特征包括：

（1）多中心化：链上数据的验证、核算、存储、维护和传输等过程均依赖分布式系统结构，运用纯数学方法代替中心化组织机构在多个分布式节点之间构建信任关系，从而建立可信的分布式系统。

（2）多方维护：激励机制可确保分布式系统中的所有节点均可参与数据区块的验证过程，并通过共识机制选择特定节点将新产生的区块加入区块链中。

（3）时序数据：区块链运用带有时间戳信息的链式结构来存储数据信息，为数据信息添加时间维度的属性，从而可实现数据信息的可追溯性。

（4）智能合约：区块链技术能够为用户提供灵活可变的脚本代码，以支持其创建新型的智能合约。

（5）不可篡改：在区块链系统中，因为相邻区块间后序区块可对前序区块进行验证，若篡改某一区块的数据信息，则需递归修改该区块及其所有后序区块的数据信息。每一次哈希的重新计算代价是巨大的，且需在有限时间内完成，因此可保障链上数据的不可篡改性。

（6）开放共识：在区块链网络中，每台物理设备均可作为该网络中的一个节点，任意节点可自由加入且拥有一份完整的拷贝数据库。

（7）安全可信：数据安全可通过利用非对称加密技术对链上数据进行加密来实现，分布式系统中各节点通过区块链共识算法所形成的算力来抵御外部攻击，保证链上数据不被篡改和伪造，从而具有较高的保密性、可信性和安全性。

（二）关键技术

从区块链的技术体系视角看，区块链基于底层的数据基础处理、管理和存储技术，以区块数据的管理、链式结构的数据、数字签名、哈希函数、默克尔树、非对称加密等，通过基于P2P网络的对称式网络，组织节点参与数据的传播和验证，每个节点均会承担网络路由、验证区块数据、传播区块数据、记录交易数据、发现新节点等功能，包含传播机制和验证机制。为保障区块链应用层的安全，通过激励层的发行机制和分配机制，在整个分布式网络的节点以最高效率的方式达成共识。

1. 分布式账本

分布式账本是区块链技术的核心之一。分布式账本的核心思想是：交易记账由分布在不同地方的多个节点共同完成，每一个节点保存一个唯一、真实账本的副本，它们可以参与监督交易合法性，同时也可以共同为其作证；账本里的任何改动都会在所有的副本中被反映出来，反应时间会在几分钟甚至是几秒内，记账节点足够多，理论上除非所有的节点被破坏，否则整个分布式账本系统是非常稳健的，从而保证了账目数据的安全性。

分布式账本中存储的资产是指法律认可的合法资产，如金融、实体、电子的资产等任何形式的有价资产。为了确保资产的安全性和准确性，分布式账本一方面通过公私钥以及签名控制账本的访问权；另一方面根据共识的规则，账本中的信息更新可以由一个、一部分人或者是所有参与者共同完成。

分布式账本技术能够保障资产的安全性和准确性，具有广泛的应用场景，特别在公共服务领域，能够重新定义政府与公民在数据分享、透明度和信任意义上的关系，目前已经广泛应用于金融交易、政府征税、土地所有权登记、护照管理、社会福利等领域。

2. 加密算法

区块数据的加密是区块链研究和关注的重点，其主要作用是保证区块数据在网络传输、存储和修改过程中的安全。区块链系统中的加密算法一般分为散列算法和非对称加密算法。

散列算法也叫数据摘要或者哈希算法，其原理是将一段信息转换成一个固定长度并具备以下特点的字符串：如果某两段信息是相同的，那么字符也是相同的；即使两段信息十分相似，但只要是不同的，那么字符串也将会十分杂乱、随机并且两个字符串之间完全没有关联。

本质上，散列算法的目的不是“加密”而是抽取“数据特征”，也可以把给定数据的散列值理解为该数据的“指纹信息”。典型的散列算法有 MD5、SHA-1/SHA-2 和 SM3，目前区块链主要使用 SHA-2 中的 SHA256 算法。

非对称加密算法是由对应的一对唯一性密钥（即公开密钥和私有密钥）组成的加密方法。任何获悉用户公钥的人都可用用户的公钥对信息进行加密并与用户实现安全信息交互。由于公钥与私钥之间存在依存关系，只有用户本身才能解密该信息，任何未获得授权的用户甚至信息的发送者都无法将此信息解密。常用的非对称加密算法包括 RSA、Elgamal、D-H、ECC（椭圆曲线加密算法）等。

3. 共识机制

在区块链的典型应用——数字货币中，面临着一系列安全和管理问题，例如：如何防止诈骗？区块数据传输到各个分布式节点的先后次序如何控制？如何应对传输过程中数据的丢失问题？节点如何处理错误或伪造的信息？如何保障节点之间信息更新和同步的一致性？这些问题就是所谓的区块链共识问题。

区块链共识问题需要通过区块链的共识机制来解决。在互联网世界，共识主要是计算机和软件程序协作一致的基本保障，是分布式系统节点或程序运行的基本依据。共识算法能保证分布式的计算机或软件程序协作一致，对系统的输入输出做出正确的响应。

区块链共识机制的思想是：在没有中心点总体协调的情况下，当某个记账节点提议区块数据增加或减少，并把该提议广播给所有的参与节点时，所有节点要根据一定的规则和机制，对这一提议是否能够达成一致进行计算和处理。

目前，常用的共识机制主要有 PoW、PoS、DPoS、Paxos、PBFT 等。根据区块链不同应用场景中各种共识机制的特性，共识机制分析可基于：

（1）合规监管：是否支持超级权限节点对全网节点、数据进行监管。

（2）性能效率：交易达成共识被确认的效率。

（3）资源消耗：共识过程中耗费的 CPU、网络输入输出、存储等资源。

（4）容错性：防攻击、防欺诈的能力。

（三）应用和发展

当前，TCP/IP 协议是全球互联网的“牵手协议”，将“多中心化、分布式”理念变成了一种可执行的程序，并在此基础上派生出了更多的类似协议。然而，回顾互联网技术的发展，虽然当前的互联网技术成功实现了信息的多中心化，但却无法实现价值的多中心化。换句话说，互联网上能多中心化的活动是无须信用背书的活动，需要信用做保证的都是中心化的、有第三方中介机构参与的活动。因此，无法建立全球信用的互联网技术就在发展中遇到了障碍——人们无法在互联网上通过多中心化方式参与价值交换活动。

从区块链技术研究角度看：（1）在共识机制方面，如何解决公有链、私有链、联盟链的权限控制、共识效率、约束、容错率等方面的问题，寻求针对典型场景的、具有普适性的、更优的共识算法及决策将是研究的重点。（2）在安全算法方面，目前采用的算法大多数是传统的安全类算法，存在潜在的“后门”风险，算法的强度也需要不断升级；另外，管理安全、隐私保护、监管缺乏以及新技术（如量子计算）所带来的安全问题需要认真对待；（3）在区块链治理领域，如何结合现有信息技术治理体系的研究，从区块链的战略、组织、架构以及区块链应用体系的各个方面，研究区块链实施过程中的环境与文化、技术与工具、流程与活动等问题，进而实现区块链的价值，开展相关区块链的审计，是区块链治理领域需要关注的核心问题；（4）在技术日益成熟的情况下，研究区块链的标准化，也是需要重要考虑的内容。

区块链将成为互联网的基础协议之一。本质上，互联网同区块链一样，也是个多中心化的网络，并没有一个“互联网的中心”存在。不同的是，互联网是一个高效的信息传输网络，并不关心信息的所有权，没有内生的、对有价值信息的保护机制；区块链作为一种可以传输所有权的协议，将会基于现有的互联网协议架构，构建出新的基础协议层。从这个角度看，区块链（协议）会和传输控制协议 / 因特网互联协议一样，成为未来互联网的基础协议，构建出一个高效的、多中心化的价值存储和转移网络。

区块链架构的不同分层将承载不同的功能。类似 TCP/IP 协议栈的分层结构，人们在统一的传输层协议之上，发展出了各种各样的应用层协议，最终构建出了今天丰富多彩的互联网。未来区块链结构也将在一个统一的、多中心化的底层协议基础上，发展出各种各样应用层协议。

区块链的应用和发展呈螺旋式上升趋势。如同互联网的发展一样，在发展过程中会经历过热甚至泡沫阶段，并以颠覆式的技术改变融合传统产业。区块链作为数字化浪潮中下一个阶段的核心技术，其发展周期将比预想得要长，影响的范围和深度也会远远超出人们的想象，将会构建出多样化生态的价值互联网，从而深刻改变未来商业社会的结构和每个人的生活。

五、人工智能

人工智能是指研究和开发用于模拟、延伸和扩展人类智能的理论、方法、技术及应用系统的一门技术科学。这一概念自 1956 年被提出后，已历经半个多世纪的发展和演变。21 世纪初，随着大数据、高性能计算和深度学习技术的快速迭代和进步，人工智能进入新一轮的发展热潮，其强大的赋能性对经济发展、社会进步、国际政治经济格局等产生了重大且深远的影响，已成为新一轮科技革命和产业变革的重要驱动力量。

（一）技术基础

人工智能从产生到现在，其发展历程经历了六个主要阶段：起步发展期（1956 年至 20 世纪 60 年代初）、反思发展期（20 世纪 60 年代至 20 世纪 70 年代初）、应用发展期（20 世纪 70 年代初至 20 世纪 80 年代中）、低迷发展期（20 世纪 80 年代中至 20 世纪 90 年代中）、稳步发展期（20 世纪 90 年代中至 2010 年）、蓬勃发展期（2011 年至今）。

对当前的人工智能技术进行分析可知，其在技术研究方面主要聚焦于热点技术、共性技术和新兴技术三个方面。其中，以机器学习为代表的基础算法的优化改进和实践，以及迁移学习、强化学习、多核学习和多视图学习等新型学习方法是研究探索的热点；自然语言处理相关的特征提取、语义分类、词嵌入等基础技术和模型研究，以及智能自动问答、机器翻译等应用研究也取得诸多的成果；以知识图谱、专家系统为逻辑的系统化分析也在不断地取得突破，大大拓展了人工智能的应用场景，对人工智能未来的发展具有重要的潜在影响。

（二）关键技术

人工智能的关键技术主要有机器学习、自然语言处理、专家系统等，随着人工智能应用的深入，越来越多新兴的技术也在快速发展中。

1. 机器学习

机器学习是一种自动将模型与数据匹配，并通过训练模型对数据进行“学习”的技术。机器学习的研究主要聚焦在机器学习算法及应用、强化学习算法、近似及优化算法和规划问题等方面，其中常见的学习算法主要包含回归、聚类、分类、近似、估计和优化等基础算法的改进研究，迁移学习、多核学习和多视图学习等强化学习方法是当前的研究热点。

神经网络是机器学习的一种形式，该技术出现在20世纪60年代，并用于分类型应用程序。它根据输入、输出、变量权重或将输入与输出关联的“特征”来分析问题，类似于神经元处理信号的方式。深度学习是通过多等级的特征和变量来预测结果的神经网络模型，得益于当前计算机架构更快的处理速度，这类模型有能力应对成千上万个特征。与早期的统计分析形式不同，深度学习模型中的每个特征通常对于人类观察者而言意义不大，该模型的使用难度很大且难以解释。深度学习模型使用一种称为反向传播的技术，通过模型进行预测或对输出进行分类。强化学习是机器学习的另外一种方式，是指机器学习系统制定了目标而且迈向目标的每一步都会得到某种形式的奖励。

机器学习模型是以统计为基础的，应该将其与常规分析进行对比以明确其价值增量。它们往往比基于人类假设和回归分析的传统“手工”分析模型更准确，但也更复杂和难以解释。相比于传统的统计分析，自动化机器学习模型更容易创建，而且能够揭示更多的数据细节。

2. 自然语言处理

自然语言处理（Natural Language Processing，NLP）是计算机科学领域与人工智能领域中的一个重要方向。它研究能实现人与计算机之间用自然语言进行有效通信的各种理论和方法。自然语言处理是一门融语言学、计算机科学、数学于一体的科学。因此，这一领域的研究将涉及自然语言，即人们日常使用的语言。它与语言学的研究有着密切的联系，但又有重要的区别。自然语言处理并不是一般地研究自然语言，而在于研制能有效地使用自然语言通信的计算机系统，特别是其中的软件系统。因而它是计算机科学的一部分。

自然语言处理主要应用于机器翻译、舆情监测、自动摘要、观点提取、文本分类、问题回答、文本语义对比、语音识别、中文OCR等方面。

自然语言处理（即实现人机间自然语言通信，或实现自然语言理解和自然语言生成）是十分困难的，困难的根本原因是自然语言文本和对话的各个层次上广泛存在着各种各样的歧义性或多义性。自然语言处理解决的核心问题是信息抽取、自动文摘/分词、识别转化等，用于解决内容的有效界定、歧义性和模糊性、有瑕疵的或不规范的输入、语言行为理解和交互等问题。当前，深度学习技术是自然语言处理的重要技术支撑，在自然语言处理中需应用深度学习模型，如卷积神经网络、循环神经网络等，通过对生成的词向量进行学习，以完成自然语言分类、理解的过程。

3. 专家系统

专家系统是一个智能计算机程序系统，通常由人机交互界面、知识库、推理机、解释器、综合数据库、知识获取等构成，其内部含有大量的某个领域专家水平的知识与经验，它能够应用人工智能技术和计算机技术，根据系统中的知识与经验，进行推理和判断，模拟人类专家的决策过程，以便解决那些需要人类专家处理的复杂问题。简而言之，专家系统是一种模拟人类专家解决领域问题的计算机程序系统。

在人工智能的发展过程中，专家系统的发展已经历了三个阶段，正向第四代过渡和发展。第一代专家系统以高度专业化、求解专门问题的能力强为特点。但在体系结构的完整性、可移植性、系统的透明性和灵活性等方面存在缺陷，求解问题的能力弱。第二代专家系统属于单学科专业型、应用型系统，其体系结构较完整，移植性方面也有所改善，而且在系统的人机接口、解释机制、知识获取技术、不确定推理技术、增强专家系统的知识表示及推理方法的启发性和通用性等方面都有所改进。第三代专家系统属于多学科综合型系统，采用多种人工智能语言，综合采用各种知识表示方法和多种推理机制及控制策略，并运用各种知识工程语言、骨架系统及专家系统开发工具和环境来研制大型综合专家系统。

当前人工智能的专家系统研究已经进入第四个阶段，主要研究大型多专家协作系统、多种知识表示、综合知识库、自组织解题机制、多学科协同解题与并行推理、专家系统工具与环境、人工神经网络知识获取及学习机制等。

（三）应用和发展

经过60多年的发展，人工智能在算法、算力（计算能力）和算料（数据）等方面取得了重要突破，正处于从“不能用”到“可以用”的技术拐点，但是距离“很好用”还存在诸多瓶颈。实现从专用人工智能向通用人工智能的跨越式发展，既是下一代人工智能发展的必然趋势，也是研究与应用领域的重大挑战，是未来应用和发展的趋势。

（1）从人工智能向人机混合智能发展。借鉴脑科学和认知科学的研究成果是人工智能的一个重要研究方向。人机混合智能旨在将人的作用或认知模型引入人工智能系统，提升人工智能系统的性能，使人工智能成为人类智能的自然延伸和拓展，通过人机协同更加高效地解决复杂问题。

（2）从“人工+智能”向自主智能系统发展。当前人工智能领域的大量研究集中在深度学习，但是深度学习的局限是需要大量人工干预，如人工设计深度神经网络模型、人工设定应用场景、人工采集和标注大量训练数据、用户需要人工适配智能系统等，非常费时费力。因此，科研人员开始关注减少人工干预的自主智能方法，提高机器智能对环境的自主学习能力。

（3）人工智能将加速与其他学科领域交叉渗透。人工智能本身是一门综合性的前沿学科和高度交叉的复合型学科，研究范畴广泛且异常复杂，其发展需要与计算机科学、数学、认知科学、神经科学和社会科学等学科深度融合。借助于生物学、脑科学、生命科学和心理学等学科的突破，将机理变为可计算的模型，人工智能将与更多学科深入地交叉渗透。

（4）人工智能产业将蓬勃发展。随着人工智能技术的进一步成熟以及政府和产业界投入的日益增长，人工智能应用的云端化将不断加速，全球人工智能产业规模在未来10年将进入高速增长期。“人工智能 +X”的创新模式将随着技术和产业的发展日趋成熟，对生产力和产业结构产生革命性影响，并推动人类进入普惠型智能社会。

（5）人工智能的社会学将提上议程。为了确保人工智能的健康可持续发展，使其发展成果造福于民，需要从社会学的角度系统全面地研究人工智能对人类社会的影响，制定完善的人工智能法律法规，规避可能的风险，旨在“以有利于整个人类的方式促进和发展友好的人工智能”。

六、虚拟现实

自计算机创造以来，计算机一直是传统信息处理环境的主体，这与人类认识空间及计算机处理问题的信息空间存在不一致的矛盾，如何把人类的感知能力和认知经历及计算机信息处理环境直接联系起来，是虚拟现实产生的重大背景。如何建立一个能包容图像、声音、化学气味等多种信息源的信息空间，将其与视觉、听觉、嗅觉、口令、手势等人类的生活空间交叉融合？为解决这一问题，虚拟现实的技术应运而生。

（一）技术基础

虚拟现实（Virtual Reality，VR）是一种可以创立和体验虚拟世界（其中虚拟世界是全体虚拟环境的总称）的计算机系统。通过虚拟现实系统所建立的信息空间，已不再是单纯的数字信息空间，而是一个包容多种信息的多维化信息空间（Cyberspace），人类的感性认识和理性认识能力都能在这个多维化的信息空间中得到充分的发挥。要创立一个能让参与者具有身临其境感，具有完善交互作用能力的虚拟现实系统，在硬件方面，需要高性能的计算机软硬件和各类先进的传感器；在软件方面，主要需要提供一个能产生虚拟环境的工具集。

虚拟现实技术的主要特征包括沉浸性、交互性、多感知性、构想性（也称为想象性）和自主性。随着虚拟现实技术的快速发展，按照其沉浸程度的高低和交互程度的不同，虚拟现实技术已经从桌面虚拟现实系统、沉浸式虚拟现实系统、分布式虚拟现实系统等，向着增强式虚拟现实系统（Augmented Reality，AR）和元宇宙的方向发展。

（二）关键技术

虚拟现实的关键技术主要涉及人机交互技术、传感器技术、动态环境建模技术和系统集成技术等。

1. 人机交互技术

虚拟现实中的人机交互技术与传统的只有键盘和鼠标的交互模式不同，是一种新型的利用 VR 眼镜、控制手柄等传感器设备，能让用户真实感受到周围事物存在的三维交互技术，将三维交互技术与语音识别、语音输入技术及其他用于监测用户行为动作的设备相结合，形成了目前主流的人机交互手段。

2. 传感器技术

VR 技术的进步受制于传感器技术的发展，现有的 VR 设备存在的缺点与传感器的灵敏程度有很大的关系。例如，VR 头显（即 VR 眼镜）设备过重、分辨率低、刷新频率慢等，容易造成视觉疲劳；数据手套等设备也都有延迟长、使用灵敏度不够的缺陷。因此，传感器技术是 VR 技术更好地实现人机交互的关键。

3. 动态环境建模技术

虚拟环境的设计是 VR 技术的重要内容，该技术利用三维数据建立虚拟环境模型。目前常用的虚拟环境建模工具为计算机辅助设计（Computer Aided Design，CAD），操作者可以通过 CAD 技术获取所需数据，并通过得到的数据建立满足实际需要的虚拟环境模型。除了通过 CAD 技术获取三维数据，多数情况下还可以利用视觉建模技术，两者相结合可以更有效地获取数据。

4. VR 系统集成技术

VR 系统集成技术包括信息同步、数据转换、模型标定、识别和合成等技术，由于 VR 系统中存储着许多的语音输入信息、感知信息以及数据模型，因此 VR 系统集成技术显得越发重要。

（三）应用和发展

（1）硬件性能优化迭代加快。轻薄化、超清化加速了虚拟现实终端市场的迅速扩大，开启了虚拟现实产业爆发增长的新空间，虚拟现实设备的显示分辨率、帧率、自由度、延时、交互性能、重量、眩晕感等性能指标日趋优化，用户体验感不断提升。

（2）网络技术的发展有效助力加深其应用化的程度。泛在网络通信和高速的网络数据传输，有效提升了虚拟现实技术在应用端的体验。借助于终端轻型化和移动化 5G 技术，高峰值速率、毫秒级的传输时延和千亿级的连接能力，降低了对虚拟现实终端侧的要求。

（3）虚拟现实产业要素加速融通。技术、人才多维并举，虚拟现实产业核心技术不断取得突破，已形成较为完整的虚拟现实产业链条。虚拟现实产业呈现出从创新应用到常态应用的产业趋势，在舞台艺术、体育智慧观赛、新文化弘扬、教育、医疗等领域普遍应用。“虚拟现实 + 商贸会展”成为未来新常态，“虚拟现实 + 工业生产”是组织数字化转型的新动能，“虚拟现实 + 智慧生活”大大提升了未来智能化的生活体验，“虚拟现

实 + 文娱休闲”成为新型信息消费模式的新载体等。

（4）元宇宙等新兴概念为虚拟现实技术带来了“沉浸和叠加”“激进和渐进”“开放和封闭”等新的商业理念，大大提升了其应用价值和社会价值，将逐渐改变人们所习惯的现实世界物理规则，以全新方式激发产业技术创新，以新模式、新业态等方式带动相关产业跃迁升级。

课后练习

一、选择题

1.（　　）关键技术主要涉及传感器技术、传感网和应用系统架构等。

A. 物联网　　B. 云计算　　C. 大数据　　D. 人工智能

2.（　　）关键技术主要涉及机器学习、自然语言处理、专家系统等技术。

A. 物联网　　B. 云计算　　C. 大数据　　D. 人工智能

3. 关于云计算的描述，不正确的是（　　）。

A. 云计算可以通过宽带网络连接。用户需要通过宽带网络接入“云”并获得有关的服务，“云”内节点之间也通过内部的高速网络相连

B. 云计算可以快速、按需、弹性服务。用户可以按照实际需求迅速获取或释放资源，并可以根据需求对资源进行动态扩展

C. 按照云计算服务提供的资源层次，可以分为基础设施即服务和平台即服务两种服务类型

D. 云计算是一种基于并高度依赖互联网，用户与实际服务提供的计算资源相分离，集合了大量计算设备和资源，并向用户屏蔽底层差异的分布式处理架构

4. 区块链有以下几种特性：多中心化、多方维护、时序数据、智能合约、开放共识、安全可信和（　　）。

A. 可回溯性　　B. 不可篡改　　C. 周期性　　D. 稳定性

5. 虚拟现实技术的主要特征包括沉浸性、交互性、多感知性、构想性和（　　）。

A. 自主性　　B. 抗否认性　　C. 可审计性　　D. 可靠性

二、简答题

1. 什么是群体决策支持系统？

2. 什么是人工智能？列出几个人工智能的例子。

3. 群体决策支持系统的形式有哪些？

4. 什么是专家系统？举出一个专家系统的例子。

5. 专家系统和 DSS 有什么不同？

项目 8

ERP、CRM 和 SCM

学习目标

1. 掌握 ERP 的基本原理和方法。

2. 理解 CRM 和 SCM。

导入案例

20 世纪 80 年代初，我国市场经济刚刚起步，企业缺乏足够的市场竞争意识，加上传统的管理模式无法为管理人员提供可靠的决策依据，往往造成盲目采购、库存积压、坏账损失等不利状况。一些具有超前意识的企业，希望通过引进国外先进的管理思想和模式，提高自身的管理水平和经济效益，于是制造资源计划（MRP Ⅱ）被引进了中国。

随着市场经济的进一步发展，尤其是进入 21 世纪，我国加入 WTO 后，企业面对复杂多变、不可预测、竞争激烈的全球市场环境，更加迫切地需要借助先进的管理工具来提高企业竞争力。在国家倡导“以信息化带动工业化”的政策推动下，体现了当今世界上最先进的企业管理理论的 ERP 就成为我国企业实现信息化的首选。同时，国外 ERP 软件商的涌入（如德国 SAP、美国 Oracle 等）和国内软件商的崛起（如用友、金蝶等），加大了 ERP 软件行业的竞争，这不仅促进了系统功能的完善和发展，也扩大了软件的选择范围。近 10 年来，ERP 在我国获得了迅速发展。

问题：

1. 什么是 ERP？

2. 说说 ERP 的发展历程。

知识探究

8.1 企业资源计划（ERP）

在激烈的全球市场竞争中，无论是流程式制造业还是离散式制造业，无论是从事单件生产、多品种小批量生产、少品种重复生产，还是从事标准产品大批量生产，制造业内部管理都可能遇到以下一些问题：企业拥有卓越的销售人员推销产品，但是生产线上的工人却没有办法如期交货；车间管理人员抱怨采购部门没有及时供应他们所需要的原料；实际上，采购部门的效率过高，仓库里囤积的某些材料 10 年都用不完，仓库库位饱和，资金周转很慢；许多公司要用 6 ～ 13 个星期的时间，才能计算出所需要的物料量，所以订货周期只能为 6 ～ 13 个星期；订货单和采购单上的日期和缺料单上的日期都不相同，没有一个是确定的；财务部门不信赖仓库部门的数据，不以它来计算制造成本；等等。

不能否认，以上这些情况正是我们大多数企业目前所面临的严峻的问题。20 世纪 90 年代以来，企业信息处理量不断加大，企业资源管理的复杂化也不断加大，这要求信息的处理有更高的效率；传统的人工管理方式难以适应以上系统，而只能依靠计算机系统来实现；信息的集成要求扩大到企业整体资源的利用、管理，从而产生了新一代的管理理论与计算机系统——企业资源计划（Enterprise Resource Planning，ERP）。

ERP 是建立在信息技术基础上，利用现代企业的先进管理思想，全面地集成了企业所有资源信息，为企业提供决策、计划、控制与经营业绩评估的全方位和系统化的管理平台。

一、ERP 的原理

ERP 是集企业管理理念、业务流程、基础数据、人力、物力、计算机硬件和软件于一体的企业资源管理系统。它以信息技术为基础，利用先进的管理思想，对企业所拥有的人力、资金、材料、设备等所有资源进行综合平衡和充分考虑，为企业提供决策、计划、控制与经营业绩评估的全方位和系统化的管理平台。

我们可以从管理思想、软件产品、管理系统三个层次给出它的定义：

（1）ERP 是由美国著名的计算机技术咨询和评估集团 Gartner Group Inc（简称 Gartner）在 20 世纪 90 年代提出的一整套企业管理系统体系标准，其实质是在制造资源计划（Manufacturing Resources Planning，MRPⅡ）基础上进一步发展而成的面向供应链（Supply Chain）的管理思想。“打破企业的四壁，把信息集成的范围扩大到企业的上下游，管理整个供应链，实现供应链制造。”

（2）ERP 是综合应用了客户机 / 服务器体系、关系数据库结构、面向对象技术、图形用户界面、第四代语言（4GL）、网络通信等信息产业成果，以 ERP 管理思想为灵魂的软件产品。

（3）ERP 是集企业管理理念、业务流程、基础数据、人力物力、计算机硬件和软件于一体的企业资源管理系统。

ERP 由物料需求计划（Material Requirement Planning，MRP）发展而来，其形成大致经历了时段式 MRP 阶段、闭环 MRP 阶段、MRP Ⅱ阶段和 ERP 阶段，如图 8.1 所示。

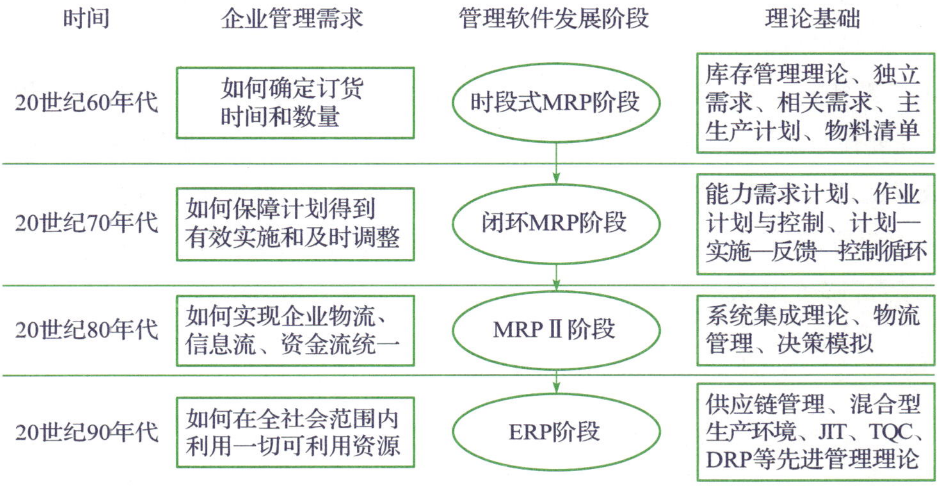

图 8.1　ERP 的发展历程

ERP 是一个庞大的管理信息系统，要讲清楚 ERP 原理，我们要沿着 ERP 发展的四个主要阶段，从最为基本的时段式 MRP 引入。

（一）时段式 MRP

按需求的来源不同，企业内部的物料可分为独立需求和相关需求两种类型。独立需求是指需求量和需求时间由企业外部的需求来决定，如客户订购的产品、科研试制需要的样品、售后维修需要的备品备件等；相关需求是指根据物料之间的结构关系由独立需求的物料所产生的需求，如半成品、零部件、原材料等的需求。

时段式 MRP 的基本内容是围绕物料转化组织制造资源，实现按需要量准时生产。

时段式 MRP 的基本任务是：根据最终产品的生产计划（独立需求）导出相关物料（原材料、零部件等）的需求量和需求时间（相关需求）；根据物料的需求时间和生产（订货）周期来确定其开始生产（订货）的时间。

时段式 MRP 的基本内容是编制零件的生产计划和采购计划。然而，要正确编制零件的生产计划，必须落实产品的生产进度计划，即主生产计划（Master Production Schedule，MPS），这是 MRP 展开的依据。MRP 还需要清楚产品的零件结构，即物料清单（Bill of Material，BOM），才能把主生产计划展开成零件计划。同时，必须清楚库存数量才能准确计算出零件的采购数量。

因此，时段式 MRP 的依据是主生产计划、物料清单、库存信息。

1. 主生产计划

主生产计划是确定每一具体的最终产品在每一具体时间段内生产数量的计划。这里的最终产品是指对于企业来说最终完成、要出厂的产成品，它要具体到产品的品种、型号。这里的具体时间段，通常是以周为单位，在有些情况下，也可以是日、旬、月。主生产计划详细规定生产什么、什么时段应该产出，它是独立需求计划。

2. 产品结构与物料清单

MRP 系统要正确计算出物料需求的时间和数量，特别是相关物料的需求数量和时间，首先要使系统能够知道企业所制造的产品结构和所有要使用到的物料。产品结构列出构成成品或装配件的所有部件、组件、零件等的种类、装配关系和数量要求。它是 MRP 产品拆零的基础。举例来说，图 8.2 所示是一个简化了的自行车产品结构图，它大体反映了自行车的构成。

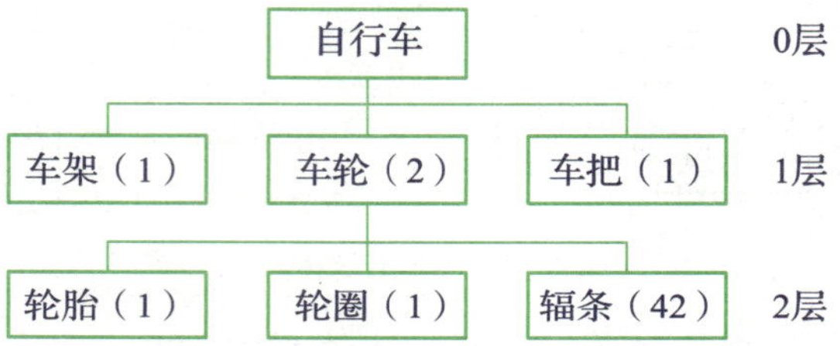

图 8.2　自行车产品结构图

当然，这并不是我们最终所要的物料清单。为了便于计算机识别，必须把产品结构图转换成规范的数据格式，这种用规范的数据格式来描述产品结构的文件就是物料清单。它必须说明组件（部件）中各种物料需求的数量和相互之间的结构关系。表 8.1 所示就是一张简单的与自行车产品结构相对应的物料清单。

表 8.1　自行车产品的物料清单

层次	物料号	物料名称	单位	数量	类型	成品率	ABC 码	生效日期	失效日期	提前期
0	GE950	自行车	辆	1	M	1.0	A	950101	971231	2
1	GB120	车架	件	1	M	1.0	A	950101	971231	3
1	CL120	车轮	个	2	M	1.0	A	950101	971231	2
2	LG300	轮圈	件	1	B	1.0	A	950101	971231	5
2	GB890	轮胎	套	1	B	1.0	B	950101	971231	7
2	GBA30	辐条	根	42	B	0.9	B	950101	971231	4
1	113000	车把	套	1	B	1.0	A	950101	971231	4

注：类型中“M”为自制件，“B”为外购件。

3. 库存信息

库存信息是保存企业所有产品、零部件、在制品、原材料等存在状态的数据库。为便于计算机识别，必须对物料进行编码。物料编码是 MRP 系统识别物料的唯一标识。

（1）现有库存量：是指在企业仓库中实际存放的物料的可用库存数量。

（2）计划收到量（在途量）：是指根据正在执行中的采购订单或生产订单，在未来某个时段物料将要入库或将要完成的数量。

（3）已分配量：是指尚保存在仓库中但已被分配掉的物料数量。

（4）提前期：是指执行某项任务由开始到完成所消耗的时间。

（5）订购（生产）批量：在某个时段内向供应商订购或要求生产部门生产某种物料的数量。

（6）安全库存量：为了预防需求或供应方面不可预测的波动，在仓库中经常应保持最低库存数量作为安全库存量。

根据以上的各个数值，可以计算出某项物料的净需求量：

净需求量 = 毛需求量 + 已分配量 − 计划收到量 − 现有库存量

从图 8.3 中可以看出 MRP 的直接输入为 MPS，MPS 是根据客户订单及销售预测而得到的。库存控制（IC）和物料清单 BOM 也是 MRP 的输入。MRP 的处理主要是分解 BOM，计算净需求，计算计划下达量。MRP 的输出为计划下达量，即零部件的生产计划及原材料、外购件的采购计划，此外还有一些修改计划的通知。

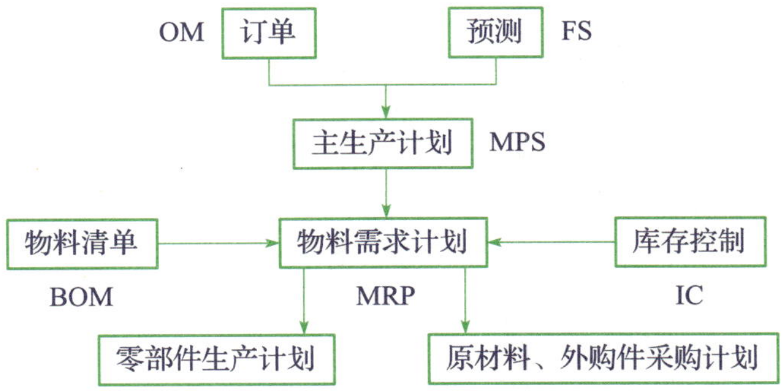

图 8.3　物料需求计划

（二）闭环 MRP

首先，MRP 系统建立在假定已有了主生产计划，并且主生产计划是可行的前提之下，这就意味着已经考虑了生产能力的情况，有足够的生产设备和人力来保证生产计划的实现。对于已定的主生产计划，应该生产什么、生产多少，属于 MRP 的功能范畴。而工厂生产能力有多大、能生产什么属于制订主生产计划的范围，对此 MRP 系统显得无能为力。这是 MRP 欠缺的一面。其次，MRP 系统的建立是假定物料采购计划可行的前提下，即认为有足够的供应能力和运输能力来保证物料的采购计划。而实际上有些物料由于市场、供应和运输的原因，无法按时按量满足物料采购计划，MRP 的输出将只是设想，而无法实现。但它还不够完善，其主要缺陷是没有考虑到生产企业现有的生产能力和采购的有关条件的约束，缺乏根据计划实施情况的反馈信息对计划进行调整的功能。

正是为了解决以上问题，MRP 系统在 20 世纪 70 年代发展为闭环 MRP 系统。闭环 MRP 系统除了物料需求计划，还将生产能力需求计划、车间作业计划和采购作业计划也全部纳入 MRP，形成一个封闭的系统。

1. 闭环 MRP 的原理与结构

MRP 系统的正常运行，需要有一个现实可行的主生产计划。它除了要反映市场需求和合同订单，还必须满足企业的生产能力约束条件。因此，除了要编制资源需求计划外，还要编制能力需求计划（CRP），同各个工作中心的能力进行平衡。只有当采取了措施做到能力与资源均满足负荷需求时，才能开始执行计划。

而要保证实现计划就要控制计划，执行 MRP 时要用派工单来控制加工的优先级，用采购单来控制采购的优先级。这样，MRP 系统进一步发展，把能力需求计划和执行及控制计划的功能也包括进来，形成一个闭环回路，称为闭环 MRP，闭环 MRP 逻辑流程图如图 8.4 所示。

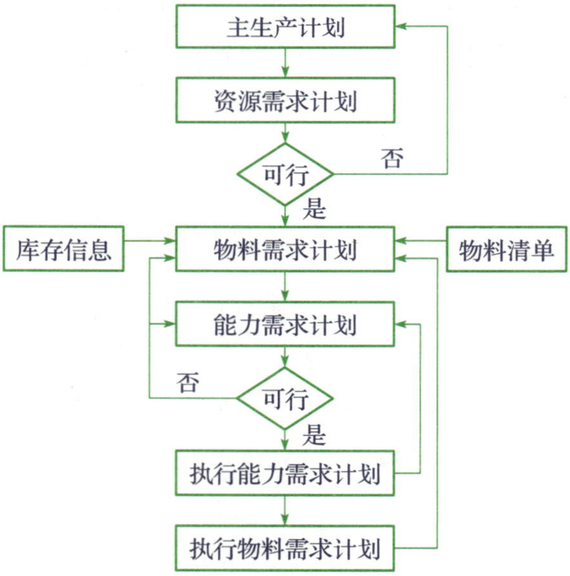

图 8.4　闭环 MRP 逻辑流程图

因此，闭环 MRP 成为一个完整的生产计划与控制系统。

2. 能力需求计划

（1）资源需求计划与能力需求计划。

在闭环 MRP 系统中，把关键工作中心的负荷平衡称为资源需求计划，或称为粗能力计划，它的计划对象为独立需求件，主要面向的是主生产计划；把全部工作中心的负荷平衡称为能力需求计划，或称为详细能力计划，它的计划对象为相关需求件，主要面向的是车间。由于 MRP 和 MPS 之间存在内在的联系，因此资源需求计划与能力需求计划也是一脉相承的，后者是在前者的基础上进行计算的。

（2）能力需求计划的依据。

1）工作中心：是各种生产或加工能力单元和成本计算单元的统称。对于工作中心，都统一用工时来量化其能力的大小。

2）工作日历：是用于编制计划的特殊形式的日历，它是由普通日历除去每周双休日、假日、停工和其他不生产的日子，并将日期表示为顺序形式而形成的。

3）工艺路线：是一种反映制造某项“物料”加工方法及加工次序的文件。它说明加工和装配的工序顺序、每道工序使用的工作中心、各项时间定额、外协工序的时间和费用等。

4）MRP 输出的零部件作业计划。

（3）能力需求计划的计算逻辑。

闭环 MRP 的基本目标是满足客户和市场的需求，因此在编制计划时，先不考虑能力约束而优先保证计划需求，然后进行能力计划。经过多次反复运算，调整核实，才能转入下一个阶段。能力需求计划的运算过程就是把物料需求计划定单换算成能力需求数量，生成能力需求报表。能力需求计划的计算逻辑如图 8.5 所示。

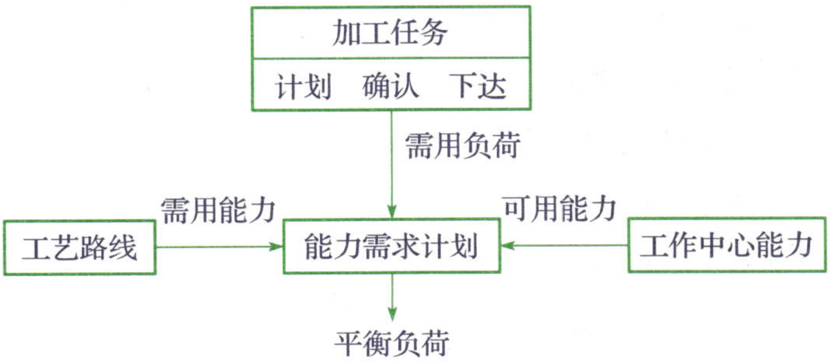

图 8.5　能力需求计划的计算逻辑

当然，在计划时段中也有可能出现能力需求超负荷或低负荷的情况。闭环 MRP 能力计划通常是通过报表的形式（直方图是常用工具）向计划人员报告，但是并不进行能力负荷的自动平衡，这个工作由计划人员完成。

3. 现场作业控制

各工作中心能力与负荷需求基本平衡后，接下来就要集中解决如何具体地组织生产活动，以便既能合理利用各种资源又能按期完成各项订单任务，并将客观生产活动进行的状况及时反馈到系统中，以便根据实际情况进行调整与控制，这就是现场作业控制。

它的工作内容一般包括以下四个方面：

（1）车间订单下达：订单下达是核实 MRP 生成的计划订单，并转换为下达订单。

（2）作业排序：它是指从工作中心的角度控制加工工件的作业顺序或作业优先级。

（3）投入产出控制：它是一种监控作业流（正在作业的车间订单）通过工作中心的技术方法。利用投入 / 产出报告，可以分析生产中存在的问题，采取相应的措施。

（4）作业信息反馈：它主要跟踪作业订单在制造过程中的运动，收集各种资源消耗的实际数据，更新库存余额并完成 MRP 的闭环。

（三）MRP Ⅱ

闭环 MRP 系统的出现，使生产活动方面的各种子系统得到了统一。但这还不够，因为在企业的管理中，生产管理只是一个方面，它所涉及的仅仅是物流，而与物流密切相关的还有资金流。这在许多企业中是由财会人员另行管理的，这就造成了数据的重复录入与存储，甚至造成数据的不一致性。

于是，20 世纪 80 年代，人们把生产、财务、销售、工程技术、采购等各个子系统集成为一个一体化的系统，并称为制造资源计划（Manufacturing Resource Planning）系统，英文缩写还是 MRP，为了区别物流需求计划（亦缩写为 MRP）而记为 MRP Ⅱ。

MRP Ⅱ 的基本思想是把企业作为一个有机整体，从整体最优的角度出发，运用科学方法对企业各种制造资源和产、供、销、财各个环节进行有效的计划、组织和控制，使它们得以协调发展，并充分发挥作用。MRP Ⅱ 的逻辑流程图如图 8.6 所示。

在流程图的右侧是计划与控制系统的流程，它包括了决策层、计划层和控制执行层，可以理解为经营计划管理的流程；中间是基础数据，要存储在计算机系统的数据库中，并且反复调用。这些数据信息的集成，把企业各个部门的业务沟通起来，可以理解为计算机数据库系统。左侧是主要的财务系统，这里只列出应收账、总账和应付账。各个连线表明信息的流向及相互之间的集成关系。

MRP Ⅱ 是解决财务与业务脱节管理问题的信息化系统，MRP Ⅱ 在 MRP 的基础上增加的主要管理理念是管理会计的应用。做到资金流同信息流的集成，是判断企业实现 MRP Ⅱ 的主要标志。

二、ERP 系统

进入 20 世纪 90 年代，随着市场竞争的进一步加剧，企业竞争空间与范围的进一步扩大，MRP Ⅱ 主要面向企业内部资源全面计划管理的思想逐步发展为怎样有效利用和管理整体资源的管理思想，企业资源计划（Enterprise Resource Planning，ERP）也就随之产生。

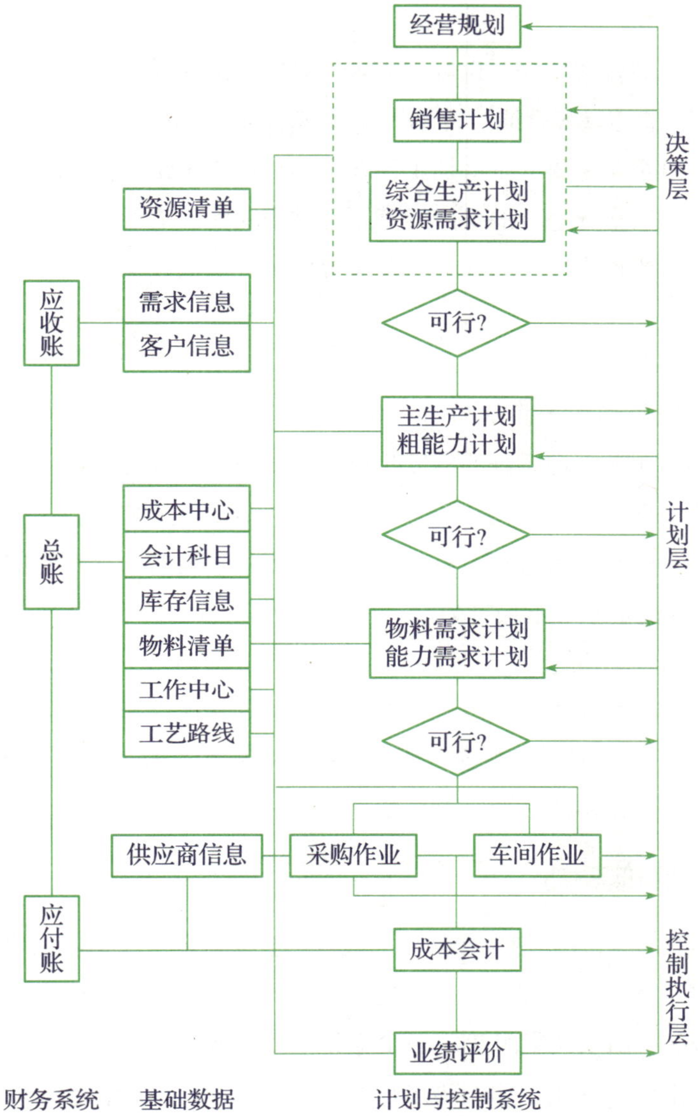

图 8.6 MRP Ⅱ的逻辑流程图

ERP 的核心处理逻辑是根据销售订单或销售预测来确定产品的独立需求（成品、备品备件），对独立需求根据产品结构文件展开相关需求（我们需要什么），再与库存数据（我们有什么）进行比较，最终精确地制订出企业的生产计划（我们还要生产什么）和采购计划（我们还要采购什么），并通过能力需求数据确定企业是否能够在确定的时间生产出或采购回确定数量的产品，并与财务等其他系统集成。

ERP 的管理范围涉及企业的整个经营运作过程，包括分销、生产、库存、财务、质量、设备管理等内容。ERP 系统的主线是计划，核心是财务，在整个经营运作过程中贯穿了成本控制的理念。

（1）计划是主线。

ERP 系统的计划管理体现了以客户需求为导向的运作模式。主生产计划来源于企业的经营规划和市场需求（如合同、订单等），物料需求计划根据主生产计划、物料清单和库存信息，计算出企业需要的全部加工件和采购件的需求量与需求时间，自动生成生产计划和采购计划，以指导企业的生产经营，帮助企业解决需要生产什么和在什么时候生产，以及相关的需要什么物料和在何时购买等问题，从而在保证正常生产的基础上达到降低库存的目的。

（2）财务是核心。

ERP 系统的财务管理子系统与单一化的财务软件最大的区别就在于其实现了与分销、生产、库存等业务管理系统的高度集成，使财务管理的控制覆盖面延伸到了企业管理的各个领域，实现了对企业供、产、销等经营环节的有效控制，提高了会计信息的准确性、实时性和一致性，为管理人员的经营决策提供了及时、全面的信息支持，提高了企业对外部环境变化的快速响应能力。

（3）成本控制贯穿始终。

由于实现了财务与业务的同步，ERP 成本管理模块能够自动采集生产数据，自动生成相应的财务信息，实现对成本进行全过程的实时跟踪和控制，有利于优化生产过程，降低生产成本，从而提高企业的经济效益。

三、ERP 实施案例

成功实施 ERP 会给企业带来看得见的效益，会使市场反应速度加快，产品生产周期加快，资金周转速度加快，客户满意度提高，产品质量提高，总成本降低，最终提高企业的竞争力。例如，山东某集团就是 ERP 系统的受益者。

该集团是集造纸、化工、印刷等多行业于一体的大型国有企业，虽然企业的经济效益很好，但管理上存在的问题却成为企业发展的阻力，具体表现在以下几个方面：

（1）传统的手工核算无法满足财务管理的需求。

（2）库存控制不力，采购成本居高不下。

（3）无法进行及时准确的生产成本核算。

（4）管理信息相互矛盾，市场预测手段落后，严重影响企业的科学决策。

集团的决策层发现了企业在财务、库存、生产方面的管理问题，也认识到信息化技术对于规范企业管理和提高管理水平的作用，决定启用 ERP 系统。在 ERP 实施过程中，企业经历了部分人员不理解、抵触到逐渐接受和依赖的过程。从运行情况看，企业在物料采购、库存管理、销售管理、生产管理等方面都取得了显著的成效。

（1）优化了库存管理模式，降低了资金占用。ERP 实施后第一季度的库存资金占用比上年底降低了 2 000 多万元，资金周转率提高了 1.5 倍。

（2）实现了全公司信息资源共享，提高了工作效率。ERP 系统的建立实现了企业各部门之间的信息集成与共享，提高了企业对市场的反应速度，使各项工作更加有条不紊。

（3）降低了成本，节约了资金，增加了利润。通过对供应商信息的全面管理，节约了采购资金，提高了采购质量；通过对客户信息的全面管理，为企业及时调整销售策略提供了第一手资料；提高了管理人员的工作效率，在实施 ERP 后 5 个月的时间里，公司各种加班共计减少 5 432 次，减少支出 16.3 万元。在实施 ERP 期间获得经济效益约达 1 077.51 万元。

但是，ERP 在我国极低的实施成功率也说明了 ERP 是一项十分艰巨、风险很大的工程。企业缺乏变革意识、基础管理薄弱、业务流程混乱、员工素质较低，这些因素都会直接影响 ERP 系统的顺利运行。因此，盲目乐观或悲观都是不理智的，我们必须认清形势，针对实施瓶颈，从管理、技术、制度等各方面进行完善，才能成功实施 ERP，提高企业竞争力。

8.2 客户关系管理（CRM）

一、CRM 概述

（一）CRM 的产生

客户关系管理（Customer Relation Management，CRM）的产生，是由市场需要和管理理念更新的需要、企业管理模式更新的需要、企业核心竞争力提升的要求、电子化浪潮和信息技术的支持等所推动和促成的。它起源于 20 世纪 80 年代初提出的“接触管理”(Contact Management)，到 20 世纪 90 年代初期则演变为客户关怀（Customer Care）。1990 年前后，许多美国企业开始开发销售自动化（Sales Force Automation，SFA）系统，随后又着力发展客户服务系统（Customer Service System，CSS）。1996 年后，一些公司把两个系统合并起来，加上营销策划（Marketing）、现场服务（Field Service），再集成计算机电话集成（Computer Telephony Integration，CTI）技术，形成了呼叫中心（Call Center），结合互联网平台，逐步形成了今天的 CRM。

（二）CRM 的概念

CRM 作为一种管理理念，起源于西方的市场营销理论，产生和发展在美国。作为解决方案，同时还是一个应用软件系统，它集合了当今最新的信息技术，包括互联网和电子商务、多媒体技术、数据仓库和数据挖掘、专家系统和人工智能、呼叫中心以及相应的硬件环境，同时还包括与 CRM 相关的专业咨询等。

（三）CRM 的功能

CRM 的功能分析如图 8.7 所示。

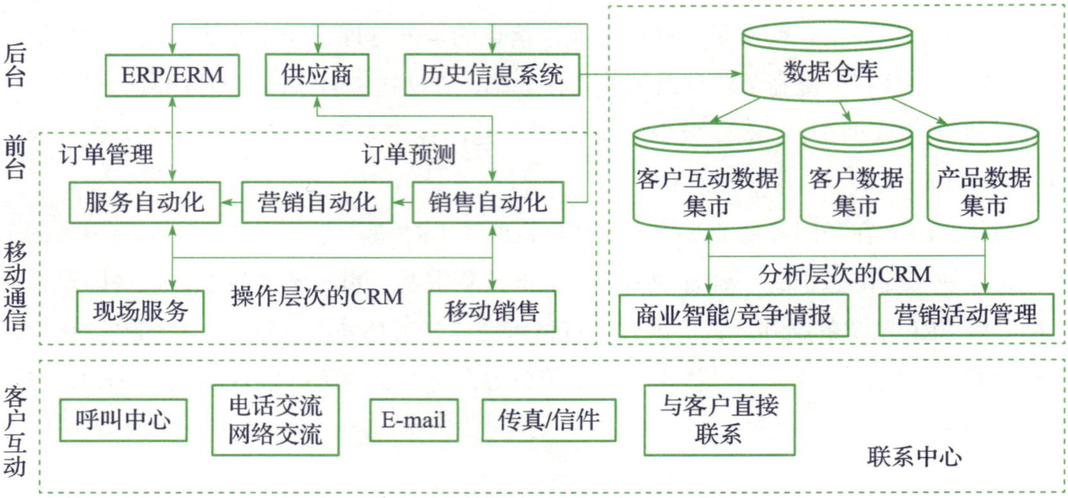

图 8.7　CRM 的功能分析

从图 8.7 中可以看出，CRM 的功能可以归纳为三个方面：对销售、营销和服务三部分商业流程的信息化；与客户进行沟通所需要的手段（如电话、传真、网络、E-mail 等）的集成和自动化处理；将上面两部分所产生的信息进行加工处理，产生商业智能，用以支持企业战略战术的决策。

二、CRM 的内容

CRM 的主要内容有销售自动化、营销自动化、客户服务与支持三个部分。CRM 可以通过电话、传真、E-mail、网络或合作伙伴等多种渠道，以互动的方式加以实现。因此，CRM 是一个融合多种功能、使用多种渠道的管理方法。

（一）销售自动化

销售自动化（Sales Force Automation，SFA）是以自动化方法替代原有的销售过程，它主要包括现场销售、电话销售、网络销售、客户管理、奖金管理、日历日程表等功能。

（二）营销自动化

营销自动化是销售自动化的补充，它通过营销计划的编制、执行和结果分析、清单的产生和管理、预算和预测、资料管理、建立产品定价和竞争等信息的知识库、提供营销的百科全书（通常是产品、定价和竞争对手信息的汇总）、进行客户跟踪、分销管理，以达到营销活动的设计目的。

（三）客户服务与支持

客户服务与支持（Customer Service & Support Applications，CSS）是CRM的重要内容，它通过呼叫中心和互联网来实现。典型的CSS应用软件包括：客户关怀，纠纷、次货和订单跟踪，现场服务管理，记录发生过的问题及其解决方案的数据库，维修行为日程安排及调度，服务协议及合同，服务请求管理等。

三、CRM的实施

（一）CRM实施的基本步骤

一般而言，实施一个CRM系统的基本步骤有确立目标、成立项目小组、开展培训、给出CRM解决方案、系统测试、正式运行、维护、评估和改进等。

（二）CRM实施成功的因素

吸取失败的教训，总结出CRM实施成功的因素主要有以下7个方面：

（1）高层领导的支持。当CRM涉及跨业务部门业务时，为了保证公司范围的改进，得到高层领导的支持是必须的。

（2）要专注于流程。注意力应该是放在流程上而不是技术上，技术只是促进因素，它本身不是解决方案。因此，好的项目小组开展工作后的第一件事就是花费时间去研究现有的营销、销售和服务策略，并找出改进方法。

（3）技术的灵活运用。根据业务流程中存在的问题选择合适的技术，而不是调整流程来适应技术要求，在选择技术时要重视其灵活性和可扩展性，以满足未来的扩展需要。

（4）组织良好的团队。

（5）极大地重视人的因素。首先是向内部用户推销CRM系统，其次是用户参与。

（6）分步实施。通常把三至五年的远景划分成几个可操作的阶段，确定其优先级，分步实施。

（7）系统整合。

（三）CRM实施的成功案例

日立建机（中国）有限公司（HCM）是日立公司的子公司，在日本大约有员工4 500人，在世界上占有20%以上的液压挖掘机市场和40%以上的液压矿用铲车市场。因此，HCM需要一套高科技的电子商务系统来加强业务运作，使下属的7个国内子公司、56个分支机构、98个营销办事处能充分利用系统中的信息来更好地服务客户、增加收益。

1. 全球基础的个性化销售

HCM 使用一套非常个性化的一对一销售方式。当交易快达成的时候，个体销售代表与客户决策人面对面谈判。然而，HCM 的工作对象是建筑工程，在销售过程的初期需要的是团队销售方式。因此，要把所有的客户信息，包括在一对一个人销售访问中得到的信息，很方便地让所有销售人员都知道，是至关重要的。

最初，HCM 使用账簿统计表软件以及文件共享技术，让营销代表共享信息。但是这要花很多时间才能把数据变成其他营销代表都能利用的形式，速度很慢。于是，HCM 实施了 Siebel Sales 软件系统，该系统具有开放式的结构和直观的用户界面。使用 Siebel Sales，各销售单位可以打破地理、时区、货币和规模的界限进行合作销售，以最大限度地满足全球性部署的需要；现场专业人员可以精确地预告未来的业务，创建定做的产品展示和有关建议，很方便地与客户进行通信联络，如做个人请帖、感谢信、信函及其他尺牍。各销售单位可以使用 Siebel Sales 在各销售队伍、销售管理层之间共享信息，迅速创建行情报告，提出建议，把产品和服务形象化，以满足各个客户的不同需要，并提供优质的售后服务和支持。

2. 信息进一步共享提高了公司对客户情况的反映能力

由于交易集中管理，每项业务谈判的信息立即就能为其他营销人员提供参考。Siebel Sales 为公司在现场活动的代表提供支持，保证把他们所收集到的数据传输到公司总部，并立即成为所有营销人员都可以共享的信息。

在 HCM 的客户记录继续按照正常的秩序进行时，营销代表也可以利用 Siebel Sales 的灵活性，随时加入他们每个客户的特有数据。这些个性化的意见和情况反映也可以让 HCM 内部的其他人员了解，在交易拍板的过程中常常能起关键性的作用。

3. 满足客户需要，增加销售量

有了围绕每个客户而建立起来的信息库，即使有营销人员工作发生调动，对整个运作也不会有影响。由于 Siebel Sales 的结构是开放型的，若干相关的信息系统，包括可以让 HCM 从内部计算机集成制造（CIM）系统得到精选信息的数据库系统，以及带有能向客户创建“现场展示”的工具和进入产品目录的促销软件，都可以整合为一体。

8.3 供应链管理（SCM）系统

供应链管理（Supply Chain Management）思想产生于 20 世纪 80 年代末 90 年代初，是对“纵向一体化”管理模式的扬弃。企业内外部环境的变化引起新的管理需求，必然催生新的管理思想和企业新的经营运作模式，而后由新的 IT 应用系统固化和实现。供应链管理系统也遵循这样一个规律。进入 20 世纪 90 年代，客户需求的个性化程度越来越高、市场竞争加剧、新的产品和新的技术不断涌现，企业外部环境的不确定因素急剧增加。在这种背景下，传统的“纵向一体化”战略思想已不能适应新的竞争环境。学术界和企业界人士开始纷纷探讨和实践新的出路，于是“横向一体化”应运而生，供应链管理模式是“横向一体化”的典型代表。

一、供应链管理的概念、内容、核心思想

美国生产与库存管理协会（APICS）给出的供应链定义是：供应链管理就是控制和优化供应链的运作，并通过评价运作的业绩不断改进。供应链是一种全球性的网络，是通过精心设计的物流、信息流、资金流，从原材料开始直到把产品和服务交到客户手中，并连接合作伙伴的各种方法。这些合作伙伴包含最终客户、制造商以及相关的分销商、零售商、运输公司、软件公司、通信公司等。

供应链管理包含计划、采购、制造、配送、退货五大基本内容。

供应链管理模式强调“核心竞争力”，“外包策略”在供应链管理中具有战略意义。供应链管理提倡每个企业从事自己最擅长的区别于其他竞争者的业务部分，而把其他的业务外包给其他公司，所以从这个角度讲，供应链是一个全球网络。建立供应链的目的在于整合企业外部资源，利用整个供应链的相对稳定性和快速响应能力来应对市场的不确定性。

二、企业实施供应链管理应考虑的战略性问题

企业实施供应链管理应该首先认识到，供应链管理不是一种操作层的管理方法，应把它作为企业战略性问题来考虑。从规划整个供应链和供货商、合作伙伴定位的角度来看，它涉及企业整体生产运营规划、企业自身定位、企业战略方向规划、企业集团多元化结构的问题。

（一）制定供应链管理的实施策略

在企业制定自己的供应链实施策略时，应认真辨识本企业的核心竞争力，充分考虑、改善企业文化，加强内部的协同，完善外包策略，提升外部合作的深度与广度，充分挖掘信息的价值，关注信息技术和人工智能等技术对企业的积极作用。

（二）供应链运作模式的选择

根据供应链运作的驱动方式不同，供应链可以分为推动式和牵引式。推动式是指以制造商为核心，逐级把产品从分销商推向客户。采用这一运作方式，各个企业集成度低，整个供应链上的库存水平高，但对供应链上的各个企业要求不高。牵引式是指由客户的需求驱动，进行整个供应链的产品生产与供给。它信息集成度高，但同时对供应链上的

各个企业要求也高。

（三）支持供应链管理的信息系统的选择

供应链管理思想的实现离不开信息技术的迅猛发展，信息技术的应用是推进供应链系统中信息共享的关键，是提高整个供应链的信息精度、及时性和流动速度，从而提高供应链绩效的必要措施。支持供应链管理的主要软件包将在后面专门介绍。

（四）供应链绩效考核与评价

供应链管理的实施是为了提升企业核心竞争力，难以用传统的着眼于可计量的经济效益来评价，企业应该从战略的角度制定相关的业绩测量与评价指标，制定相关的程序和方法。

（五）利用供应链管理系统整合企业外部资源

借助于供应链管理系统，企业可以集成企业外部的信息和资源，实现快速制造和构建虚拟企业。

三、企业实施供应链管理的步骤

（一）基础建设

分析企业内外部环境，辨别影响供应链管理的阻力和推动力，分析和评价市场的不确定性，改善办公流程。

（二）职能集成

进行业务流程重组，集成内部物流流程，实现职能部门跨部门协同运作，响应客户需求。

（三）内部供应链集成

实现企业内部全面集成，并且和供货商、客户实现部分集成。在满足客户需求的基础上降低成本，提高响应速度。强调供应链管理的效率。使用 ERP、MRP Ⅱ等应用系统。

（四）外部供应链集成

将企业内部供应链与外部的供货商和客户集成起来，建立战略合作伙伴关系，加强与主要供货商和客户的联系，要求高柔性的生产系统；强调供应链上各个成员的同步；使用 SCM 系统。

四、供应链管理系统主要功能模块

和 ERP 系统相比，SCM 系统更加侧重于计划的制订与管理，而 ERP 系统更加注重具体业务的处理。SCM 系统一般由以下几部分组成。

（一）需求计划模块

从多种渠道收集需求信息；用统计工具、因果要素和层次分析等手段进行更为精确的预测；用包括互联网和协同引擎（Collaboration Engines）在内的通信技术帮助生成企业间的最新和实时的协作预测，从而保证快速响应客户需求。

（二）生产计划和排程模块

基于企业自身和供应商生产中心与供应能力的约束，编制满足物料和能力约束的生产进度计划，根据不同条件进行优化。各软件供应商根据不同的生产环境应用不同的算法和技术，提供各有特色的软件。该模块可能支持多模式制造、混流制造、车间管理、质量 / 成本管理、多币种、运作智能等。

（三）分销计划模块

管理分销中心并保证产品信息及时更新，保证订货，提高产品盈利能力。分销计划帮助企业分析销售信息，使企业能够优化分销成本或者根据生产能力和成本提高客户服务水平。

（四）运输计划模块

以最经济的方式将产品送达客户。运输计划侧重于短期的和战术的目标。利用成组技术进行交付计划安排并充分利用运输能力。

（五）企业或供应链分析

这是一个整个企业或供应链的图示模型，帮助企业从战略功能上对工厂和销售中心进行调整。从整个供应链的角度分析一个或多个贯穿于其中的产品，注意和发掘问题的症结。

另外，许多 SCM 产品还集成了电子商务的功能，附加有“电子交易场”（Exchange）模块，通过开放的企业对企业（B2B）在线市场购买及销售产品和服务，包括订单目录、现货购买、来源分配、拍卖、付款、后勤管理、并行设计、协作计划与排程、关键绩效指针等。

五、供应链管理系统的结构

现代信息和通信技术是供应链管理得以实现的必要前提，基于 Internet/Intranet 的供应链管理体系结构（见图 8.8）是供应链管理系统的典型解决方案，企业通过高速数据专线接入 Internet，建立自己的 Web 服务器，用于对客户和供应商发布自己的产品以及需求信息，同时加强对不同地域的分销商、分支机构合作伙伴的信息沟通与控制。

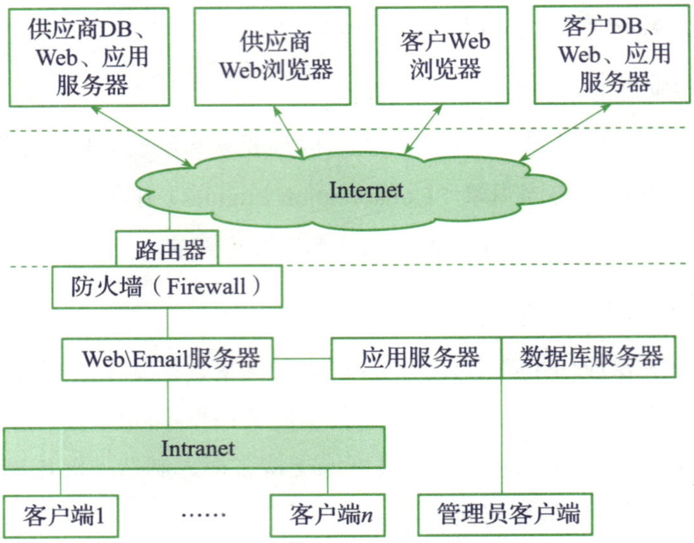

图 8.8　基于 Internet/Intranet 的供应链管理体系结构

六、供应链管理系统的核心技术

高级计划排程（APS）是一种基于约束理论的应用多种数学解析优化算法的计算机技术。APS 采用脱离主服务器长驻内存的运行方式，从 ERP 或其他系统下载数据到专用服务器上进行处理，实现计划的反复运算或对可选方案进行评估，直至得到可行的或基本上可获利的计划或进度表。由于这些系统通常不存在数据库查询和存取的问题，APS 的反复运算可以很快完成。

APS 应用于供应链计划、需求计划、制造计划和排程、供应链智能、供应商进度表编制等，以优化供应链。

课后练习

一、选择题

1. ERP 的形成大致经历了的阶段有（　　）。

A. 时段式 MRP　　B. 闭环 MRP

C. MRP Ⅱ　　D. ERP

2. MRP 即（　　）。

A. 物料需求计划　　B. 独立需求计划

C. 企业资源计划　　D. 制造资源计划

3. MRP 的基本构成是（　　）。

A. 主生产计划（Master Production Schedule，MPS）

B. 产品结构与物料清单（Bill of Material，BOM）

C. 库存信息

D. 净需求量

4. 能力需求计划的依据有（　　）。

A. 工作中心　　B. 工作日历

C. 工艺路线　　D. 工作程序

5. CRM 实施成功的因素包括（　　）。

A. 高层领导的支持　　B. 要专注于流程

C. 组织良好的团队　　D. 系统的整合

二、简答题

1. 说明 ERP 的发展历程。

2. 简述 MRP 的基本原理。

3. 什么是闭环 MRP？ 与基本的 MRP 计划理论有什么不同?

4. 什么是 CRM？ CRM 的产生过程是什么？

5. 什么是 SCM？ SCM 的管理思想是什么？

项目 9

电子商务与电子政务概述

学习目标

1. 掌握电子商务的交易模式、功能和业务流程等内容。
2. 理解电子政务。

导入案例

随着电子技术和因特网的发展，信息技术作为工具被引入商贸活动，产生了电子商务（Electronic Commerce，EC 或 Electronic Business，EB）。通俗来讲，电子商务就是利用先进的电子技术从事各种商务活动的方式。当企业将它的主要业务通过内联网（Intranet，建立在企业防火墙内部的 Internet）、外联网（Extranet）及 Internet 与企业的职员、客户、供销商、合作伙伴直接相连时，其中发生的各种活动就是电子商务。电子商务基于 Intranet/Extranet/Internet，包含从销售、市场到商业信息的全过程。这一过程中，任何能加速商务处理过程、减少商业成本、创造商业价值、提供商业机会的活动都应该归入电子商务的范畴。

问题：

1. 什么是电子商务？
2. 说说电子商务的发展历程。

知识探究

9.1 电子商务

一、电子商务的定义

电子商务通常是指在全球各地广泛的商业贸易活动中，在互联网开放的网络环境下，基于客户端/服务端应用方式，买卖双方不谋面地进行各种商贸活动，实现消费者的网上购物、商户之间的网上交易和在线电子支付，以及各种商务活动、交易活动、金融活动和相关的综合服务活动的一种新型的商业运营模式。各国政府、学者、企业界人士根据自己所处的地位和对电子商务参与的角度和程度的不同，给出了许多不同的定义。电子商务分为 ABC、B2B、B2C、C2C、B2M、M2C、B2A（即 B2G）、C2A（即 C2G）、O2O 等。

电子商务是以信息网络技术为手段，以商品交换为中心的商务活动。“电子商务”，“电子”是一种技术，是一种手段，“商务”才是最核心的目的，一切手段都是为了达成目的而产生的。电子商务师就是利用计算机的技术、网络技术等现代信息技术来进行相关工作的人员。

2023 年 2 月 28 日，国家统计局发布《中华人民共和国 2022 年国民经济和社会发展统计公报》，报告显示：2022 年全年电子商务交易额 438 299 亿元，按可比口径计算，比上年增长 3.5%。

二、电子商务的交易模式

（1）企业与企业之间的电子商务。

简称为 B2B 电子商务，是指商业机构（企业或公司）之间利用互联网进行询价/报价、订货/接受订货、付款/收款等商业活动的完整过程。从国际电子商务发展的实践和潮流看，B2B 业务占据绝对主导地位，在全球电子商务销售额中所占比例高达 80%～90%。

（2）企业与消费者之间的电子商务。

简称为 B2C 电子商务，是指在企业与消费者之间进行的各种电子交易，主要是借助于互联网开展的在线销售活动。B2C 电子商务在数字化产品和服务的销售中具有极大的优势，如近来在国内迅速发展的在线证券交易、网上订票服务系统等就是 B2C 电子商务的典型例子。开展 B2C 电子商务拥有巨大的潜能，是今后电子商务发展不可忽视的一个方向。

（3）企业与政府之间的电子商务。

简称为B2G电子商务，是指在企业与政府机构之间进行的各种网上信息交流、管理和服务。

（4）消费者与政府之间的电子商务。

简称为C2G电子商务，如社会福利基金的发放以及个人报税等。

（5）企业内部的电子商务。

企业内部的电子商务通常在Intranet上进行。企业通过防火墙等安全措施将企业Intranet与Internet隔离，从而将企业Intranet作为一种安全、有效的商务工具，用来自动处理商务操作及工作流程，实现企业内部数据库信息的共享，并为企业内部通信和联系提供快捷的通道。

三、电子商务的功能

（1）网上采购和分销。

网上采购和分销已成为B2B电子商务的主要功能。库存实质上是生产者和消费者之间供求未平衡的中间物，产销间信息沟通越充分，库存积压越少；信息沟通越不充分，库存积压越多。因此，库存可以视为信息化的负指数。互联网构筑虚拟专用网络，将供应及分销渠道的内部网融入其中，从而为企业及时调整产品结构、补充脱销商品，以至分析市场特征、实时调整市场策略等提供帮助，其结果是企业产品库存大大降低，为企业实现零库存，采用实时生产方式创造条件。对于供货商及分销商而言，网上采购及销售也开辟了及时获取畅销商品信息、处理滞销商品的巨大空间，从而加速商品周转。

（2）网上直销。

网上直销省略了全部中间销售环节，并提供更为详细的商品信息，消费者能更快、更容易地比较商品特性及价格，从而在消费选择上居于主动地位，且与众多销售商的联系更为便利。对于卖方而言，这种模式几乎不需要销售成本，且能即时完成交易。电子商务大大减少了交易环节，大幅度降低了交易成本，降低了商品的最终价格，为企业在激烈的市场竞争中赢得优势。

（3）网上支付。

要想完成一个完整的电子商务过程，网上支付是一个重要环节。电子现金、数字支票、信用卡系统等网上支付手段，比传统的货币支付方式更方便，在网上直接采用电子支付手段也可以节省大量交易费用。

由于支付是整个交易过程的重要环节，如果不能较好地解决网上支付中存在的一系列问题，不仅有可能给交易双方带来经济损失，还有可能造成整个社会的金融动荡。

（4）网上交易管理服务。

交易管理是维持正常商业规则的一个重要环节，它涉及人、财、物，企业与企业，企业与客户以及企业内部等多方面的协调和管理，包括有关市场法规、税收征纳、交易纠纷仲裁等。

（5）开展网上宣传与网上调查。

四、电子商务的应用条件

从技术角度看，电子商务的应用条件有企业内部网、企业内部网与互联网连接、电子商务应用系统（用户在该企业的应用平台上或应用系统中进行交易）。

（1）企业内部网。

企业内部网由企业内的 Web 服务器、电子邮件服务器、数据库服务器以及电子商务服务器和客户端的 PC 机组成。所有这些服务器和 PC 机都通过先进的网络设备集线器（Hub）或交换器（Switch）连接在一起，组成企业内部网。Web 服务器最直接的功能是可以向企业内部提供一个 WWW 站点，借此可以完成企业内部日常的信息访问；电子邮件服务器为企业内部提供电子邮件的发送和接收服务；电子商务服务器和数据库服务器通过 Web 服务器为企业内部和外部提供电子商务处理服务；协作服务器主要保障企业内部能协同工作。

（2）企业内部网与互联网连接。

为了实现企业与企业之间、企业与用户之间的连接，企业内部网必须与互联网连接。在企业内部网与互联网连接时，必须采用一些安全措施或具有安全功能的设备，这就是防火墙。为了进一步提高安全性，企业往往还会在防火墙外建立独立的 Web 服务器和电子邮件服务器供企业外部访问用，同时在防火墙与企业内部网之间，一般会有一台代理服务器，代理服务器的功能有两个：一是安全功能，即通过代理服务器，可以屏蔽企业内部网内服务器或 PC，当一台 PC 访问互联网时，它先访问代理服务器，然后代理服务器再访问互联网；二是缓冲功能，代理服务器可以保存经常访问的互联网上的信息，当 PC 机访问互联网时，如果被访问的信息存放在代理服务器中，那么代理服务器将把信息直接送到 PC 机上，省去对互联网的再一次访问，可以节省费用。

（3）电子商务应用系统。

在建立了完善的企业内部网和实现了与互联网之间的安全连接后，企业已经为建立一个好的电子商务系统打下良好基础，在这个基础上，增加电子商务应用系统，就可以进行电子商务了。一般来讲，电子商务应用系统主要以应用软件形式实现，它运行在已经建立的企业内部网之上。电子商务应用系统分为两部分：一部分是完成企业内部的业务处理和向企业外部用户提供服务，比如用户可以通过互联网查看产品目录、产品资料等；另一部分是极其安全的电子支付系统，电子支付系统使得用户可以通过互联网在网上购物、支付等，真正实现电子商务。

五、电子商务的网络支撑平台

电子商务是指包括以互联网、内联网、外联网以及其他广域网、局域网为工具进行交易，从而降低经营成本，增加商业价值并创造新的商机的所有商务活动。其中包括从销售到市场运作以及信息管理的各个环节，如图 9.1 所示。因此，目前人们所说的基于互联网上的交易活动，严格来说应称为互联网电子商务，即 I-Commerce。此外，电子商务按所依托的信息网络不同，分为以下几种类型。

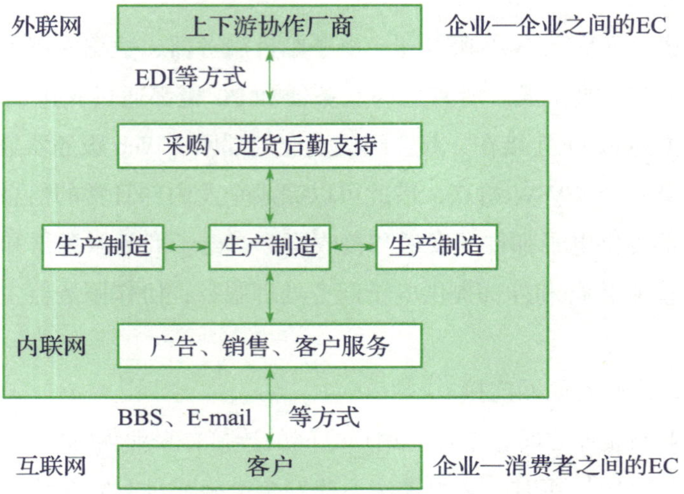

图 9.1　互联网、外联网、内联网上的电子商务示意图

（1）基于互联网的电子商务。

商家通过互联网进行信息的发布、产品的宣传以及网上销售，提供售前售后服务等，如虚拟商店、网上购物、网上信息服务等都适宜在互联网上开展。

（2）基于内联网的电子商务。

通过内联网，完成企业内部信息的发布、交流、反馈；进行业务流程和人、财、物的协调与管理；加强对企业内部有关数据库及文件系统的管理；通过防火墙技术及设置访问权限等措施保证企业机密信息的安全。

（3）基于外联网的电子商务。

相关企业之间，如企业与其供货商、购货商、代理商、大客户以及服务中心等，以俱乐部的形式通过外联网相互沟通信息，协同运作，实现网上实时交易过程，以便提高运作效率和效益。

（4）基于其他网络的电子商务。

如在电话网、其他增值网上的 EDI、帧中继、视频会议、视频点播（VOD）、ATM 自动存取款业务等。

六、电子商务的业务流程

电子商务的运行涉及供应方、需求方、开户银行、配送机构、认证机构等。对于 B2B 的电子商务，其一般的业务流程如图 9.2 所示。

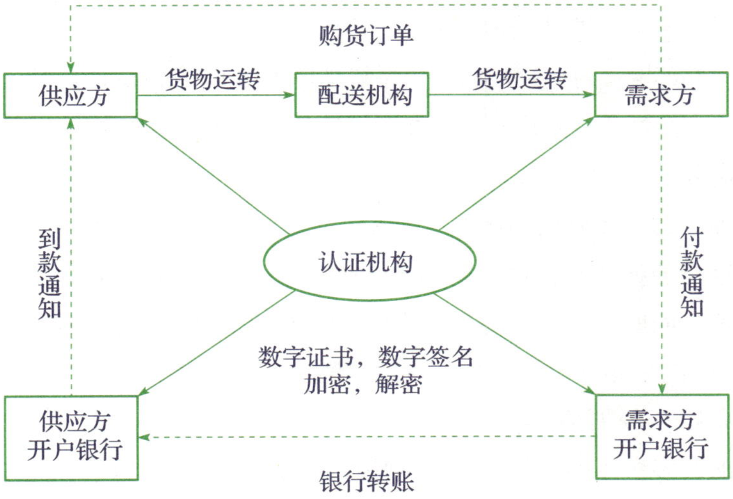

图 9.2　B2B 电子商务业务流程图

（1）签定商务合同。

供应方和需求方在网上相互寻求合作伙伴，明确合作意向。双方分别向对方出示认证机构颁发的数字证书，声明身份；通过网上谈判，草拟商业合同。双方要在合同的最后文本上加上各自的数字签名，以表示该合同的真实性、有效性和不可撤销性。

（2）付款。

如果合同规定供货方收到货款后发货，则需求方要向所在的开户银行发出加密的、附有需求方数字证书和数字签名的付款通知书，将供应方的企业名称、开户银行以及支付金额、货款用途等告诉银行，要求银行按通知付款。

（3）银行转账。

开户银行收到需求方的付款通知后，根据需求方提供的数字证书，确认需求方所声明的身份是真实有效的，然后向供应方开户银行发出转账凭证。

（4）发货配送。

供应方开户银行收到转账凭证后，增加供应方账户的余额，并向供应方发出到款通知。然后供应方根据合同，通过配送机构向供应方发货。需求方收到货物后，通过配送机构向供应方出具收据。

七、电子商务发展中存在的问题

（1）电子商务的安全性。

电子商务中主要的安全要素有：电子商务信息的有效性；电子商务信息的机密性，要预防非法的信息存取和信息在传输过程中被非法窃取；信息的完整性，预防信息的随意生成、修改和删除，防止数据在传输过程中丢失和重复，并保证信息传送次序的统一；交易双方身份的鉴别。

电子商务的主要安全技术有加密技术、密钥管理技术、数字签名、防火墙技术（用来隔离内部网和外部网，对内部网的应用系统加以保护）、身份认证技术。

电子商务的安全性不仅要用技术手段来保证，更重要的是要用法律手段来保证。

（2）电子商务的税收问题。

当前电子商务的蓬勃发展，让人思考是否应该给电子商务征税、如何实现税收征纳的问题。主要存在的技术性和政策性的难点有：交易地点难以确定，导致处理与电子商务相关的国际税收问题时，找不到征税依据；电子商务中交易性质难以确定，导致适用的税种和税率的差异；电子数据增加了收集纳税凭证的难度。

（3）电子商务的法律问题。

电子商务的许多法律问题是由其技术特性造成的，主要有电子合同的法律问题、交易双方身份确认的法律问题、货款支付的法律问题。

9.2 电子政务

一、概述

为了适应经济建设与社会发展的需要，政府电子政务的发展正在成为当代信息化的重要领域之一。

所谓电子政务，是指政府机构在其管理和服务职能中运用现代信息技术，打破传统行政机关的时间、空间和部门分隔的制约，实现政府组织结构和工作流程的重组优化，加强政府的有效管理，使各级政府的各项监管工作更加严密、有效，服务更加便捷、高效，从而把各级政府建设成廉洁、勤政、务实、高效的政府。政府信息化是社会信息化的基础，电子政务又被许多国家作为政府信息化的重要标志。

我国从 1997 年开始投入电子政务的建设，到现在已经取得了显著的成效，95% 以上的地方政府建设了窗口网站，帮助人们足不出户就能获得政府各部门发布的信息，其中部分政府单位还实现了网上办事。另外，政务网站也初步树立起中国各级政府在国际互联网上的形象。各级政府都希望能通过从“传统办公”方式到“网上办公”工作方式的改变，提高政府工作的透明度，提高办事效率，改善政府工作的服务水平。

电子政务从总体上可以分为政府办公自动化和政务网络化两个方面，政务网站就是连接这两个方面的纽带，它的创建和应用成为电子政务建设一个极其重要的方面，它的建设水平、实用性能、技术保障是衡量政府投入力度的重要工具，同时也是它是否可以真正发挥作用的标志。

电子政务系统提供的服务主要由三大部分构成，即政府间（G2G）、政府对企业（G2B）、政府对公众（G2C）电子政务。政府间电子政务主要包括电子法规政策系统、电子公文系统、电子司法档案系统、电子财政管理系统、电子办公系统、电子培训系统和业绩评价系统。政府对企业电子政务主要包括电子采购与招标、电子税务、电子证照办理、信息咨询服务和中小企业电子服务。政府对公众电子政务主要包括教育培训服务、就业服务、公民电子税务和电子证件服务。

二、政府上网工程

政府上网是指各级各地政府部门利用 Internet/Intranet 等相关计算机通信技术，通过在互联网上建立自己的正式站点，从而实现政府在政治、经济、社会生活等诸多领域管理和服务的部分职能。

政府上网工程，旨在推动各级政府部门为社会服务的公众信息资源汇集和应用上网。在政府上网工程的推动下，我国政府站点迅速增加，网页内容日益丰富，在政策传递、网上服务等电子政务方面都有了一定的进展，一些政府功能在网上的典型应用已经初步得到推广并收到成效，如中国人民银行的网上支付、教育部的网络教育、国家税务总局的增值税票系统和电子报税、国家市场监督管理总局的网上防伪打假等。另外，地方政府通过互联网发布政务通告，提供政府职能部门服务电话，提供各种办事程序及问题解答，公开征集建议等。

目前，中国政府上网工程的内容主要包括：

（1）政府职能上网：即将政府及各部门的职能、职责、组织机构、办事程序、规章制度等在网上发布。

（2）信息上网：即在网上公布政府部门各项活动，把网络作为政务公开的一个渠道。

（3）网上办公：建立一个文件资料电子化中心，将各种证明和文件电子化，提高办事效率。

（4）网上专业市场交易：目前，中国大多数的部委和各级部门已经实现不同程度的上网，应用项目的实现由此进入良性循环。

应该说，在中国，政府上网意味着还民主权利于人民，意味着政府的运作机制和效率要适应信息化社会的要求。网络社会中人们可以全年全天候随时进入门户，咨询、办事、讨说法，人们对政府的询问、质询、建议、举报、批评将会借助数字化的便利和力量更快捷地得到反映。

三、电子政务建设现状

1993 年底，为适应全球建设信息高速公路的潮流，中国正式启动了国民经济信息化的起步工程——“三金工程”，即金桥工程、金关工程和金卡工程。金桥工程，属于信息化的基础设施建设，是中国信息高速公路的主体；金关工程即国家经济贸易信息网络工程；金卡工程即建设面向全国主要大中型城市的银行电子货币工程。“三金工程”是我国中央政府主导的以政府信息化为特征的系统工程．是我国电子政务的雏形。

目前，我国电子政务建设工作主要围绕“两网一站四库十二金”重点展开。

“两网”，是指政务内网和政务外网；“一站”，是政府门户网站；“四库”，即建立人口、法人单位、空间地理和自然资源、宏观经济等四个基础数据库；“十二金”，是指重点推进办公业务资源系统等十二个业务系统。

这十二个重点业务系统又可以分为三类：第一类是对加强监管、提高效率和推进公共服务起核心作用的办公业务资源系统、宏观经济管理系统建设；第二类是增强政府收入能力、保证公共支出合理性的金税、金关、金财、金融监管（含金卡）、金审等业务系统建设；第三类是保障社会秩序、为国民经济和社会发展打下坚实基础的金盾、社会保障、金农、金水、金质等业务系统建设。

四、电子政务的发展

电子政务发展的四个阶段分别是：第一阶段，政府部门上网，建立自己的门户网站。在这一阶段，信息流是单向的，从政府流向公众，公众只是单纯接受政府发布的信息。第二阶段，企业或公众能根据自己的需要在政府网站上检索需要的信息。信息流是双向的，但主要流向仍然是从政府流向公众。第三阶段，政府提供绝大部分服务的电子形式，如税收、办证等，公众可以直接通过网络这个媒介与政府交流。信息流是双向的，互动性很强。第四阶段，是第三阶段的进一步发展，政府只提供一种服务形式，那就是电子政务的形式。公众想要获得政府提供的服务，必须通过这一方式。到这一阶段可以说电子政务已经建成。

建设电子政务绝不是单纯的信赖信息技术，更重要的是政府管理观念的更新和政府事务流程的再造、政府服务的整合。作为政府公务员应该认识到网络时代的来临是大势所趋，电子政务是改革现有行政管理体制，创建适应信息社会的高绩效政府的必由之路。政府公务员应该革新观念，积极接受并融入电子政务的建设中。同时，从世界范围的电子政务建设历程来看，电子政务建设始终是和政府再造相联系的。政府再造是指应用信息技术改变传统的层级化公共组织的架构，建立网络型组织；改变政府运作流程，建立一个“无缝隙的政府”，即在任何时间和地点都能提供服务的政府；改变政府的职能，实现导航型政府；改变政府治理结构，从国家单独治理模式变为国家与社会的共同治理；实现政府治理观念的变革，确立以顾客为导向的政府。

课后练习

一、选择题

1. 从技术角度看，电子商务的应用条件有（　　）。

A. 企业内部网

B. 企业内部网与互联网连接

C. 电子商务应用系统（用户在该企业的应用平台上或应用系统中进行交易）

D. 企业外网

2. 电子商务的功能包括（　　）。

A. 网上采购和分销　　B. 网上直销

C. 网上支付　　D. 开展网上宣传与网上调查

3. 电子商务的交易模式包括（　　）。

A. B2B　　B. B2C　　C. B2G　　D. C2G

4. 电子政务系统提供的服务主要由（　　）大部分构成　。

A. G2G　　B. G2B　　C. G2C　　D. C2C

5. 政府上网的内容主要包括（　　）。

A. 政府职能上网　　B. 信息上网

C. 网上办公　　D. 网上专业市场交易

二、简答题

1. 什么是电子商务？电子商务有哪些交易模式？

2. 电子商务的功能有哪些？

3. 电子商务的业务流程包括哪些内容？

4. 电子商务发展中存在的问题有哪些？

5. 简述电子政务的发展阶段。

项目 10

信息系统安全概论

学习目标

1. 理解信息安全与信息系统安全。
2. 理解信息系统安全架构。
3. 掌握信息系统安全规划的内容。
4. 了解信息系统安全教育内容、国内外信息安全相关法规和标准。

导入案例

现阶段，人们的生产、生活背后存在诸多信息安全隐患。例如，诈骗电话、大学生“裸贷”、推销信息及人肉搜索信息等均会对个人信息安全造成不利影响。不法分子通过各类软件或者程序来盗取个人信息，并利用信息来获利，严重影响了公民生命、财产安全。此类问题多集中于日常生活，如无权、过度或者是非法收集信息等。除政府和得到批准的企业外，还有部分未经批准的商家或者个人对个人信息实施非法采集，甚至部分调查机构建立调查公司，并肆意兜售个人信息。上述问题使得个人信息安全受到极大威胁，严重侵犯公民的隐私权。

网络上个人信息的肆意传播、电话推销源源不绝等情况时有发生，从其根源来看，这与公民欠缺足够的信息保护意识密切相关。公民在个人信息层面的保护意识相对薄弱给信息盗取创造了条件。比如，随便点进网站便需要填写相关资料，有的网站甚至要求精确到身份证号码等信息。很多公民并未意识到上述行为是对信息安全的侵犯。此外，部分网站基于公民意识薄弱的特点公然泄露或者是出售相关信息。再者，日常生活中随便填写传单等资料也存在信息被违规使用的风险。

问题：

1. 什么是信息安全？
2. 说说我国目前存在的信息安全问题主要有哪些。

知识探究

10.1 信息安全与信息系统安全

一、信息安全

信息安全是一个广泛和抽象的概念。长期以来，当人们谈及与计算机网络（或因特网）有关的信息系统的安全时，往往笼统地称为信息安全。但是，信息安全与信息系统安全是有概念上的区别的。一般来说，当谈到信息内容安全、计算机通信安全、计算机网络安全和因特网接入安全等问题时，都会用信息安全来说明其中的部分问题。但信息安全不代表也不说明任何具体的个体或系统与安全有关的问题。

信息安全有着更广泛、更普遍的意义，它涵盖了人工和自动信息处理的安全、网络化和非网络化的信息系统安全，泛指一切以声光电信号、磁信号、语音以及约定形式等为载体的信息的安全，一般也包括以纸介质、磁介质、胶片、有线信道以及无线信道为媒体的信息在获取（包括信息转换）、分类、排序、检索、传递和共享过程中的安全。

二、信息系统安全

信息系统安全是信息系统结构安全、与信息系统相关的元素安全，以及与此相关的各种安全技术、安全服务和安全管理的总和。因此，信息系统安全更有体系性、可设计性、可实现性和可操作性。

在本书中，我们把信息系统安全定义为：确保以电磁信号为主要形式的，在计算机网络化体系中获取、处理、存储、传输和利用的信息内容，在各个物理位置、逻辑位置、存储和传输介质中，处于动态和静态过程中的机密性、完整性、可用性、可审查性和抗抵赖性的，与人、网络、环境有关的技术和管理规程的有机集合。这里的人是指信息系统的主体，包括各类用户、支持人员以及技术管理和行政管理人员；网络是指以计算机、网络互联设备、传输介质以及操作系统、通信协议和应用程序所构成的完整的物理体系；环境则是系统稳定和可靠运行所需要的保障体系，包括建筑物、机房、电力保障与备份以及应急与恢复体系等。

信息系统安全的具体含义和侧重点会随着观察者的角度而不断变化。

从用户的角度来看，最为关心的信息系统安全问题是如何保证涉及个人隐私和商业利益的数据在传输过程中受到保密性、完整性和可用性的保护；如何避免其他人利用窃听、冒充、篡改、抵赖等手段，对其利益和隐私造成损害和侵犯。同时，用户也希望其保存在某个网络信息系统中的数据，不会受到其他非授权用户的访问和破坏。

从网络运行和管理人员的角度来说，最为关心的信息系统安全问题是如何保护和控制其他人对本地网络信息的访问、读写等操作。比如，避免出现“陷门”、病毒、非法存取、拒绝服务、网络资源非法占用和非法控制等现象，制止和防御网络“黑客”的攻击。

对于安全保密部门和国家行政部门来说，最为关心的信息系统安全问题是如何对非法的、有害的或涉及国家机密的信息进行有效过滤和防堵，避免非法泄露。机密敏感的信息被泄露后将会对社会的安定产生危害，对国家造成巨大的损失。

从社会教育和意识形态角度来说，最为关心的信息系统安全问题则是如何杜绝和控制网络上不健康的内容。有害的内容会对社会的稳定和人类的发展造成不良影响。

三、信息系统安全管理

所谓管理，是在群体活动中，为了完成一定的任务，实现既定的目标，针对特定的对象，遵循确定的原则，按照规定的程序，运用恰当的方法，所进行的计划、组织、指挥、协调和控制等活动。

安全管理是理解应该保护什么和为什么需要保护这两个概念之间的桥梁，应该保护什么，提供了安全管理的目标；为什么需要保护，则提供了安全管理的手段。

信息系统安全管理的目标是管理好信息资源和信息安全资源。安全管理是信息系统安全具有能动性的组成部分。实际上，大多数安全事件和安全隐患的发生，与其说是技术上的原因，不如说是由于管理不善造成的。在信息化高速发展的形势下，在不断推出应用于保护信息系统安全的高技术产品的情况下，管理仍然是必须重视、不可或缺的。

安全管理贯穿于信息系统规划、设计和运行（经营）、维护的各个阶段，既包含行政手段，也包含技术措施。安全管理的内容包括信息安全管理的原则（政策和策略）、信息安全机构和人员的管理、技术管理以及场地设施管理等。

信息安全管理的原则首先体现在国家法律和政府制定的政策法规上，也体现在机构和部门制定的规范制度上。为了实现安全管理，应该遵循“四有”原则：有专门的管理机构、有专门的管理人员、有逐步完善的安全管理制度、有逐步提供的安全技术设施。

信息安全管理主要涉及以下 8 个基本方面：人事管理、设备管理、场地管理、存储媒体管理、软件管理、网络管理、密码和密钥管理、审计管理。

10.2 信息系统安全特性

从信息的角度来看，信息的基本安全属性分为三个方面，即保密性、完整性和可用性。信息系统安全是保证信息系统的用户在允许的时间内、从允许的地点、通过允许的方法，对允许范围内的信息进行所允许的处理，用户的对象确实是用户希望处理的对象。

任何对于信息可用性、保密性、完整性造成破坏的事件就是信息安全事故、事件。

一、可用性（Availability）

可用性是信息系统能够在规定条件下和规定的时间内完成规定的功能的特性。可用性是系统安全的最基本要求之一，是所有网络信息系统的建设和运行目标。网络信息系统的可用性测度主要有三种：抗毁性、生存性和有效性。

抗毁性是指系统在人为破坏下的可用性。比如，部分线路或节点失效后，系统是否仍然能够提供一定程度的服务。增强抗毁性可以有效地避免因各种灾害（如战争、地震等）造成的大面积瘫痪事件。

生存性是在随机破坏下系统的可用性。生存性主要反映随机性破坏和网络拓扑结构对系统可用性的影响。这里，随机性破坏是指由系统部件自然老化等造成的破坏。

有效性是一种基于业务性能的可用性。有效性主要反映在信息系统的部件失效的情况下满足业务性能要求的程度。比如，信息系统部件失效虽然没有引起连接性故障，但是却造成质量指标下降、平均延时增加、线路堵塞等现象。

可用性主要表现在硬件可用性、软件可用性、人员可用性、环境可用性等方面。硬件可用性最为直观和常见。软件可用性是指在规定的时间内，程序成功运行的概率。人员可用性在整个系统中扮演着重要角色，因为系统失效的大部分原因是人为差错，人的行为受生理和心理的影响，受到其技术熟练程度、责任心和品德等素质方面的影响。因此，工作人员的教育、培训、训练和管理以及合理的人机界面设置是提高可用性的主要手段。环境可用性是指在规定的环境内，保证网络成功运行的概率。这里的环境主要指自然环境和电磁环境。

二、保密性（Confidentiality）

保密性是信息不被泄露给非授权的用户、实体或过程，或供其利用的特性，即防止信息泄露给非授权的个人或实体，信息只为授权用户使用的特性。保密性是在可用性的基础上，保障网络信息安全的重要手段。

常用的保密技术包括防侦测（使对手侦测不到有用的信息）、防辐射（防止有用信息以各种途径辐射出去）、信息加密（在密钥的控制下，用加密算法对信息进行加密处理（即使对手得到了加密后的信息也会因为没有密钥而无法读懂有效信息）、物理保密（利用各种物理方法，如限制、隔离、掩蔽、控制等，保护信息不被泄露）等。

三、完整性（Intergrity）

完整性是信息未经授权不能进行改变的特性，即网络信息在存储或传输过程中不被偶然或蓄意的删除、修改、伪造、乱序、重放、插入等行为破坏和丢失的特性。完整性是一种面向信息的安全性，它要求保持信息的原样，即信息的正确生成、正确存储和传输。

完整性和保密性不同，保密性要求信息不被泄漏给未授权的人，完整性则要求信息不致受到各种原因的破坏。影响网络信息完整性的主要因素有：设备故障、误码（传输、处理和存储过程中产生的误码，定时的稳定度和精度降低造成的误码，各种干扰源造成的误码）、人为攻击、计算机病毒等。保障网络信息完整性的主要方法有：

（1）协议。通过各种安全协议可以有效地检测出被复制的信息、被删除的字段、失效的字段和被修改的字段。

（2）纠错编码方法。用来完成检测和纠错功能。最简单和常用的纠错编码方法是奇偶校验法。

（3）密码校验方法。它是抗篡改和传输失败的重要手段。

（4）数字签名。保障信息的真实性。

（5）公证。请求网络管理或中介机构证明信息的真实性。

10.3 信息系统安全架构

信息系统安全的总体目标是物理安全、网络安全、数据安全、信息内容安全、信息基础设备安全与公共信息安全的总和，安全的最终目的是确保信息的机密性、完整性和可用性，以及信息系统主体（包括用户、组织、社会和国家）对于信息资源的控制。从信息系统安全目标来看，其中的网络安全、数据安全、信息内容安全等可通过开放系统互连安全体系的安全服务、安全机制及管理实现，但所获得的这些安全特性只解决了与通信和互连有关的安全问题，而涉及与信息系统构成组件及其运行环境安全有关的其他安全问题（如物理安全、系统安全等）时，还需要将技术措施和管理措施两个方面结合起来考虑解决方案。为了系统地、完整地构建信息系统的安全体系框架，可以考虑信息系统安全体系由技术体系、组织机构体系和管理体系共同构建。

一、技术体系

技术体系是全面提供信息系统安全保护的技术保障系统。该体系包含两大类技术。

一类是物理安全技术，通过物理机械强度标准的控制使信息系统的建筑物、机房及硬件设备等条件，满足信息系统的机械防护安全；通过对电力供应设备以及信息系统组件的抗电磁干扰和电磁泄漏性能的选择性措施达到两个安全目的，一是信息系统组件具有抗击外界电磁辐射或噪声干扰能力而保持正常运行，二是控制信息电磁辐射造成的信息泄露，必要时还应从建筑物和机房的设计开始就采取必要措施，以使电磁辐射指标符合国家相应的安全等级要求。物理安全技术运用与物理保障环境（含系统组件的物理环境）紧密相关。

另一类是系统安全技术，通过对信息系统安全组件的选择，使信息系统安全组件的软件工作平台达到相应的安全等级，一方面防范操作平台自身的脆弱性和漏洞等风险，另一方面防止任何形式的非授权行为对信息系统安全组件的入侵或接管系统的管理权。

二、组织机构体系

组织机构体系是信息系统的组织保障系统，由机构、岗位和人事机构三个模块构成，一个机构设置分为决策层、管理层和执行层。决策层是信息系统用户单位中决定信息系统安全重大事宜的领导机构，由有保密职能的部门负责人及信息系统主要负责人参与组成。管理层是决策层的日常管理机关，根据决策机构的决定，全面规划并协调各方面力量，实施信息系统的安全方案，制定、修改安全策略，处理安全事故，设置安全相关的岗位。执行层是在管理层协调下，具体负责某一个或某几个特定安全事务的一个逻辑群体，这个群体分布在信息系统的各个操作层或岗位上。

岗位是信息系统安全管理机关根据系统安全需要设定的负责某一个或某几个安全事务的职位，岗位在系统内部可以是具有垂直领导关系的若干层次的一个序列，一个人可以负责一个或几个安全岗位，但一个人不能同时兼任安全岗位所对应的系统管理或具体业务岗位。因此，岗位不是一个机构，它由管理机构决定，由人事机构管理。

人事机构是根据管理机构设定的岗位，对岗位上在职、待职和离职的员工进行素质教育、业绩考核和安全监管的机构。人事机构的全部管理活动在国家有关安全的法律、法规、政策规定范围内依法进行。

三、管理体系

管理是信息系统安全的灵魂。信息系统安全的管理体系由法律管理、制度管理和培训管理三部分组成。

法律管理是根据相关的国家法律、法规对信息系统主体及其与外界关联行为的规范与约束。法律管理具有对信息系统主体行为的强制性约束力，并且具有明确的管理层次性。与安全有关的法律法规是信息系统安全的最高行为准则。

制度管理是信息系统内部依据必要的安全需求制定的一系列内部规章制度，主要包括安全管理和执行机构的行为规范、岗位设定及操作规范、岗位人员的素质要求及行为规范、内部关系与外部关系的行为规范等。制度管理是法律管理的形式化、具体化，是法律、法规与管理对象的接口。

培训管理是确保系统安全的前提。培训管理的内容包括法律法规培训、内部培训制度、岗位操作培训、普遍安全意识和与岗位相关的重点安全意识的培训，以及业务素质与技能技巧培训等。培训的对象几乎包括与信息系统有关的所有人员（不仅仅是从事安全管理和业务的人员）。

10.4 信息系统安全规划

信息系统安全规划主要包括以下 8 个方面的内容。

一、人员安全管理

任何系统都是由人来控制的，除了对重要岗位的工作人员要进行审查，建立严密的管理制度对于系统的安全尤为重要。在制度建立过程中有以下原则：

（1）授权最小化。只授予操作人员为完成本职工作所必需的最小权限，包括对数据文件的访问、计算机和外设的使用等。

（2）授权分散化。对于关键的任务必须在功能上进行划分，由多人来共同承担，保证没有任何个人具有完成任务的全部授权或信息。

（3）授权规范化。建立起申请、建立、发出和关闭用户授权的严格的制度，以及管理和监督用户操作责任的机制。

二、物理与环境保护

对于物理与环境保护要考虑以下几个方面的内容：

（1）物理访问控制。在重要区域限制人员的进出，重要区域不仅包括机房，也应包括能够接触到内部网络的区域、供电系统（如 UPS）、备份介质存放的地点等。

（2）建筑物安全。要考虑建筑物防火、结构坍塌、漏水等造成的风险。

（3）公用设施的保证。为了使系统能够不间断地提供服务及硬件设备不受损害，必须评价供电、供水、空调等设施的可用性，并提出相应的措施。

（4）数据安全。数据泄漏一般有三种途径：直接获取，在传输中截获，通过电磁辐射泄漏。对这三种风险要加以充分评估，特别应当注意对便携式计算机建立安全保管制度，如果其中保存了敏感数据应进行加密，避免丢失或被盗时数据泄露。

三、输入 / 输出控制

对系统的输入 / 输出信息或介质必须建立管理制度，只有经过授权的人员方可提供

或获得系统的输入 / 输出信息。

四、制订突发事件的应急计划

必须针对不同的系统故障或灾难制订应急计划，编写紧急故障恢复操作指南，并对每个岗位的工作人员按照所担任角色与负有的责任进行培训和演练。

五、应用软件维护控制

在应用软件的维护过程中，需要对所使用的商业软件的版权和来源、应用软件的文档在维护过程中是否被修改、测试数据的产生与测试结果、是否留有软件测试所建立的后门或热键等问题进行规划和评估。

六、数据完整性与有效性控制

数据完整性与有效性控制要保证数据不被更改和破坏。需要规划和评估的内容包括：系统的备份与恢复措施、计算机病毒的防范与检测制度、是否有实时监控系统日志文件来记录与系统可用性相关的问题（如对系统的主动攻击、处理速度下降和异常停机）等。

七、文档管理

文档在安全控制中用于说明系统的工作机制，并且规范系统的安全与操作的特定过程。系统文档应包括对软件、硬件、政策、标准、过程等的描述，以及对相关的应用系统和支持系统的描述。同时文档中还应包括备份措施、突发事件对策，以及用户和操作员的操作说明等内容。重要应用系统的文档应当与公共支持系统和网络管理的文档进行协调，以保证运行管理与操作的一致性。

八、安全教育与培训

必须建立定期进行信息系统安全教育与培训的制度，对于与重要应用系统相关的人员还应以多种方式，针对特定系统进行安全教育与培训。

10.5 信息系统安全教育

为了保证信息系统安全，防范计算机犯罪，需要从技术、法律、管理和教育等方面入手。信息系统安全教育是信息系统安全的重要组成部分，也是国家安全体系不可缺少的一项工作。

一、信息系统安全教育的特点和对象

信息系统安全学是一门新的学科，学科的特点决定了该教育的特点。信息系统安全涉及自然科学和社会科学的很多学科，并正在形成新的独立学科。所涉及的学科有计算机工程技术、通信、密码学、管理学、社会心理学、法学、审计学等。信息系统安全教育是一种特殊教育。例如，对计算机病毒的分析、防治与病毒的制造和传播，在技术上并无界限；会加密，就具备破译的条件。掌握加密技术的人员，固然会给信息系统安全管理工作增加一份力量；反过来，也可以认为是多了一个信息系统安全隐患。这也是信息系统安全教育的一个特殊方面，由此决定了信息系统安全教育不能是任何单位与个人都可以进行的，必须在有关部门统一管理下，目标明确，有领导、有组织、有计划、有步骤地开展，包括安全技术专业的设置、课程的开设、培训班的开办等。

凡是与信息系统安全有关的所有人员都是信息系统安全教育的对象。工作岗位的多样化，决定了信息系统安全教育对象的多样化。安全教育对象主要有：

（1）领导与管理人员；

（2）计算机工程人员，包括研究开发人员和维护应用人员；

（3）计算机厂商；

（4）一般用户；

（5）计算机安全管理部门的工作人员；

（6）法律工作人员；

（7）其他有关人员。

二、信息系统安全教育的主要内容

信息系统安全教育的内容比较多，主要包括法规教育、安全基础知识教育和职业道德教育。其中，安全基础知识教育又包括网络安全教育、运行安全教育、实体安全教育、安全技术基础知识等。

（一）法规教育

在现代社会中，计算机的社会化程度正在迅速提高。大量与国计民生、国家安全相关的重要数据信息，迅速地向信息系统集中，并被广泛地应用于各个领域。

此外，计算机系统处在高科技下非法地甚至敌对地渗透、窃取、篡改或破坏的复杂环境中，面临着计算机犯罪、攻击和计算机故障的威胁。事实上，计算机的脆弱性所导致的诈骗犯罪，已经给信息化发达的国家和公众带来严重损失与危害，成为社会关注的问题。因此，许多国家在走过一段弯路后，都在纷纷采取技术、行政和法律措施，加强对计算机的安全保护，至今已有许多国家制定了计算机安全法律、法规，建立了计算机安全管理、监察和审计机构。

法规教育是信息系统安全教育的核心。无论是做一名计算机工作人员还是国家公务员，都应接受信息系统安全法规教育并熟知有关章节的要点。因为法规是我们保证信息系统安全的准则，法规教育是我们遵守法规的必由之路，所以各单位与部门要从抓宣传、教育、培训着手，抓好计算机信息系统安全工作。

（二）安全基础知识教育

安全基础知识教育包括安全技术教育、网络安全教育、运行安全教育、实体安全教育等。

1. 安全技术教育

安全技术教育应该熟练掌握使用一般的安全工具，了解计算机的硬件参数与软件参数、一般信息系统的薄弱点和风险等。

2. 网络安全教育

网络安全教育应该要求熟练掌握计算机网络安全方法学、可信网络指导标准（BS7799、GB17895:1999、ITSEC）、网络安全模型、计算机网络安全设计方法。

3. 运行安全教育

运行安全是指为了保障信息系统功能的实现，提供一套安全措施来保护信息处理的安全。运行安全教育应该了解信息系统的安全运行与管理、计算机系统的维护、机房环境的监测及维护、随机故障的维护、风险分析、应急、恢复与备份。

4. 实体安全教育

实体安全是指保护信息系统设备、设施以及其他媒体免遭地震、水灾、火灾、有害气体和其他环境事故（包括电磁污染）破坏。实体安全教育应该了解计算机机房的安全技术要求和实体访问控制、计算机系统的静电防护等。

（三）职业道德教育

道德是社会意识形态之一，是一定社会条件下，调整人与人之间以及个人和社会之间关系的行为规范的总和。

伦理道德属于形态范畴，它是人们的信念或信仰，也是规范行为的准则。全社会良好的道德规范是文明社会的标志之一。

伦理道德与法律不同，法律对人们行为的判定只有违法和不违法，而不违法的行为视为正确。法律适用于每一个人，是强制执行，尽管某人可能不同意某一法律条文，但必须按照法律的要求去做。法律不可能规定所有符合社会的准则，也不可能处理所有不符合社会行为的事件。而伦理道德是一种人们行为正确和错误的客观标准，社会根据伦理道德标准，规定出可接受的行为准则并由社会舆论来监督执行。

就职业道德而言，首先，应尊重事实，任何不确定的情况应先了解清楚；其次，所遵循的职业准则应包括诚实、努力工作、适当补偿、尊重隐私等内容；最后，种种道德准则在特定的情况下会有冲突，有时需要比较、分析，坚持最合理的准则，计算机人员要加强思想道德修养教育，提高其思想认识水平，树立为客户服务、为社会服务的思想观念。

道德标准和责任心问题必须寓于教育体系中，尤其要在计算机教育课程中加以强调。这里特别重要的是计算机教育课程的教员要成为道德与负责行为方面的模范。在培训人们使用具有潜在危险的专业技能时，不宣传贯彻道德上的责任心会对社会构成巨大的威胁。

三、信息系统安全教育的意义

抓好安全教育是增强人们安全意识、提高人员安全素质的有效方法，是做好信息系统安全的基础。众所周知，信息系统是人建造的，是为人服务的。人始终是信息系统安全工作的核心因素。所以，增强对人的信息系统安全意识教育是信息系统安全体系建设的重中之重。

10.6 国内外信息安全相关法规和标准

一、国内信息安全政策法规和标准介绍

我国的信息安全政策法规和标准主要采取与国际标准靠拢的方式。公安部主持制定、国家质量技术监督局发布的中华人民共和国国家标准《计算机信息系统 安全保护等级划分准则》(GB17895-1999）已经正式颁布并实施。该准则为信息安全产品的研制提供了技术支持，为安全系统的建设和管理提供了技术指导，是我国计算机信息系统安全保护等级工作的基础。

《计算机信息系统 安全保护等级划分准则》将计算机信息系统安全保护能力分成五个等级：用户自主保护级、系统审计保护级、安全标记保护级、结构化保护级和访问验证保护级。主要的安全考核指标有身份认证、自主访问控制、数据完整性、审计等。

第一级：用户自主保护级。它的安全保护机制使用户具备自主安全保护的能力，保护用户的信息免受非法的读写破坏。

第二级：系统审计保护级。除具备第一级所有的安全保护功能外，要求创建和维护访问的审计跟踪记录，是所有用户对自己行为的合法性负责。

第三级：安全标记保护级。除继承前一级别的安全工程外，还要求以访问对象标记的安全级别限制访问者的访问权限，实现对访问对象的强制功能。

第四级：结构化保护级。在继承前面安全级别安全功能的基础上，将安全保护机制划分为关键部分和非关键部分，对关键部分直接控制访问者对访问对象的存取，从而加强系统的抗渗透能力。

第五级：访问验证保护级。这个级别特别增设了访问验证功能，负责仲裁访问者对访问对象的所有访问活动。

二、国际上主要的网络与信息安全管理标准

安全管理标准：BS7799-1（ISO/IEC17799）和 BS7799-2:2002。

BS7799-1（ISO/IEC17799）和 BS7799-2:2002 是一套以风险管理、风险评估为基础的信息安全管理体系，也是国际上具有代表性的信息安全管理体系标准。

BS7799 分为两部分：信息安全管理实施细则和信息安全管理体系规范，其中信息安全管理实施细则于 2000 年通过国际标准化组织（ISO）认可，即 ISO/IEC17799:2000，主要是为信息安全管理提供推荐的建议，可以在机构内部实施和维护信息安全时作为参考文档。信息安全管理体系规范（ISMS）则详细说明了建立、实施和维护信息安全管理系统的要求，指出实施组织需遵循某一风险评估来鉴定最适宜的控制对象，并对自己的需求采取适当的控制，明确要求组织必须进行风险评估确认组织资产所面临的威胁。

BS7799 由 10 个控制主题组成，每个主题又由几个子类组成，子类下又规定了若干安全要素，共有 10 个主题、36 个管理目标和 127 类控制、500 个具体控制细则。

BS7799 最大的优势就是通用性较好，并且已经获得较成功的商业应用和推广。另外，BS7799 基于信息安全方针为信息安全管理提供导向和支持，所有的控制目标和控制方式的选择建立在风险评估基础之上，对风险评估和风险管理的要求较高，在整个信息安全管理体系的建立过程中体现了预防控制为主、动态管理和全员参与的原则，并且遵循管理的一般循环模式——持续改进模式，对商务持续性保障提出了要求。

BS7799 的问题在于为了保障标准的适用性，它对所有控制项都没有提供权值，在实施过程中顾问的主观意识起了非常大的作用，这样虽然有利于保障实施中的调整，但不利于形成一个定量的分析指标。比如在对风险进行分级和排序的时候，由于人的因素，比如主观性，BS7799 就不易得出评价的依据。

在商业应用上，BS7799 是目前信息安全管理领域在商业上成就最大的标准，已经有二十几个国家引用 BS7799 作为国标。同时，BS7799（ISO/IEC17799）成为卖出拷贝最多的管理标准，目前国内外各大信息安全公司基本上也都以 BS7799 为指导为客户提供

信息安全咨询服务。

总的来说，BS7799 涵盖了信息系统安全管理所应涉及的各个方面，较其他标准来说更全面，同时也为可操作性留出了比较大的余地，可以参照这个标准制定一个可持续提高的信息安全管理体系。

课后练习

一、选择题

1. 信息系统安全特性包括（　　）。

A. 机密性　　B. 完整性

C. 可用性　　D. 可得性

2. 信息系统安全的总体目标包括（　　）。

A. 物理安全

B. 网络安全

C. 数据安全

D. 信息内容安全、信息基础设备安全与公共信息安全

3. 信息系统安全管理体系包括（　　）。

A. 法律管理　　B. 制度管理

C. 培训管理　　D. 规范管理

4. 信息系统安全规划包括（　　）。

A. 人员安全管理　　B. 物理与环境保护

C. 制订突发事件的应急计划　　D. 数据完整性与有效性控制

5. 信息系统安全教育对象主要有（　　）。

A. 领导与管理人员

B. 计算机工程人员，包括研究开发人员和维护应用人员

C. 法律工作人员

D. 一般用户

二、简答题

1. 信息系统安全特性有哪些？
2. 信息系统安全与信息安全有何不同？
3. 信息系统安全架构由哪几部分组成？
4. 信息系统安全规划要从哪些方面来考虑？
5. 为什么安全管理在信息系统安全中占重要地位？

项目 11

信息系统的控制与审计

学习目标

1. 理解信息系统审计的含义和内容。
2. 掌握信息系统审计的基本方法。
3. 理解信息系统内部控制及审计。
4. 学会应用程序审计方法和数据文件审计方法。

导入案例

信息系统审计是一个获取并评价证据，以判断信息系统是否能够保证资产的安全、数据的完整以及有效率地利用组织的资源并有效地实现组织目标的过程。

信息系统的审计内容主要包括系统开发过程审计、会计信息系统内部控制评价与审计、系统应用程序审计及系统数据文件审计四个部分。

2012 年 2 月，审计署计算机审计实务公告第 34 号发布了信息系统审计指南，在第三条中提出了信息系统审计的概念：本指南所称信息系统审计，是指国家审计机关依法对被审计单位信息系统的真实性、合法性、效益性和安全性进行检查监督的活动。

问题：

1. 什么是信息系统审计？
2. 说说信息系统审计的意义。

知识探究

11.1 信息系统审计的产生与发展

一、信息系统对审计的影响

（一）对审计线索的影响

审计线索对审计来说是极为重要的，审计过程中审计人员跟踪审计线索，审核有关的经济业务，收集审计证据。审计的过程，实质上就是不断收集、鉴定和综合运用审计证据的过程。在手工数据处理系统中，存在着大量肉眼可见的审计线索。例如，大量的原始凭证、记账凭证、总账、明细账、汇总表等形成一条明显的审计线索。审计人员可以从原始凭证开始，一直到报表为止，对经济业务进行追踪；也可以从最后的报表开始，追根溯源，一直追溯到原始凭证，从而形成了顺查、逆查等审计方法。对手工数据处理系统的审计，就建立在这种肉眼可见的审计线索之上。但在计算机信息系统中，传统的凭证、账簿没有了，文字记录消失了，代之而起的是存有数据处理资料的磁盘、光盘等，这些存储介质上的信息是机器可读的，它们不再是肉眼所能识别的了。此外，从原始数据进入计算机到报表的输出，这中间的全部数据处理已由计算机自动完成，传统的审计线索在这里中断、消失。在计算机信息系统中，有些传统的审计方法已不适用。审计线索的改变促使审计方式向电算化转变。

（二）对审计方法和技术的影响

在手工数据处理条件下，审计人员可根据情况采用审阅、核对、分析、调查、盘点等方法对被审单位的有关经济业务进行审查。在电子数据处理条件下，审计的对象发生了变化，大量的证据都存储在肉眼不可见的存储介质上，对这些证据，审计人员只有利用计算机技术进行取证，才能在合理的时间内完成审计任务，达到审计的目的。

（三）对审计人员的影响

由于电子数据处理系统与手工数据处理系统相比，在审计线索、审计对象、审计技术等方面都发生了变化，因此，审计人员只具有原有的关于手工数据处理系统审计的知识，无法胜任电子数据处理系统审计工作。为了能对电子数据处理系统进行有效的审计监督，审计人员不仅要有广泛的会计、审计理论和实务方面的知识，还要掌握计算机和电子数据处理系统的知识和技能。

（四）对审计准则的影响

审计准则是审计人员在审计工作中必须遵守的基本原则和要求，其内容主要有一般准则、现场工作准则、报告准则。数据电算化后，原有的审计准则已不能满足对电子数据处理系统审计的需要，因此，需要在原有审计准则的基础上，建立一系列新的准则，如对信息系统审计人员的一般要求、电子数据处理系统事前审计准则、内部控制审计准则等。这样才能满足对电子数据处理系统审计的需要。

二、信息系统审计的产生与发展

信息系统审计是计算机技术与数据电算化发展的结果。在数据电算化的初期，由于人们对计算机在数据处理中的应用所产生的影响没有足够的认识，认为计算机处理数据准确可靠，不会出现错弊，因而很少对电子数据处理系统进行审计，即使审计，也常常采用绕过计算机的审计方法，即让计算机把一部分资料打印出来，按传统的手工方法进行审计。但是，随着计算机在信息系统中的应用逐步增多，利用计算机进行违法犯罪的案件不断出现，审计人员逐渐认识到，要对被审单位的经济业务活动作出客观、公正的评价，必须使用计算机辅助审计技术对电子数据处理系统进行审计。

为了发展同信息系统审计相适应的理论与实务，世界各国的审计机关和组织都进行了积极的研究和探索。美国执业会计师协会早在 1968 年就发表了《电子数据处理系统与审计》一书，该书较详细地探讨了审计与电子数据处理系统的关系，提出了若干计算机辅助审计电子数据处理系统的方法。到了 20 世纪 70 年代，国际性的组织——内部审计师协会发表了《系统控制与审计》一书，进一步总结了电子数据处理系统的控制与审计实务，提出了不少行之有效的计算机辅助审计方法与技术。1978 年，美国注册公共会计师协会的计算机服务执行委员会发表了《计算机辅助审计技术》一书，该书详细地介绍了如何利用计算机进行辅助审计，提出了许多实用和有效的计算机辅助审计技术。1984 年，美国 EDP 审计人员协会发布了一套 EDP 控制标准——《EDP 控制目的（1984 年版)》。

目前，西方国家已普遍进行了信息系统审计，许多重要单位的电子数据处理系统相互连接成大型的计算机网络，审计机关或大型的会计师事务所可以把自己的计算机终端连到这些大型的计算机网络上。审计时，审计人员只要在自己的终端上就可以调取被审单位的有关资料进行审计，信息系统审计已发展到了较高的水平。不少国际性的会计公司都成立了专门的机构，研究计算机审计技术，负责计算机审计实务。近年来，国际软件市场涌现出了许多通用或专用的审计软件，审计软件的商品化又反过来促进了信息系统审计的发展。我国的信息系统审计从 20 世纪 80 年代末发展至今已有几十年的历史，信息系统审计从无到有、从简单到复杂、从局部探索到走向普及，取得了一定的成绩。在理论研究方面，近几年来，各种杂志上已发表了一些价值较高的有关信息系统审计的论文，许多财经院校、审计科研机构已将信息系统审计列为重要的研究课题。在审计实务方面，已有一批计算机审计软件先后通过了审计署组织的专家鉴定，有些审计软件已在审计实践中取得了明显的效果，提高了审计的效率与质量。1999 年中国注册会计师协会发布了《独立审计具体准则第 20 号——计算机信息系统环境下的审计》，该准则明确规定了注册会计师在计算机信息系统环境下执行审计的一般原则，如何制订计算机信息系统的审计计划，如何研究、评价计算机信息系统的内部控制制度，如何制定计算机信息系统的审计程序等。这些条例和准则对于规范信息系统审计，提高信息系统审计工作质量具有重要的意义。

11.2 信息系统审计的内容

由于审计的具体目的不同，审计的内容也有所不同。但总的来说，信息系统审计包括内部控制系统审计、系统开发审计、应用程序审计、数据文件审计等内容。

一、内部控制系统审计

信息系统的内部控制系统由两个子系统构成：一是一般控制系统，它是系统运行环境方面的控制，为应用程序的正常运行提供外围保障，包含组织控制、系统开发控制、系统安全控制、硬件和系统软件控制等方面；二是应用控制系统，它是针对具体的应用系统和程序而设置的各种控制措施。由于各应用系统有着不同的目的、任务和运行规律，因此，需要根据特定的应用系统设置相应的控制措施。不过尽管各应用系统所需要的控制措施不同，但每个应用系统均由输入、处理和输出三个部分构成，因此，可以把应用控制分为输入控制、处理控制和输出控制。

对信息系统的内部控制系统进行审计有两个目的：一是在内部控制审计的基础上对信息系统的处理结果进行审计；二是加强内部控制，完善内部控制系统。

二、系统开发审计

系统开发审计是指对信息系统开发过程所进行的审计。这是一种事前审计，它具有积极的意义。内部审计人员最适合于进行这种审计，因为他们在地理、人事关系、被审单位的地位等方面有很多有利的条件。

系统开发审计实际上是指审计人员参与系统分析、设计和调试。它的积极意义表现在：（1）审计人员可借此熟悉系统的结构、功能、控制措施；（2）审计人员可借此了解系统控制的强弱；（3）加入审计人员的建议，使系统更可靠、更具有可审性；（4）可以让审计人员嵌入审计程序段，便于今后开展审计工作。

系统开发审计一方面要检查开发活动是否受到恰当的控制以及系统开发的方法是否科学、先进和合理，另一方面要检查系统开发过程中是否产生了必要的系统文档资料以及这些文档资料是否符合规范。

三、应用程序审计

应用程序决定了数据处理的合规性、正确性。对应用程序的审计，可以对程序进行直接审查，也可以通过数据在程序上的运行进行间接测试。对程序进行直接审查，可以流程图为工具，用标准的图形、符号等来反映程序的处理逻辑；在对程序进行间接测试时，往往需要设计测试数据。这种测试数据可以是真实的数据，也可以是模拟的数据。

应用程序审计有两个目的：一是测试应用控制系统的符合性；二是通过检查程序运算和逻辑的正确性达到实质性测试目的。测试应用控制系统的符合性是指对嵌入应用程序中的控制措施进行测试，看它们是否按设计要求运行和起作用。

四、数据文件审计

在信息系统中，各种凭证、账簿及报表中的数据均以数据文件的形式存储在硬盘或软盘中。对数据文件进行审计，可以将该文件打印出来进行检查，也可以在计算机内直接进行审查。数据文件审计有两个目的：一是对数据文件进行实质性测试；二是通过数据文件的审计，测试一般控制或应用控制的符合性。数据文件审计主要是为了实质性测试。

11.3 信息系统审计的基本方法

对信息系统审计的基本方法可归纳为三种：绕过计算机审计、通过计算机审计和利用计算机审计。

一、绕过计算机审计

（一）含义

绕过计算机审计是指审计人员不审查机内程序和文件，只审查输入数据和打印输出资料及管理制度的方法。这种审计方法的理论基础是“黑箱”原理，即审计人员把计算机看作一个“黑箱”，审计时，审计人员追查审计线索直至输入计算机，然后核对计算机的输出与输入，如果输出与输入不匹配，则可以肯定计算机的处理过程是错误的。

（二）优点

1. 审计技术简单

绕过计算机审计与电算化以前的审计方法没有多大区别，即使没有计算机知识，也可进行审计，它是在计算机审计初期阶段，审计人员对计算机了解不多的情况下广泛采用的一种方法。

2. 较少干扰被审系统的工作

由于采用的是绕过计算机审计的方法，审计人员既不需要使用被审系统的计算机，也不需要查看被审系统的程序、计算机的硬件，也就较少干扰被审系统的工作，因而审计工作易于得到被审单位的理解与支持。

（三）缺点

1. 只有打印文件充分时才适用

绕过计算机审计的方法首先要求系统的打印文件必须充分，也就是说，审计所需要的线索和证据都必须打印齐全。但我们知道，计算机具有强大的数据存储能力，打印出来的信息只是为数不多的一部分，这主要是必须上报的报表和内部管理所需的报告，审计中需要检查的一些数据文件很可能没有打印出来。因此，在某些计算机信息系统中，绕过计算机审计所能取得的肉眼可见的审计线索和证据是不充分的。

2. 要求输入与输出联系比较密切

输入数据进入计算机经过简单的处理以后，即可打印输出。例如，将记账凭证输入计算机以后，经过简单的分类汇总，即编成日记账打印输出。这样，输入的记账凭证和输出的日记账并未经过很多的数据处理，审计人员很容易将输入的记账凭证和输出的日记账进行核对，如果存在问题，也容易发现。但是，如果输入数据经过多次计算和处理，反复进行分类、合并、分配、收集等处理以后，就不可能从直观上看出输出与输入之间的内在联系。例如，在成本核算系统中，只看输入的费用数和其他输入数据，再和输出的产品成本计算表进行比较，就很难确定成本报表的正确性。因此，在有的计算机信息系统中，单纯采用绕过计算机审计的方法，是不能取得足够审计线索的。

3. 审计结果不太可靠

绕过计算机审计方法，只能依靠被审单位打印出来的书面资料进行审计，但这些资料是否真实，审计人员并没有把握。因此，审计人员如果过分依赖被审单位提供的书面资料，有可能产生错误的判断。

二、通过计算机审计

（一）含义

通过计算机审计是指除审查输入和输出数据以外，还要对计算机内的程序和文件进行审查。这种方法是以计算机系统为基础的审计，计算机系统成了审计的对象。通过对系统的处理和控制功能的审查，确定数据文件审查的范围和数量。

（二）优点

1. 审计结果较为可靠

由于这种方法要求审查计算机内的程序和文件，这样就可以把系统进行数据处理的方法和原则审查清楚，从而得到对系统进行评价的可靠证据。

2. 审计独立性较强

通过计算机审计方法直接对被审单位的各个运行部分进行审查，而不完全依靠系统的运行结果进行审查，因而较少依赖被审单位提供的书面资料，审计的独立性较强。

（三）缺点

1. 审计技术较复杂

通过计算机审计方法，要求审计人员具有较多的计算机知识，要了解被审信息系统所使用的操作系统、程序设计所采用的语言、数据的结构、系统的主要功能等。要使用一定的计算机辅助审计技术进行审查，这样就给不懂计算机的审计人员带来了一定的难度。

2. 审计成本较高

通过计算机审计，要使用计算机辅助审计技术，往往要购置或开发计算机辅助审计软件，要占用被审系统的工作时间，有时还要聘请计算机专家参加审计，这无疑会增加审计的成本。

三、利用计算机审计

利用计算机审计是指利用计算机的设备和软件进行审计。计算机是一种先进的电子设备，被审单位可以利用计算机处理经济业务，审计人员也可以利用计算机进行审计。因此，计算机对审计的影响并不仅是增加了审计的难度，在审计人员掌握了计算机技术以后，可以大大地提高审计的效率。审计中所使用的计算机程序称为审计软件。审计软件有两种：一种是专用审计软件，它是为了对某个特定的系统或某个审计项目进行审计而研制的，如工程预决算审计软件等；另一种是通用审计软件，可适用于多种审计工作，利用这些软件可以帮助审计人员对存储在计算机内的程序和文件进行审查。除了审计软件，审计人员还可以利用一些实用程序、数据库管理系统、被审系统的子模块（如查询模块、财务分析模块等）进行审计。

利用计算机审计的优缺点与通过计算机审计的优缺点基本相同。

上述三种基本方法各有一定的适用范围。一般来说，绕过计算机审计方法适用于比较简单的系统，通过和利用计算机审计则适用于复杂的系统。通过和利用计算机审计是密切相关的，因为通过计算机审计往往要利用计算机的硬件和软件，所以利用计算机审计也可以看作通过计算机审计的延伸和发展。

11.4 信息系统内部控制及审计

一、计算机信息系统对传统内部控制的影响

（一）手工信息系统中严格的凭证制度，在计算机信息系统中逐渐减少或消失

凭证是经济业务活动的依据，设计良好的凭证格式及传递程序具有较强的控制功能，一旦发生某些错弊，凭证就成为追查责任的根据。在计算机信息系统中，特别是在联机实时系统中，终端操作者经常把业务直接输入计算机，而没有留下任何凭证。例如，订货者可以通过电话把订货业务直接输入系统，在这些情况下，如果没有进行适当的控制，未经授权批准的业务就可能进入系统，审计线索也可能消失。

（二）传统的手工信息系统所具有的分工功能逐渐被归并

在手工信息系统中，职责划分是一项重要的内部控制制度。例如，在手工会计信息系统中，记录总账和记录明细账的职责要分工。但在计算机信息系统中，这些分工逐渐被并入电子数据处理系统中。例如，在工资处理系统中，计算机既记录所有职工的工资及工资率，记录职工的工作时间，又计算职工每月的工资，打印职工的应发工资等。

在计算机信息系统中，若采用非数据库处理系统，因每个系统各自拥有存储媒介，仍可核对两个由不同人员负责处理的系统所产生文件的内容而发现错弊的存在，所以尚可勉强维持职权划分的部分功能。例如，负责账务处理系统人员，若无法接触应收账款系统，则其篡改客户的行为，必因核对两个系统产生的独立文件内相同资料项目而被发现。但当组织采用数据库管理系统时，因相同资料仅输入及保留一份在数据库内，各系统不再重复建立其本身使用的数据库，所以上述非数据库系统所具有的职权划分的功能不复存在。

（三）计算机信息系统可以自动授权、批准

授权、批准控制是指各级业务人员必须获得授权和批准，才能执行某项业务。在传统的手工信息系统中，对于一项经济业务的每一个环节都要经过某些经授权的人员的签

名或盖章。但在比较先进的计算机信息系统中，可直接由电子数据处理系统取得授权、批准。例如，业务人员可以利用特殊的授权文件，如录有监督码的磁性识别卡，插入（或输入）机器内，即可获得批准运转终端机或有关的特定系统。这与手工信息系统只重视纸张文件上是否有签名或盖章的作业方式显然不同。

在计算机信息系统中，计算机还可以自行产生一些业务处理。例如，系统设计员可根据存货控制理论，预先算好各种存货的经济订货量和再订货点，并把这些信息存储在系统中，系统就会监督存货定额，一旦存货低于再订货点，系统就会按经济订货量自动开出订货单，而不需要具体人员的批准。

（四）计算机信息系统的信息容易丢失、被盗窃和被篡改

在手工信息系统中，由于各项经济业务记录于书面纸张，是肉眼可见的，一般来说，不容易丢失。一些舞弊人员篡改账表单证的行为也会留下痕迹，这些痕迹是手工信息系统一项固有的控制措施。但在计算机信息系统中，各项经济业务是存储于电、磁介质上的，是肉眼不可见的，而且这些电、磁介质在受热、受潮或在强的电磁场下都会损坏。因此，存于这些电、磁介质的信息有丢失和毁坏的危险。另外，在操作时，除工作人员疏忽大意容易将存储于这些磁性介质之上的信息毁坏之外，如果没有适当的内部控制，一些舞弊人员还可进入系统，对存储于这些电、磁介质之上的信息以及对程序进行篡改或拷贝，而不留下任何痕迹。

（五）电、磁介质存储数据缺乏证据力

在手工信息系统中，信息被记录于凭证、账簿等纸张上面，这些信息以纸作为载体；在计算机信息系统中，则主要以磁盘、磁带等磁性介质作为信息的载体。从内部控制的角度看，电、磁介质有一个很大的弱点，即记录于电、磁性介质之上的信息缺乏证据力。这主要是因为：

（1）利用电、磁介质很容易通过拷贝进行数据的复制，因而无法区分正本和副本；

（2）记录于电、磁介质上的信息是肉眼不可见的，必须借助于计算机的“翻译”才能以肉眼可见的形式表现出来，但同一信息是可以“翻译”成不同形式的；

（3）利用电、磁介质无法实现像签字、盖章这样的使信息证据化的操作。

因此，如果单纯依赖电、磁介质这种信息载体，则可能造成责任不清、真伪难辨，使审计缺乏具有法律效力的证据。

（六）数据与责任高度集中

在手工信息系统中，许多资料分散保存在企业的各个责任部门，没有经过授权批准的人很难花很多的时间分别到各部门的文件柜里浏览所有的文件。但在计算机信息系统

中，全部的数据高度集中于电子数据处理系统，如果没有适当的控制，未经授权批准的人可以轻而易举地利用指令来浏览所有的文件，一些机密数据也很可能被不法分子很方便地拷贝，甚至可能被非法篡改而不留下任何痕迹。除了数据高度集中，计算机信息系统的另一个风险就是责任高度集中。例如，在手工会计信息系统中，由经济业务产生原始凭证，根据原始凭证编制记账凭证，根据记账凭证登记账簿，根据账簿编制报表。每一步都有文字记录，每一步都有经办人负责。但在计算机会计信息系统中，原始数据一经输入计算机，就由计算机按程序指令自动处理，无论是算账、报账还是编制报表，全由计算机自动处理，中间一般没有经办人负责，全部责任都高度集中于电子数据处理系统。

（七）差错的反复发生

在手工信息系统中，发生差错往往是个别现象，而且由于数据处理各环节分散于多个部门，由多个人员完成，一个部门或人员的差错往往可以在下一个环节中发现并改正。由于计算机处理依靠程序运行并且运算速度极高，其处理结果一旦在某一环节发生错误，就能在短时间内迅速蔓延，使得相应的文件、账簿乃至整个系统的信息失真。如果错误是由于应用程序和系统软件造成的，则计算机会反复执行同一错误操作，多次给出错误结果。

（八）计算机信息系统的设计可能没有考虑审计的需要，没有留下充分的审计线索

在计算机信息系统中，各类数据文件都存储在肉眼不可见的介质上，纸质材料大大减少。如果设计人员考虑不周，设计出的系统很可能没有留下充分的审计线索。如果出现这种情况，不仅日后的审计难以进行，而且也为舞弊分子大开方便之门。

二、计算机信息系统内部控制的分类

按照一定的标准对计算机信息系统的内部控制加以分类，有助于对其理解、审查与评价。依据控制的范围，可分为一般控制和应用控制。一般控制指对计算机信息系统构成要素及环境的控制。之所以称为一般控制，一方面是因为这些控制措施普遍适用于所有的计算机信息系统，另一方面是因为它们为每一个计算机信息系统的正常运行提供了安全可靠的环境。应用控制是针对具体的功能模块及业务数据处理过程各环节的控制。一般控制是应用控制的基础，应用控制是一般控制的深化。

依据控制的预定意图，可分为预防性控制、检查性控制和纠正性控制。预防性控制是为了防止错弊的发生而设置的控制，检查性控制是用来检查、发现已发生的错弊而设置的控制，纠正性控制是为了消除或减少错弊事件造成的损失和影响而设置的控制。预

防性控制是一种积极的控制，它试图在错弊发生之前加以防范，输入环节的控制大部分是预防性控制；检查性控制是一种中性控制，它试图在错弊发生的同时就能发现；纠正性控制是一种消极控制，它是假定错弊已经发生，设置一些可以减少错弊影响的手段。

依据控制所采取的工具或手段，可分为手工控制和程序化控制。一般控制大部分是手工控制，应用控制大部分是程序化控制。由于计算机信息系统是一个人机系统，因此，内部控制既有手工控制，也有程序化控制。

依据控制实施部门的不同，可分为电算部门控制和用户控制。电算部门控制是指由电算部门人员或计算机程序实施的控制，用户控制是指数据使用部门对计算机数据处理实施的控制。

（一）一般控制

一般控制是指对整个信息系统及环境要素实施的，对系统所有的应用或功能模块具有普遍影响的控制措施。一般控制主要是有关电子数据处理的政策和制度。一般控制大部分是手工控制。一般控制可具体划分为组织控制、系统开发控制、系统安全控制、硬件及系统软件的控制。

1. 组织控制

任何一个信息系统，无论是手工的还是计算机的，要建立有效的内部控制，首先要有恰当的组织结构和组织机能。组织控制的最基本原则就是任何一项经济业务的处理，不能从头到尾只由一个部门或一个人员完成，必须经过两个或两个以上的部门或人员来办理，以达到相互牵制、相互制约的目的，防止或减少错弊的发生。

组织控制的方式和措施有权责的划分和职能的分离。所谓权责的划分，是指在分工协作的基础上明确各部门的权限与责任；所谓职能的分离是指对不相容职务进行分离。在电算化信息系统中，具体组织控制措施包括：

（1）电算部门与用户部门的职责分离。

电算部门是负责记录业务的，用户部门是批准执行业务的，两者的职务不相容，因此，其职责必须分离。无论电算部门是隶属某一部门的一个小组，还是与其他部门平行的独立部门，其主要职责是对数据进行处理和控制。从理论上来说，要达到恰当的职责分离，电算部门与用户部门应完全独立，这样，才能形成有效的内部牵制。在电算化程度不高，电算部门没有作为一个部门独立于各用户部门之外的情况下，内部控制的有效性会受到一定的影响，但也应坚持控制的一般原则，即一项业务的授权、执行、记录以及资产的保管等职责应相互分离。为此需要对电算部门与用户部门的职责进行严格的规定。

（2）电算部门内部的职责分离。

电算部门包括系统分析与设计员、程序员、系统管理员、资料保管员、操作员，这些人员的职责应予以适当的分离。首先，应将系统开发与数据处理职能进行分离。系统开发人员负责系统的分析、设计、编程、维护等，数据处理人员主要负责会计数据的处理和控制。因此，系统开发与数据处理是不相容职务。程序员不能参与数据输入和处理等操作，操作员不能直接修改程序。其次，应对数据处理的职责进行适当分离，在数据处理小组中可设置凭证输入员、审核员、登账人员和会计资料保管员，这些职责一般应予以分离。例如，凭证输入与审核应由不同的人员负责，这样做的好处是减少凭证输入人员利用工作之便弄虚作假的可能。

组织控制一方面可以规章制度的形式明确每个部门及人员的职责，另一方面，还要在软件中采用密码控制技术，通过设置严格的用户密码，来防止越权行为的发生。

2. 系统开发控制

系统开发控制主要运用于那些自行设计信息系统的单位。信息系统从计划、开发到投入运行，涉及大量的计算机专门技术。但就一般意义上的控制而言，单位应着重从以下几个方面实施系统开发控制：

（1）开发计划控制。

在开发信息系统的过程中，最主要的风险是系统开发能否成功。一个信息系统开发成功的标志，不单是能否将系统完成，还包括系统能否反映用户需求并达到预定的质量标准，是否能按时完成并投入使用，开发成本是否超出预算，能否适应单位未来的发展等。因此，系统开发计划应经过严格审查、仔细研究和反复调查后方可实施。

在整个项目开发过程中，软件需求分析显得十分重要。在开发软件过程中，如果对用户要求不了解，或未做认真的可行性研究，则有可能使开发工作半途而废，甚至返工重来，因而造成极大的资源浪费。需求分析不仅要求调查当前系统数据处理的各个方面，进行技术上、经济上的可行性分析，还要确定新系统的功能界面，并建立恰当的计算机数据处理模型。

（2）开发过程的人员控制。

在信息系统开发过程中，各类人员在工作上如何安排、各自承担什么责任及相互间如何配合等，是开发过程中一项十分重要的控制工作。其首要原则是对不相容的职责进行分工。例如，系统分析员一般不参与程序的编写，程序员不负责系统的最后测试等。

（3）文档资料控制。

开发过程中会产生许多文档资料，如可行性分析报告、系统说明书、流程图、源程序、用户操作手册等。在软件开发过程中，如果文档资料不全或编写不规范，不仅影响系统开发的效率，影响系统的可维护性，还会增加使用过程中误操作的可能，从而使系统的运行效率降低。文档除了编写要规范，还需要有一个系统化、科学化的管理体系。文档需要专人负责、专人保管。在使用和借阅时，需要有一定的手续。不同的文档，保密性要求不同，借阅对象也应加以限制，如源程序和流程图以及程序说明等就不应允许操作人员查阅。

3. 系统安全控制

对信息系统的安全控制主要包括接触控制和环境安全控制。这些控制措施可以保证系统有一个良好的运行环境。

（1）接触控制。

接触控制是指控制只有经过授权批准的人才能接触信息系统的硬件、软件、数据文件以及系统文档资料。接触控制能够保证信息系统各项资源的正确使用，因为任何一种错误或故意破坏必须在和信息系统发生接触后才能发生。接触控制措施主要包括：

1）硬件接触控制。即对计算机的开启和使用，磁盘、磁带等存储介质的装卸和搬运，计算机检测和维修等的接触控制。要对这类接触进行控制，关键在于对出入计算机工作场所的人员进行一定的控制，如配备专门钥匙、警铃，使用特别出入证、磁卡，设置闭路电视或值班门卫等。在一般情况下，系统分析员、程序员等不得进入机房，除非得到批准。

2）程序资料接触控制。由于程序资料包括系统结构、源程序、统一编码、数据结构等资料，这些资料一旦泄露，整个系统无异于公开。因此，必须在保管和使用这些资料方面建立起严格的管理制度，如实行专人保管、详细记录借出和返还情况以及限制阅读对象等。对数据文件和应用软件的接触同样也应限制于一些指定的人员，这些人员负责建立和维护整个系统。操作人员不应有权接触这类资料，其所接触的应仅限于一些应用性的数据文件。对信息系统的输入、输出文件，只能由指定的人员经手，并仅限于那些被授权者使用，其他人员一概不应接触。在联机系统中，接触控制还应特别注意对终端的接触限制和使用多级口令系统，终端应限于经授权的人才能使用；口令应以密码的方式存放，并经常变更。

（2）环境安全控制。

环境安全控制是一种预防性控制，包括机房的安全环境、机房的设备保护、安全供电系统的安装等。对环境安全进行控制的目的在于尽量减少因外界因素所引起的计算机故障发生率，保障机器正常运行。例如，在机房配备防火、防水、防物理化学及生物灾害设备以及硬件防盗设施等，配备一个良好的供电系统。此外，对磁带、磁盘等存储介质，还应注意防高温、防潮、防霉以及防强磁场的干扰，数据文件应有备份，备份文件应分开存放。

4. 硬件及系统软件控制

（1）硬件控制。

硬件控制是指计算机厂商提供的已建立在硬件或系统软件中的控制，其主要控制措施包括：

1）冗余校验，是指在数据编码中设置冗余位，依据冗余位编码与数据编码中位数的逻辑关系来检测是否存在数据传递或处理错误的一种检测技术。根据检测功能不同，冗余校验还可以进一步分为单位冗余校验、双位冗余校验和纠错码三种。

2）重复处理校验，是指通过重复进行同样的操作处理，将结果进行比较以发现错误的一种控制。例如，计算机常采用的“写后读”就是一种重复处理校验。计算机第一次从外围设备读入数据，把它写入内存后再一次从外围设备读入此数据，比较读入的数和写下的数，以此检验硬件的读入是否可靠。

3）回波检验，是一种用来检查数据传递过程中是否发生错误的控制措施。其目的是保证计算机送到外围设备或远程设备的命令已被接收并执行，送出的数据已正确地接收到。例如，CPU 送出一个打印命令到打印机，打印机收到命令后执行，当命令执行完后，打印机会发出一个已执行命令的信息给 CPU，通过比较送出的命令与返回的命令，证实命令已正式执行。

4）设备校验，是指控制手段构造在计算机集成电路板中，检查并更正错误的一种方法。具体控制措施包括错误自动诊断和自动重新输入。错误自动诊断用来检查集成线路板或存储器及读写磁头的问题，也可以发现位码错误；自动重新输入可以在发现错误以后，立即将正确的信息再次输入。

（2）系统软件控制。

系统软件是一组实行系统管理，支持和控制应用程序运行的程序。系统软件包括的控制功能如下：

1）错误处理。该功能主要处理读写错误。例如，如果计算机在工作中读写发生困难，或者读写的字符过长（溢出），操作系统会指出发生的错误并作相应的处理，或重新读写，或作为特例记入某一文件，或停止计算机的操作，人工查找原因。

2）文件保护。即对存储的文件加以控制，以防止未经授权的使用和修改。采取的主要控制手段是内部标签的设置与核对。文件内部标签包括头签和尾签。头签通常包括文件号、文件名、建立日期、密码口令等。通过检查此签，保证只有掌握密码的人才能打开文件。尾签包括数据块数、记录数、文件结束标志等。通过检查尾签，可防止数据丢失，保证数据处理的完整性。

3）安全保护。即对系统的操作进行控制，防止未经授权批准的人使用系统。主要措施是自动建立使用系统的人员和活动记录，以备日后检查，也可以采用密码控制。

（二）应用控制

应用控制是为适应各种数据处理的特殊控制要求，保证完整、准确地完成数据处理而建立的内部控制。应用控制涉及各种类型的业务，每种业务及数据处理有其特殊的流程要求，这就决定了具体的应用控制的设计需结合具体的业务。由于数据处理过程一般都是由输入、处理和输出三个阶段构成，从这一共性出发，可将应用控制划分为输入控制、处理控制和输出控制。应用控制也由手工控制和程序化控制构成，但以程序化控制为主。

1. 输入控制

在数据处理中，如果输入数据出错，以后的处理环节再正确，也只能输出错误的信息。一个信息系统，如果没有严格的控制措施，未经批准的、不合法的、不完整的、不正确的信息就可能被输入系统，希望系统据此提供可靠的信息是不可能的。因此，要提高信息系统的可靠性，必须设计有效的输入控制措施。常用的一些控制措施包括：

（1）编制有关数据输入工作内容、方法及程序要求的书面文件。

这部分内容可写在有关的操作说明中，也可以在电算化单位的有关岗位责任制中加以规定。规定的内容应包括数据输入过程中的岗位分工、责任制度、数据传递路径、错误改正程序等。

（2）事先设计规定数据格式。

实现格式化操作，有利于减少数据输入过程的错误。在设计输入格式时，要尽量减少填写项目，输入画面的设计尽可能与实际凭证相似。

（3）建立数据收发记录，计算控制总数。

这样做的目的在于发现数据在传送、输入过程中的任何错误。数据收发记录可采用多联传票形式。批输入条件下，业务部门将一定时间内的凭证汇集成批，手工计算控制总数并编制传票。传票内容应包括业务类别、批号、发出与接收部门、收发时间、控制总数及有关责任人员的签章等项目。控制总数是主要由人工完成的重要的控制手段。对于输入的数据，可以由计算机计算出有关的控制总数，操作员应将其与接收数据时得到的控制总数核对，以检查输入过程中是否存在问题。

（4）数据输入核对。

这是指对操作员通过键盘输入计算机的数据的正确性进行人工复核。核对控制可由操作员与复核员分别进行。常用的核对方法是目视核对，也称静态校验，是指用目测的方法透过屏幕或打印输出的凭证对录入的数据进行校对，一般应对照录入的原始单据进行。操作员与复核员都可采用这种方法对录入的资料加以核对。如果数据输入量很大，这种方法既耗时又费力，而且长时间的目视会引起疲劳，一般认为这种校对方法的查错率仅能达到 70% ～ 80%。

（5）计算机编辑检验。

这是指计算机按照程序指令通过计算机检查数据是否准确、完整、合理。由于计算机运行速度快，且有极高的处理一贯性，因此其检验效率远比人工检验高。在有可能的情况下，应尽量通过应用程序对数据处理的全过程进行检验。计算机编辑校验也称逻辑检验，是指将实际准备的数据与某些事先编入程序的规定或标准比较，以逻辑判断的形式确定数据的正确性、合理性。实际应用中的逻辑检验包括：

1）编码有效性校验。有些数据项目的编码有一定范围，只有有限的数据编码是有效的，因此可由计算机程序对录入的数据项目的编码的有效性进行检验，如科目代码、部门代码、职工代码等，都可由计算机进行有效性检验。如果发现录入的代码与代码对照表中的有效代码不符，计算机将给出错误信息。

2）符号校验。是对某一字段或字符值的正负进行的检验。如果某些字段或符号应保持为正或负，则可采用此种校验方法。如职工工龄、年龄等字段应永远为正，如果操作员误将数据以负数录入，则可通过符号检验加以控制。

3）数据类型校验。是对录入数据类型是否符合规定类型的检验。如“姓名”应为字符型字段，“生日”应为日期型字段，“基本工资”应为数值型字段。数据类型校验可以防止操作员由于疏忽将字段类型输错。

4）字段长度校验。是通过核对录入数据字段的长度是否与规定长度相符来检查录入错误的一种校验方法。如某单位职工代码是 3 位，操作员误将某职工代码录入 4 位，则通过字段长度检验，计算机可发现此录入字段无效，给出错误信息。

5）限值校验。检验某一数据的值是否在事先规定的合理范围之内。如在工资系统中，为防止出现错弊，对职工的工资水平可先规定合理的限度，如果操作员有意或无意把某职工的工资数据提高或使其超出规定范围，则可由计算机发现；又如每月出勤天数不应超过 31 天，可对“出勤天数”字段限值加以规定；等等。

6）平衡校验。是根据某些固有的平衡关系，检验相关的数据是否一致。例如，在会计理论中存在许多平衡关系，如资产 = 负债 + 所有者权益（资本）；账务处理过程中，本期借方发生额合计 = 本期贷方发生额合计，期初（末）借方余额合计 = 期初（末）贷方余额合计；等等。依据这些平衡关系，可以在系统设计过程中设计一些检验程序，在数据输入、处理和输出的各个环节检查平衡关系是否保持。如果应有的平衡关系被破坏，则说明发生了错误，由计算机给出错误信息，由用户修改。

7）顺序校验。例如，在手工会计业务处理过程中，为达到有效的内部控制，许多业务凭证采用了顺序编码的办法，对防止数据的丢失、重计及其他错弊的发生起到很大的作用。在计算机信息系统中，顺序编号控制的原理依然适用，所不同的是除手工系统中的人工、纸张编号外，还可对输入的各种数据由机器自动编号，若出现缺失或重复号码，则给出错误信息。

8）完整性校验。在数据输入过程中，常出现遗漏某些字段的错误，尤其是有些字段的遗漏极易导致舞弊现象的出现，如摘要等。为此，计算机信息系统程序设计过程中，应充分考虑某些字段应为强制性字段，即这些字段的缺填将导致计算机拒绝处理，给出错误信息，待有关人员补充后才为计算机所接受。

9）二次校验。在数据输入过程中，为保证录入的正确、完整，同一数据先后两次录入，由计算机按事先编制的程序自动校验。如两次录入相同，说明录入正确；如两次录入不一致，则由屏幕显示错误信息。这种校验方法的查错率极高，可达 99% 左右，且可以查出各种类型的错误。但这种方法的录入时间较长，如果业务量大，数据输入的效率较低。为提高效率，节约时间，第二次录入时，可以仅录入关键字段。

10）数码校验。为检验某些关键性编码数据准备、输入和处理过程中是否发生错误，可采用数码校验技术。即在数字编码中增设一位校验位，校验位编码与数字有效编码建立起特定的数字逻辑关系。计算机将数据输入前后的校验码相互比较以保证数字正确性。这种控制方法较适用于对材料部件代码、银行账号、职工号、会计科目代码之类的数字型代码的检验。数据输入过程中如何对错误数据进行处理是一个值得研究的问题，尤其是程序化控制运行中发现的错误数据，如果处理不当，将导致数据丢失或系统运行效率下降。输入数据的程序化校验可采用两种方式——即时校验和推延校验。即时校验是指在将数据逐个转化为机读形式后立刻进行的程序化校验。此时发现错误后，可采取三种处理方式：一是暂停下个数据或记录的录入，要求操作员改正后才允许录入下一个数据或记录；二是取消该业务数据，接收下一条记录；三是将错误记录写入错误文件，待操作员以后处理。具体应采取哪种方式处理，应考虑错误的性质、操作员的权限和知识等因素。例如，如果错误并非操作员的操作造成的，而是由业务部门人员造成的，则操作员无权直接改正，该错误应写入错误文件待日后处理；如果是由操作员操作失误造成的错误，则应暂停处理，待操作员改正后再接收下一条记录或进行下一步处理。推延校验是指数据转化为机读形式时并不进行逐项程序化校验，在一批数据输完后或对数据进行处理之前再进行校验。此时一般发现错误较多，原因复杂，为了不影响系统运行效率，一般应在数据库中建立错误文件，并将所有错误记录写入该文件并打印出错误清单，待操作员或业务部门改正后，再输入并校验。单独建立错误文件是一种重要的控制措施。任何没有进行即时改正的错误记录均被写入该文件，可以防止由于人为的疏忽造成的数据丢失。每次运行校验程序后打印出错误报告，又可以起到促使有关人员及时改正错误数据的作用。

2. 处理控制

处理是计算机信息系统按程序指令实行的内部功能，包括数据验证、计算、比较、合并、排序、文件更新和维护、访问、改错等内部处理活动。数据处理是否正确，其结果是否可靠，在很大程度上依赖于输入数据的正确性和可靠性、应用程序的正确性以及环境控制的强弱。但是，即使这些方面有了保证，仍然会出现一些问题，如程序逻辑错误、计算错误、用错文件、用错记录、处理非法数据等情况。因此，还必须设置处理控制措施。

处理控制就是对计算机信息系统进行的内部数据处理活动的控制措施，这些控制措施往往被写入计算机程序，因此，处理控制又是自动控制。处理控制措施主要包括：

（1）审核处理输出。

数据处理是计算机信息系统的内部功能，人眼不能直接看到。但处理的数据及处理数据有关的程序可以输出，从而为人眼所见。审核输出能发现一些处理和输入数据的错误。可以审核下列输出：

1）程序号和程序指令，用以发现所用程序是否有错；

2）输入数据（包括原始数据、参数值、操作数据等）的输出；

3）处理结果输出。

（2）进行数据有效性检验。

可靠的和合适的处理要求应用程序所处理的数据是正确的，而处理正确的数据意味着要读出正确的文件和文件中的记录，且所处理的业务与主文件所包含的业务相配。有效性检验是为了发现用错文件、记录和业务数据的情形，其措施包括文件标签检验、记录标识检验、业务顺序检验等。

（3）进行处理有效性检测。

处理错误产生的根源在于应用程序的逻辑错误，或硬件和系统软件的错误。发现处理错误的有效性检测方法包括：

1）运算正确性检测。通过使用双重运算、逆运算、溢出检查等方法来发现运算中的逻辑错误。其中双重运算通常是指在数学表达式中存在两种不同的运算，它们各自有不同的优先级。在某些编程语言如 JavaScript 中，双重运算也指使用逻辑运算符（如 >）来检查一个数字是否大于另一个数字。逆运算，可以是乘除的逆运算也可以是加减的逆运算。溢出检查用来检测计算结果是否超过确定的数据项长度。

2）双重存储。将同一数据存于两处，如应收账款总账余额和明细账余额分别存储于两个数据项里，至期末将明细账之和与总账余额相比来判断处理是否正确。

3）数据合理性检测。用于发现处理结果超出预期结果（合理性界限）的错误。例如，损益类账户及其他虚账户期末应无余额，但是到期末时处理结果有余额，这就表明处理过程发生了错误。

4）数据极限检验。用于检查处理结果超出处理最大界限值的错误。例如，职工的实发工资每月最多不超过 10 000 元。当处理工资数据时，程序对每个职工的实发工资与 10 000 元进行比较，如有超过 10 000 元者，即说明处理有错。

5）交叉合计检查。如 6 位学生 7 门课程的成绩总分，可以通过累计每人的总成绩而得，同时可以通过累计每门课的总成绩而得，两者结果应该一致。

（4）错误纠正控制。

处理错误有两类：一类错误是由处理有效性检测发现的错误，可以把这类错误数据写入未决文件，等到更正后，再与同批数据一起进行下一步处理。这类错误也可以这样来加以处置，即将错误数据从同批数据中分出来，待更正后同下一批数据一起进行处理。另一类错误是在处理过程结束后通过人工审核输出数据发现的，这类错误数据已经影响到主文件的结果，应对它们逐笔加以记录，并且将一笔能抵消错误影响的分录或其他数据录入文件，以得出正确的余额。

3. 输出控制

输出控制的目的是保证系统能完整、准确地输出经处理的信息，未经授权批准的人不能接触输出资料。常见的控制措施包括：

（1）输出权限控制。

即只有经过授权批准的人才能执行输出操作，并要做好操作记录。计算机信息系统的输出方式有三种：一是屏幕显示，二是打印输出，三是存入磁性介质（如磁盘、磁带等）。这三种方式都要设立相应的权限控制。常见的控制措施有限定使用计算机或终端的人员、通过口令使用输出模块等。

（2）钩稽关系检查。

即在报表输出前，由计算机检查报表间应有的钩稽关系是否满足，若不满足，则给出错误信息。

（3）输出审视。

打印输出的资料要进行登记，并经有关人员检查后签章才能送出使用或按档案要求保管，未经批准的人不得接触系统的输出资料。由计算机打印输出的账簿必须经操作员、稽核员共同签章，未经稽核员签章的账簿不具有合法性。

三、信息系统内部控制的审计

对信息系统内部控制的审计，一般要经过以下几个步骤。

（一）对内部控制进行描述

审计人员一般可以通过与被审单位有关人员座谈、实地观察、查阅系统的文档资料等，了解系统的内部控制，然后把它描述出来。描述的方法有书面说明法、调查表法、流程图法。这三种方法与对传统系统内部控制的描述方法一样，只是描述的内容不同。

（二）对内部控制进行初步评价

对信息系统内部控制的初步评价侧重于以下两个方面：

1. 内部控制的健全性

评价信息系统内部控制的健全性，既要从总体的一般控制来评价，又要从具体的应用控制来评价。一般控制是信息系统有可能安全可靠地运行和处理的前提。如果没有恰当的控制环境，没有强有力的制度保证，不管系统设计得如何好，程序和数据也容易被非法篡改，整个系统的安全就没有保证。因此，一般控制如有缺陷，将对整个信息系统产生普遍的影响，即使应用控制很强，也难以发挥其功能。同样，如果应用控制有缺陷，则会直接影响数据输入、处理和输出的正确性。评价内部控制的健全性，一方面要分析控制的强点，另一方面要分析控制的弱点，对于控制的弱点，要查明单位是否采取了补救办法，控制弱点是否会产生严重的后果。

2. 内部控制的合理性

评价信息系统内部控制的合理性，主要考虑控制的布局是否合理，有没有过多的控制和不必要的控制。评价时要特别注意信息系统应用控制中的程序化控制。由于程序化控制的成本是比较高的，如果程序中含有过多或不必要的控制，一方面会增加系统的设计成本，另一方面还会严重影响系统的运行效率。

（三）对内部控制的执行情况进行符合性测试

一个信息系统，即使具有健全的内部控制，在实际业务处理过程中也不一定被认真执行，对其实际执行情况还要进行符合性测试。由于信息系统的控制方式是手工控制与程序化控制的结合，因此，手工控制一般可采用手工测试的方法，测试可采用观察法、检查证据法、实验法等。程序化控制需要采用计算机辅助测试方法，测试可采用检测数据法、程序比较法、平行模拟法等。

（四）对内部控制进行总评

对信息系统内部控制的总评，是在初步评价的基础上，根据符合性测试的结果，评价被审系统内部控制的可靠性。

（五）内部控制评审结果报告

对于内部控制评价和测试情况，审计人员必须做好审计记录，并撰写内部控制审计报告，表达审计意见，并针对存在的问题以及可能导致的错弊，提出改进的建议。

11.5 应用程序审计方法

计算机辅助审计方法是指审计人员利用计算机对被审程序进行审查，以确定其处理和控制功能是否可靠的方法。手工审计的方法只有在肉眼可见的审计线索存在并且比较充分时才能适用，而对于大多数的计算机信息系统，审计线索都存储在电、磁介质上。另外，由于手工审计方法没有直接对系统实际运行的程序进行审查，审计结论的可靠性较差，因此，只有利用计算机对被审程序进行审查，才能得出正确可靠的结论。利用计算机对被审程序进行审查的方法主要包括以下几种。

一、检测数据法

检测数据法，是指审计人员把一批预先设计好的检测数据，利用被审程序加以处理，并把处理的结果与预期的结果作比较，以确定被审程序的控制与处理功能是否恰当、有效。这种方法的工作原理见图 11.1。

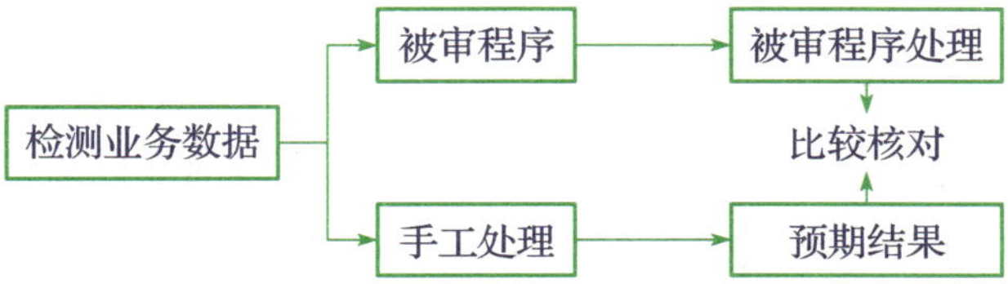

图 11.1　检测数据法的工作原理

（一）检测数据法的适用情况

检测数据法可用来审查计算机信息系统的全部程序，也可用来审查个别程序，还可以用来审查某个程序中的某个或某几个控制措施，以确定这些控制是否能发挥有效功能。检测数据法一般适用于下列三种情况：

（1）被审计算机信息系统的关键控制建立在计算机程序中。

（2）被审计算机信息系统的可见审计线索有缺陷，难以由输入直接跟踪到输出。

（3）被审计算机信息系统程序较多，用检测数据法比直接用手工方法进行审查更经济，效率更高。

（二）检测数据法的来源

应用检测数据法对被审程序的处理和控制功能进行审查，选择或设计合适的检测数据是一个关键问题，检测数据按其来源可分为：

（1）被审单位以往设计的检测数据。任何新的计算机信息系统在正式投入使用之前必须对程序进行测试，这是系统开发过程中的必经步骤之一。因此，在开发计算机信息系统时，被审单位通常会投入大量的时间，设计检测数据，以便发现新编写的程序内隐含的各种错弊。若此类检测数据仍然存在，则审计人员也可加以利用，作为检测数据的一部分。另外，被审单位在修改程序后调试检测经修改的程序所用的模拟检测数据，也可作为审计人员的检测数据。

（2）由审计人员自行设计的检测数据。一般来说，审计人员通常可采用下列几种方式，自行设计检测数据：

1）由审计人员根据被审程序控制及处理功能和主文件，设计若干虚拟的业务，并逐笔制作成模拟检测数据。

2）根据被审单位以前月份或年度的输入数据，稍加修改后利用。

3）运用审计软件产生检测数据。审计人员可利用检测数据生成软件获得模拟检测数据。使用软件产生检测数据，可避免检测数据法的许多缺点。例如，人工设计检测数据费时费力，考虑到所有例外情况也困难。但使用软件产生检测数据，其数量可能相当大。因此，以手工计算预期的结果可能要花费较高的成本。此外，检测数据软件的取得及使用成本可能也较高。

不管检测数据的来源如何，检测数据中应包括下列两类业务：

（1）正常的、有效的业务，以确定被审程序对有效数据的处理是否正确。这类检测数据可以是被审单位正在准备处理的数据或过去已处理过的历史数据，也可以是审计人员按要求设计出的正常检测数据。

（2）不正常的、无效的业务，以确定被审程序能否将这些业务检测出来。检测出来后，拒绝接受，并给出错误信息，以便修改。例如：1）不合理的业务：业务的有关数值超出了其极限值；2）无效的业务：例如，科目代码或单位代码等为无效代码的业务；3）不完整的业务：空的业务；4）顺序错误的业务：要求顺序编号的字段，如记账凭证编号等出现缺漏或重复；5）溢出业务：输入的数据超出该字段预定的宽度等。

对于不正常的、无效的业务，在实际应用时，要根据被审程序的控制功能及具体的审计目的，确定检测数据中不正常业务的类型。对于正常的、有效的业务，审计人员要注意被审程序的功能覆盖问题，即选择的检测数据要能检查到被审程序的所有处理和控制功能。对此，可采用决策表的方法来选择和设计检测数据。

（三）检测数据法的优缺点

1. 检测数据法的优点

（1）对审计人员的计算机知识和技能的要求不太高。

（2）适用范围较广。

（3）在审计线索间断或不完整的情况下，使用这种方法也能对程序的功能作出评价。

（4）由于这是一种抽样审计方法，因此，用于测试比较复杂的被审程序是比较经济的。

2. 检测数据法的缺点

（1）在全面测试被审系统的所有程序或程序中所有控制及处理功能时，难以保证测试数据的全面性，因而难以对被审程序作出全面的评价。

（2）如果利用被审单位实际运行的程序和文件处理模拟检测数据，还可能破坏被审单位的主文件。

（3）难以保证被审的程序就是被审单位在整个被审期间实际使用的程序。

由于检测数据法只能证明在处理检测数据时被审程序的处理和控制功能是否正常，因此，审计人员所抽查的应用程序，很可能并非为被审期间实际应用的程序，特别是当被审程序有不同版本时，此种情况很可能发生。因此，使用检测数据法，审计人员必须首先确定被审的程序确为被审期间实际运行的程序。对此，可采取突击审计的方式，在审计人员的监督下，要求被审单位数据处理部门的人员将机内正在运行的程序复制一份，审计人员用此复制的程序采用检测数据法进行审查。另外，审计人员还应检查系统的一般控制是否健全、有效。例如，被审程序的维护控制以及被审程序的接触控制等是否有效。只有相应的一般控制是健全有效的，审计人员利用检测数据法得到的审查结果才是可靠的。

二、整体检测法

整体检测法，是指审计人员在被审的计算机信息系统中建立一个虚拟的实体（如虚拟的部门、车间、经销商、顾客、职员、账户或其他任何信息的累计单位），然后利用被审程序，在正常的业务处理时间里，与真实业务一起，对此虚拟实体建立的有关检测业务用同一被审程序进行处理，并把被审程序对这些检测业务处理的结果与预期的结果进行比较，以确定被审程序的处理和控制功能是否恰当、可靠。整体检测法的工作原理见图 11.2。

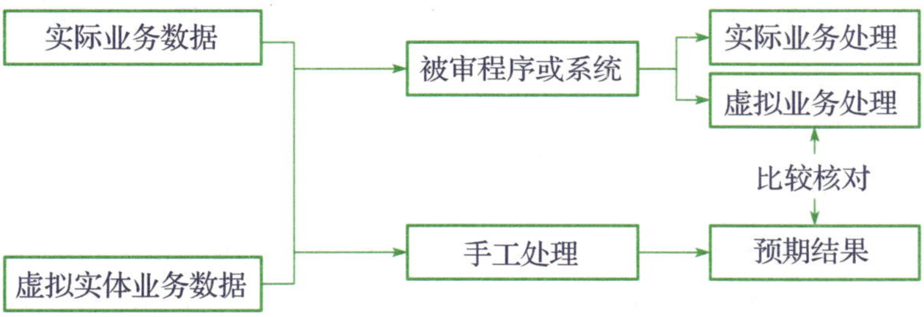

图 11.2　整体检测法的工作原理

采用整体检测法的审计步骤为：

（1）确定需要审查的程序以及需要审查的处理及控制功能。

（2）虚拟一个实体。

（3）设计与虚拟实体有关的业务，并用手工计算出预期的结果。

（4）将虚拟实体的业务数据与被审单位的实际业务数据一并输入被审系统，由被审程序进行处理。

（5）将被审程序的处理结果与手工计算的预期结果进行比较，作出评价。

（6）消除虚拟实体的业务数据，以免影响真实数据处理结果的正确性。

例如，现要审查被审单位的工资处理程序，该程序有这样一个控制措施：若某职工的工资经过处理后，其实发工资额超出 5 500 元，则被审程序将该职工工资数据记入异常数据文件中并打印输出，供会计主管审核。若用整体检测法来测试该程序中的这项控制措施，可以设计一个虚拟职工，该职工的职工号码不同于任何一个实际的职工号码，设计一组有关该职工的基本工资、扣款、补贴等数据。假如通过手工计算该职工的实发工资数额为 5 650 元，将这组数据输入计算机并处理后，若有关数据没有记入异常数据文件中，也没有打印输出，则说明该程序没有实发工资的合理性检验措施，或者这种控制措施已不起作用。

采用整体检测法，有下列两种常见的使用方式：

（1）让检测业务如真实业务一样从头到尾通过整个系统，得到最终的输出。这时，审计人员要在处理至某一阶段，或结束以后，准备一些会计分录冲销检测业务，以防影响被审单位数据文件的正确性。

（2）对被审计算机信息系统的被审程序作适当的修改，以便检测业务在进入总分类账或重要的输出之前被删除，不致影响被审单位的正常业务和财务报表。但是，在系统运行以后，修改系统的应用程序成本较高，也很困难。因此，除非在计算机信息系统的开发阶段，审计人员已考虑到要用整体检测法进行审计，而嵌入删除检测业务的审计程序段，否则这种方式较少采用。

例如，在上述例子中，假设该职工为生产工人，若采用第一种检测方式，则为了消除该虚拟职工对工资分配和总分类账的影响，应准备会计分录输入系统进行冲销：

借：应付职工薪酬

　　贷：生产成本

若采用第二种检测方式，则可修改工资结算汇总程序和工资分配汇总程序，令其在汇总时对职工号码超过实际职工号码范围的职工另外单独进行汇总，并单独打印输出，不汇总入实际职工工资数额中。检测完毕后，可令程序从职工工资文件中删除这些业务。

整体检测法的优点是：

（1）检测数据可与被审单位日常处理的真实业务一起输入，并进行处理。因此，可能较其他审计方法更为经济有效。

（2）审计人员可根据需要随时输入检测数据，从而能够对被审程序进行经常性的直接测试，保证被审程序就是被审单位实际运行的程序，保证审计结果的可靠性。

（3）应用范围广泛。它既适用于在线实时系统，也适用于批处理系统。随着在线实时系统的逐渐普及，未来整体检测法的应用必然会比检测数据法更为广泛。

整体检测法的缺点是：

（1）如果没有及时或完全消除检测数据，可能会影响被审单位数据文件和财务报表的正确性。因此，审计人员应详细考虑检测数据对系统各种数据文件的影响，冲销业务能否全部冲销这些影响。

（2）由于整体检测法是根据被审程序对检测数据的处理结果来推断程序的处理和控制功能的正确性，因此，它与检测数据法一样，如果检测数据选择不全面，则不能审查出被审程序中的全部错弊。另外，如果被审单位的数据处理人员知道检测业务，也可能会加以干预，从而影响审计结果。因此，进行整体检测，当检测数据输入计算机时，审计人员应对系统的操作进行适当的监督。

三、程序编码比较法

程序编码比较法是指比较两个独立保管的被审程序版本，以确定被审程序是否经过了改变。审计人员要用由审计部门自己保管的，经以前审查其处理和控制功能恰当的被审程序副本与被审单位现在使用的应用程序进行比较，发现程序任何的改动，并评估这些改动带来的后果。

程序编码比较法不仅适用于源程序编码之间的比较，也可运用于目标程序码之间的比较。但对目标程序码进行比较时，审计人员应对其本身能有效控制的源程序编码，经计算机编译成目标程序后，再与被审程序目前使用的同一目标程序作比较。若比较结果发现被审单位目前使用的目标程序与审计人员控制的目标程序之间存在差异，则审计人员需要花费较多的时间进行追查与分析，才能确定差异的原因及带来的后果。

审计人员在审查被审系统的内部控制时，对于下列一般控制是否被确实执行，可采用程序编码比较法，进行符合性测试：

（1）目前正在使用的被审程序未遭非法的变动。

（2）所有经核准的程序变动，均有适当的控制。

（3）程序变动的原因及预期影响均做成适当的文件记录。

（4）被审单位规定的程序管理制度，确已被正确执行。

审计人员可通过程序编码比较法，以增进对被审程序或系统的进一步了解。程序编码比较法若与其他计算机辅助审计技术（如程序编码检查法或检测数据法等）一起使用，则可发挥较好的审计效果。

采用程序编码比较法审查程序的一般步骤为：

（1）审计人员准备一个经审查其处理和控制功能恰当的被审程序副本。

（2）取得被审单位正在运行的被审程序。为了保证被审程序是实际运行的程序，可采取突击审计的方式，审计人员亲自或在其监督下由被审单位将机内正在运行的被审程序复制一份，以备审查。

（3）取得比较两个程序的软件。

（4）在被审单位或审计人员的计算机上进行比较。若有差异，应将发现的差异与程序维护修改的批准和记录进行比较，以证实是否有经过批准的改动。

（5）评价检测结果。

采用程序编码比较法的前提是以前对此应用程序进行过审查，并证实它原来的处理和控制功能是恰当、有效的。因此，这种方法只能用于再次审计，而不适用于对被审程序的初次审计。程序编码比较法的优点是，技术简单，使用方便，可以检查出被审程序任何的修改。它的主要缺点是，如果程序改动较大的话，要分析和评价发现的差异，是困难和费时的。另外，由于程序编码比较法是通过比较两个时点上程序的一致性实现的，如果在这两个时点期间程序已经过了非法改变并已恢复，运用此法就无法检查出来。

四、受控处理法

受控处理法是审计人员通过被审程序对实际业务的处理进行监控，查明被审程序的处理和控制功能是否恰当、有效的方法。采用这种方法，审计人员首先对输入的数据进行查验，并建立审计控制，然后亲自处理或监督处理这些数据，最后将处理的结果与预期结果加以比较分析，判断被审程序的处理与控制功能能否按设计要求起作用。例如，审计人员可通过检查输入错误的更正与重新提交的过程，判断被审程序输入控制的有效性，通过检查错误清单和处理打印结果来判断被审程序处理和控制功能的可靠性，通过核对输出与输入来判断输出控制的可靠性。

受控处理法的主要优点是：审计技术简单，省时省力，不需要审计人员具有较多的计算机知识，只要采取突击审计的方式，就可以保证被审程序与实际使用程序的一致性，从而保证审计结论的可靠性。

受控处理法的主要缺点是：

（1）选择的实际业务数据可能不足以评价各种处理和控制功能。实际业务数据多为正确数据，要想找到足够的业务数据对被审程序的各种处理和控制功能进行评价往往是不可能的。

（2）要求审计人员具有相当的操作知识与技能，以便对被审程序运行过程进行有效的控制与监督，防止被审单位操作人员篡改程序或数据。

（3）审计人员对实际业务数据的监督、控制及比较分析，可能会影响被审单位的正常数据处理及工作效率。

五、受控再处理法

受控再处理法，是指在被审计单位正常业务处理以外的时间里，由审计人员亲自进行或在审计人员的监督下，把某一批处理过的业务进行再处理，比较两次处理的结昊，以确定被审程序有无被非法篡改，被审程序的处理和控制功能是否恰当、有效。运用这种方法的前提是以前对此程序进行过审查，并证实它原来的处理和控制功能是恰当、有效的。因此，这种方法不能用于对被审程序的初次审计。在实际审计工作中，根据情况，可采用下列两种不同方法：

（1）审计人员保存一批在以前审计时已由当时经审查证实处理和控制功能恰当、有效的被审程序处理过的业务及当时处理的结果。审计人员可把这批业务输入被审系统由当前实际运行的被审程序进行处理，得出当前的处理结果，比较两次处理结果，从而确定当前实际运行的被审程序有无改动，处理和控制功能是否可靠。其工作原理见图 11.3。

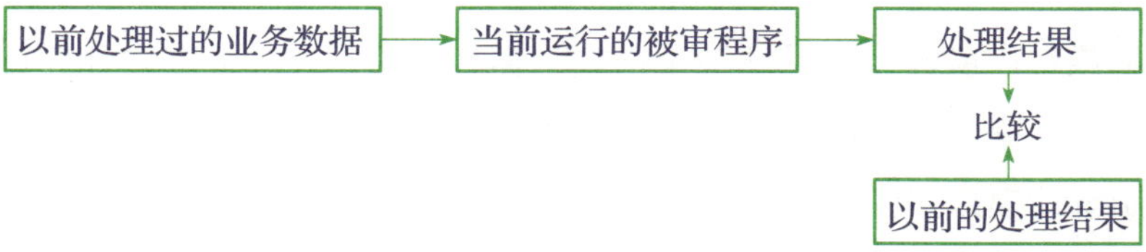

图 11.3　受控再处理法的工作原理 1

（2）审计人员保存有以前审计时已经审查并证实其处理和控制功能恰当、有效的被审程序副本，审计人员可把当前被审程序处理过的业务输入系统由审计人员保存的被审程序副本进行处理，得出处理结果，比较两次处理结果，从而确定当前实际运行的被审程序有无非法改动。其工作原理见图 11.4。

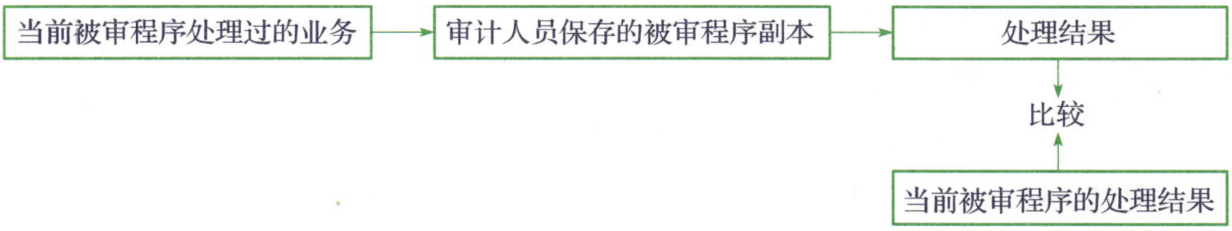

图 11.4　受控再处理法的工作原理 2

受控再处理法的优点是测试数据是现成的，可在审计人员和被审单位都感到方便时进行测试，因此并不干扰被审计单位的正常业务。其缺点是，有些单位的已经处理过的业务文件可能只保留很短的时间，而主文件可能经过了多次更新，因此难以获得重新处理所需的文件。

六、平行模拟法

平行模拟法，是指审计人员自己或请计算机专业人员编写的具有和被审程序相同处理和控制功能的模拟程序，用这种程序处理当期的实际数据，并以处理的结果与被审程序的处理结果进行比较，以评价被审程序的处理和控制功能是否可靠。这种方法的原理可用图 11.5 表示。

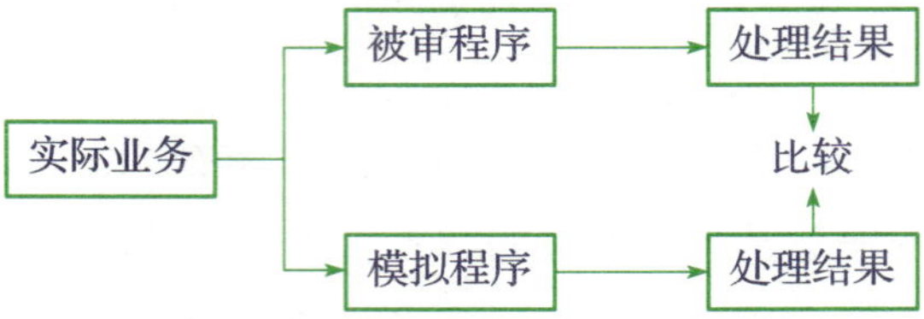

图 11.5　平行模拟法的原理

用这种方法的一般步骤为：

（1）根据审计的目的和要求，确定被审程序。

（2）了解该程序所涉及文件的记录格式、类型、数据处理步骤和计算规则，输入输出的格式和内容，输入、处理、输出控制措施等。

（3）编制审计模拟程序。

（4）分别用被审程序和模拟程序处理实际业务数据。

（5）对处理结果进行比较分析，并对被审程序的处理和控制功能作出评价。

运用这种方法，审计人员不一定要模拟被审程序的全部功能，可以只模拟被审程序的某一处理功能或控制功能。这种方法一般可用于工资计算、材料成本差异的计算、产品销售成本的计算以及利润和税金的计算等方面，这些方面计算量大，但有一定的数学模型，因此程序的模拟较为简单。

采用平行模拟法的优点在于，它能独立地处理实际数据，不依赖被审单位的人力和设备，因而审计结果较为准确。其主要缺点是开发模拟系统难度较大且成本较高，且对于审计人员来讲，要自己开发一个模拟系统程序是很困难的，如果是简单的模拟程序，则用计算器也能达到相同的效果。因此，这种方法在目前来讲很难做到。另外，审计人员首先要证明模拟程序是正确的，这也是一个额外的困难。

七、嵌入审计程序法

嵌入审计程序法，是指在被审计算机信息系统的设计和开发阶段，在被审的应用程序中嵌入为执行特定的审计功能而设计的程序段，这些程序段可以用来收集审计人员感兴趣的资料，并且建立一个审计控制文件，用来存储这些资料，审计人员通过这些资料的审核来确定被审程序的处理和控制功能的可靠性。这种方法的原理见图 11.6。

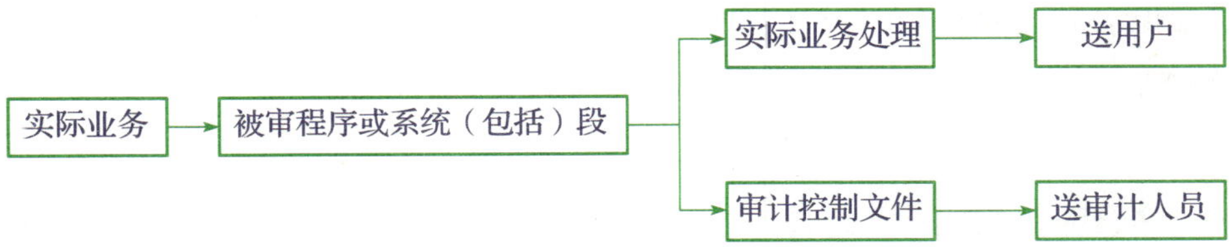

图 11.6　嵌入审计程序法的工作原理

在实际应用中，审计程序段主要有两种：一种是不经常起作用的，只有审计人员在执行特定的审计任务时才激活的审计程序。例如，在应收账款核算程序中嵌入的给债务人打印审计函证书的审计程序段，这种审计程序平时不起作用，只有在审计人员要打印审计函证书时才使用。另一种是在被审程序中连续监控某些特定点上的处理的程序，当实际业务数据输入被审系统，由被审程序对其进行处理时，审计程序段也对数据进行检查，如果符合某些条件，则将其记入审计控制文件中，审计人员可以定期或不定期地将审计控制文件打印输出，以便对被审程序的处理和控制功能进行评价，或对系统处理的业务进行监控。例如，在现金核算过程中，审计人员要检查被审单位有无违反现金管理制度，可嵌入审计程序段，该程序段检查每笔现金收付业务是否超出范围和限额，若超出，则把这笔业务记入审计控制文件中。通过检查审计控制文件，可发现被审单位有无违反现金管理制度的情况。又如，在某单位的工资核算程序中，程序计算出每一个职工的实发工资后检查该职工的工资有无超出规定的限额，若超出，将其打印输出，供会计主管审核。审计人员要审核该工资核算程序对实发工资限额检查是否有效，可在被审程序中插入一段程序，将超出限额的实发工资写入审计控制文件，定期将审计控制文件打印输出，与被审程序的打印输出结果进行核对，以查明被审程序该项控制的有效性。

嵌入审计程序法的优点是，在被审单位处理业务数据的同时获取审计证据，可以防止在数据处理后进行审核时难以确信被审程序是否是实际应用的程序的缺陷。另外，只要被审程序开始运行，审计程序段就处于监督状态，可以弥补事后审计线索不充分的缺陷。

嵌入审计程序法的缺点是，它只能用来审查事先考虑到的程序处理和控制功能以及有关情况。审计人员必须事先确定需要获得何种资料，然后编制程序段，一旦应用程序修改，审计程序段也可能要修改。另外，这种方法还要求审计人员参与被审系统分析与设计，对于国家审计机关来说，这一点不一定能做到。因此，这种方法更适合于内部审计机构，当使用这种方法时，审计人员还要特别注意被审系统的一般控制是否健全有效，以防审计程序段被有关人员移走或被篡改。

本节我们论述了应用程序审计的方法，这些方法并不是孤立的，而是相互联系的。在实际审计工作中，审计人员应根据被审计算机信息系统应用程序的具体情况和自己的计算机知识水平，具体的审计目的、审计时间和经费条件等，合理地选择其中一种或几种审计方法。

11.6 数据文件审计方法

由于对计算机信息系统打印输出的数据文件内容的真实性、正确性审查与手工信息系统中对凭证、账簿、报表的审计方法与技术一样，因此，这里我们不再论述。下面主要论述对存储在电、磁介质上的数据文件进行审计的方法与技术。

一、利用审计软件辅助审计

审计软件是为执行一定的审计电子数据处理功能而设计的计算机程序，其执行功能通常包括：从被审的电子数据文件中抽取或选定某些数据，根据审计目的进行计算和处理，并按照审计人员的要求输出审计信息。由于审计软件可直接访问被审系统的电子数据文件，因此有助于审计人员对整个电子数据文件或已经选定的数据项目进行复核，可有效地执行大量数据的验算、重新分类及汇总工作，并能详细检查电子数据文件的内容，可按审计人员指定的标准查找记录。此外，利用审计软件辅助审计，还可以提高审计的效率，减少审计人员对被审单位数据处理人员的依赖，增强审计的独立性。

（一）审计软件的用途

审计软件通常可用于执行下列各项基本的审计工作。

1. 按审计人员的要求检查数据

例如，利用审计软件检查应收账款文件中超过一定金额并超过一定账龄的账户；复核存货文件中低于或超过限额的存货及其数量；复核现金日记账，检查每笔金额是否超过规定的限额；等等。

2. 测试及执行计算

审计人员可运用审计软件测试电子数据文件有关数据计算的正确性，并进行分析，以评估被审计算机信息系统中相应数据的正确性。例如，验算固定资产折旧计算的正确性，验算材料成本差异文件中材料成本差异率和差异额计算及分配的正确性等。

3. 比较两个不同数据文件中的相应数据

审计软件可用于比较两个不同数据文件内的相应记录，以确定数据的一致性。例如，将应收账款文件中的明细账余额相加，并与总账文件中的应收账款余额核对。

4. 选择并打印审计样本

审计软件可采用随机抽样或判断抽样等方法，从被审的数据文件中选择所需的样本。例如，对存货文件进行审查，选择存货样本时，可对金额较大的或存储时间较长的项目进行判断抽样，其余的项目则进行随机抽样，并将所选择的项目按审计人员指定的格式打印或显示出来。

5. 汇总或重新组织数据，并执行分析工作

例如，审计人员可利用审计软件分析应收账款的账龄，编制试算平衡表，为便于实地盘点，将存货按放置地点分类等。

6. 进行财务分析

例如，利用审计软件，将各个时刻的财务指标进行比较，对某些重要的财务数据，如利润、成本、资金等进行各种分析，向审计人员提供财务分析数据和指标。审计人员通过对这些财务指标的分析，从中发现不正常的情况或问题，以便进一步调查分析。例如，利润水平较大幅度的升降，生产成本忽高忽低，资金周转速度忽快忽慢，都是审计人员值得注意的现象，从这些现象着手，决定进一步审计的方向。

此外，审计软件还可以用于辅助查找审计法规，执行审计档案管理，打印审计通知书、审计业务约定书、内部控制问卷、审计报告等。

（二）审计软件的取得方式

审计软件的取得方式主要有由审计人员亲自或聘请计算机专家设计开发以及外购两种方式。

1. 由审计人员亲自或聘请计算机专家设计开发审计软件

审计人员首先要考虑有无必要开发审计软件，如果被审系统的数据文件简单，且有较多的打印输出资料，可以利用实用程序，被审系统的查询、分析、统计等子模块，数据库管理系统或手工方式等进行审计，就没有必要开发审计软件。如果被审系统比较复杂，绝大多数的数据文件存储在计算机内，且没有其他的方法能达到审计目的，则可考虑开发审计软件。在决定开发审计软件之前，还要进行详细的成本和效益分析以及技术可行性分析，审计软件开发的成本主要包括设备费用、人工费用等，效益包括直接效益和间接效益，技术可行性分析主要是指考虑从事审计软件开发的技术力量以及被审系统的复杂程度。

2. 外购审计软件

目前，国外计算机厂商或软件公司已开发出许多的审计软件，我国也有一些审计机构开发出了比较实用的审计软件，审计人员可视实际需要购买这些审计软件。商品化的审计软件，对于审计人员来说，具有使用方便、操作简单的特点，它通常可执行广泛的数据处理功能。

（三）审计软件的分类

审计软件按照其适用范围，可划分为通用审计软件和专用审计软件。

1. 通用审计软件

通用审计软件是适用于对各类计算机信息系统或多数计算机信息系统进行审计的通用计算机程序。由于审计的目标在不同的被审计算机信息系统之间的差异并不太大，因此，审计人员无须浪费人力与时间为每个被审计算机信息系统逐一编写审计软件，以进行相类似的检查工作。最理想的方式是采用通用审计软件，以提高审计的效率。目前，它是使用比较广泛的一种电算化审计软件。在国外，有很多电脑公司已开发出许多供一般审计人员使用的通用审计软件。

通用审计软件常可用于同一行业的所有被审系统。例如，工业企业的财务收支审计软件，通常具有对工业企业的电算化会计核算数据的真实性、正确性等进行审查的标准审计程序。被审系统数据文件均可按照规定的标准格式加以转换，经转换后的数据文件即可使用通用审计软件进行处理。尽管每个被审系统所需的转换程序可能各有不同，但通用审计软件可同时适用于各种被审系统经过转换后的数据文件，不需要加以修改。因此，即使各被审系统所使用的程序语言不同，只要数据按标准格式存放，即可供通用审计软件处理。

2. 专用审计软件

专用审计软件是为特定的被审计算机信息系统或为执行某种特定审计任务而专门设计的软件。这种软件可用于执行若干通用审计软件无法或不便执行的工作。它是针对特定的项目而设计的，通常不具有通用性，因此较不经济；同时，它的开发与使用成本也较高。

专用审计软件，因可执行若干通用审计软件无法或不便执行的工作，所以，除具有前述通用审计软件的一些优点外，还具有下列优点：

（1）更能适合具体的审计目标。在某些情况下，使用通用审计软件或其他系统软件都不能达到审计的目的，这时必须编写专门的程序。例如，审计人员现要对某被审计算机信息系统原材料文件及材料成本差异文件中各种材料的库存情况进行分析和对材料成本差异计算与分配的正确性进行审计。目前，市场上无此通用审计软件，有些系统软件只能达到部分审计目的。这时，审计人员只能编写专门的程序来达到审计的目的。

（2）使用效率更高。专用审计软件专门为某一具体问题而设计，通用审计软件则更多地考虑一般的情况。因此，前者的运行效率往往更高。如果专用审计软件的使用时间较长，或者处理的数据量很大，那么其运行效率的提高，可以补偿软件的设计成本。例如，有一个规模较大、在全国各地有许多分支机构的公司，该公司又在各地分支机构分别进行会计数据处理。在这种情况下，可以集中开发适合对该公司计算机信息系统进行审计的软件，然后在各分支机构运行，或者将各分支机构数据集中起来，利用专用审计软件进行审查和处理。这样，由于专用审计软件效率的提高，可以相应地减少成本。

二、数据库管理系统的应用

目前在我国，大部分的计算机信息系统是采用数据库技术开发的，如果被审的计算机信息系统采用数据库技术，那么数据库管理系统就可以辅助审计人员对被审系统的数据文件进行审计。数据库管理系统本身就有建立、删除、修改各种数据文件或文件记录的功能，它能按指定的要求查找数据、组织数据，并能按指定的条件和格式打印输出表格或报告等。如果被审计算机信息系统不是采用数据库技术的，审计人员可以先将被审系统的数据文件转换成文本文件，然后再将文本文件转换成数据库管理系统可直接访问的 DBF 文件。

三、操作系统和实用程序的应用

操作系统是一种处于特殊地位的系统软件，它是用户应用程序与计算机的界面，用户通过操作系统来使用计算机。操作系统的作用是管理计算机的硬件和软件资源。在微机上配置的操作系统有 MS-DOS、Unix、Windows 等。在对被审系统的数据文件进行审计的过程中，我们也可以利用操作系统中的一些命令执行部分审计任务。例如，利用 DOS 的 COMP 命令，可检查被审系统实际运行的数据文件内容与该文件的备份内容是否一致；利用 DIR 命令可显示某目录下被审数据文件建立的时间、字节数等信息；审计工作结束，可利用 DEL 命令删除机内的工作文件，以免影响被审系统的正常运行；等等。

实用程序是由计算机制造商或软件供应商提供的，具有常用的文件以及数据处理功能的程序。审计人员在对被审数据文件进行审计之前或在审计过程中，可以利用实用程序代替通用审计软件或专用审计软件来完成部分审计任务。例如，可利用实用程序来拷贝和重新排列文件，也可利用实用程序从某个文件中抽取一部分记录，并生成审计测试文件。对审计人员来说，实用程序具有功能强、使用方便、成本低的优点，其缺点是只有掌握相应命令才能调用实用程序，而且实用程序往往不能按审计人员要求完成审计工作或打印审计工作底稿。

四、利用被审计算机信息系统的子模块辅助审计数据文件

由于较完整的计算机信息系统一般都建立了查询、银行对账、统计或财务分析、通用报表等子模块，审计人员在对被审系统的数据文件进行审计时，也可以利用这些子模块完成一部分审计任务。例如，利用被审计算机信息系统的应收账款账龄分析程序，对应收账款文件中的数据按账龄进行分析；利用被审系统的查询子模块，可以按指定的条件查找数据文件中的数据，利用被审系统的通用报表子模块可定义和编制审计表格。在利用被审计算机信息系统的子模块进行审计之前，审计人员必须对它们的处理和控制功能进行审查。只有经过审查证实其处理和控制功能是恰当、可靠的，审计人员才能利用

它们审查系统的数据文件。

利用被审系统的子模块审查数据文件的优点是操作简单、使用方便、审计成本低。被审系统的子模块一般采用菜单选择、中文提示、人机对话的操作方式，对它们的操作比较简单方便。另外，由于这些子模块是被审系统的一部分，审计人员不需要开发或购买审计软件，与利用审计软件对数据文件进行审计相比，其审计成本较低。利用被审系统的子模块进行辅助审计数据文件的缺点是，它们往往不具备达到审计目的所需要的全部功能。另外，它们往往不能按审计人员指定的格式和内容输出审计工作底稿。

课后练习

一、选择题

1. 信息系统对审计的影响包括（　　）。

A. 对审计线索的影响　　B. 对审计方法和技术的影响

C. 对审计人员的影响　　D. 对审计准则的影响

2. 信息系统审计的内容包括（　　）。

A. 内部控制系统审计　　B. 系统开发审计

C. 数据文件审计　　D. 人员审计

3. 对信息系统审计的基本方法可归纳为（　　）。

A. 绕过计算机审计　　B. 通过计算机审计

C. 利用计算机审计　　D. 手工审计

4. 系统开发控制包括（　　）。

A. 开发计划控制　　B. 开发过程的人员控制

C. 文档资料控制　　D. 稳定性控制

5. 硬件控制的主要控制措施包括（　　）。

A. 冗余校验　　B. 重复处理校验

C. 回波检验　　D. 可靠性检验

二、简答题

1. 信息系统电算化会带来哪些风险？为每一种风险设计一定的控制措施。

2. 你认为我国信息系统审计的主要困难是什么？

3. 简述信息系统审计三种基本方法的优缺点及适用范围。

4. 你认为信息系统审计人员应具备哪些基本知识和技能？

5. 信息系统应用控制的重点是什么？